走向
田野…

谷村沧桑

啸鹏 著

目　录

水西同江河，

两边故事多。

村里出痞子，

石濑出喽罗。

周家周满天，

李家李千烟。

曾家争只角，

下符打赤脚。

——江西省吉水县水西地区民谣

第一章 ⋯ 最大的村庄

江西省吉水县盘谷镇境内，有个人口上万的村庄，叫谷村。一直以来，人们不知道这个村庄究竟是全省最大，还是全国最大？目前比较流行的说法是：全省第一大，全国第二大。

这个村庄究竟有多大呢？

一、最大的村庄

——方圆五公里、户头两千多、人口一万余、全村一个
姓的村庄，国内的确不多见，称之为"最大"或许过誉，
但其千年历史、厚重文化，却是其他村庄不可企及的。

根据谷村下老屋村原支部书记李泉水、乡村医生李国杰
提供的不完全统计数据：谷村现在分为三个行政村，约 1900
户，人口 9000 多。谷村村干部提供的数字则有 2100 户，人
口 11000 多。盘谷公安派出所提供的户籍数据，谷村农业户口
约为 1700 户，人口约为 7000 人。三个数字相比，差异很大，
原因在于统计的口径不一致。派出所提供的数字，不包括当地
城镇户口的人数；村干部提供的数字，则包括迁到县城居住的
人数。

上万人口的村庄，在中国农村还有，但不多。点击网上搜
索引擎，输入"中国人口最多的村庄"，跳出来的帖子显示，全
国有好多人口大村庄：

网友一：福建省连江县百胜村人口已经是一万多人口，据
说才算全国第二多人口。（发帖时间为：2009 年 12 月 13 日。）

网友二：中国人口最多的村是福建南安莲塘村，有两万多
人。（跟帖时间为：2011 年 6 月 22 日。）

网友三：湖南省永州市宁远县井弯镇下灌村，2008 年人

口都上 15000 了，《江南第一村》。（跟帖时间为：2012 年 4 月 24 日。）

网友四：揭阳市锡场镇华清村两万五千人，大家要不要来比一比？（跟帖时间为：2012 年 6 月 19 日。）

网友五：人口最多的是上栗县桐木镇湖塘村，人口已经达 13000 人。（跟帖时间为：2012 年 7 月 20 日。）

对这些村庄，从姓氏方面作了个了解，多数村庄的姓氏均超过了两个。福建连江县百胜村目前已知的姓氏有池、高、谢等，湖南宁远县井弯镇下灌村目前已知的姓氏有欧阳、李、孙等，广东揭阳市锡场镇华清村目前已知的姓氏有林、张、向、杨等，萍乡市上栗县桐木镇湖塘村目前已知的姓氏有曾、赵、张等。可见，在中国，上万人口的大村庄，大都有几个姓氏，而像谷村这样只有一个姓氏的自然村，恐怕难找几个。福建南安县溪美镇莲塘村是一个"4150 户，人口 16200 人，统一姓氏为陈姓。村分为东、西、南、北片区，11 个中队，45 个队别，是全省最大的村落，中国四大村之一"。从这段文字所明确的单一姓氏来看，其人口超过了谷村，比谷村更大。

把谷村这个人口大村庄，放在江西省境内来比较，则不是数一也该数二了。网上搜索"江西省最大的村庄在哪里"，答曰"吉水"。若然，则谷村实为全省最大的村庄；若不然，则谷村亦为全省最大的单一姓氏村庄。这个推断建立在与上栗县桐木镇湖塘村相比的基础上。

即使谷村排不上全省最大的自然村庄，但在吉水这方土地上，人们依然把它看成全省乃至全国最大的自然村庄，因为他们每天直接面对与接触的，是谷村，而其他更大的村庄毕竟没有直接面对或接触过，甚至没有听说过，只是网络才拉近了他们与那些村庄的距离。再者，相比北方平原地区而言，在南方丘陵地带，能够出现这么一个上万人口的自然村庄，实是一大奇迹，称之为最大，一点也不为过。

盘谷镇现任党委书记叶太先生，先后两次到盘谷工作，累计时间达 13 年。谈起谷村的"大"时，他说："我第一次到村里来时，花了一整天时间也没有把这个村庄走遍。"问及这个村庄到底有多大时，他说："方圆五公里。"

方圆五公里，就是二十平方公里，而且是指建有房屋的土地面积，并不包括种植庄稼的土地面积。全世界所熟知的江阴市华西村，目前的面积号称 30 平方公里，这是它在成为全国知名的经济大村之后，不断兼并周边村庄和行政村的结果，真实意义上的华西自然村仅有 0.96 平方公里。谷村的房屋占地面积竟然是华西自然村的二十倍！可以想象，当全村人口于年节假日集中回村时，谷村人口的拥挤程度真的几近爆炸状态。

从人口密度来看，全国的平均值为 134 人／平方公里，全省的平均值为 220.16 人／平方公里。人口密度最大的是上海市，据 2011 年 9 月份数据显示，其平均值达到了 3631 人／平方公里，但这是城市人口。而谷村，一个村庄，在二十平方公里的房屋

占地面积内，容纳了近万人口，人口密度竟然达到了 500 人 /
平方公里。

从农户与人口、房屋占地范围两个方面，谷村告诉了人们
它那"大"的程度。谷村李氏无不以他们村庄的"大"而自豪、
骄傲，而眉飞色舞，而神采飞扬。

原本，大，只是一个字，只是一个词，只是一个舒展四肢的人。
而在谷村，大，竟是一种文化，竟是一种浸淫在骨子里的性格，
竟是一种值得炫耀与矜夸的高贵资本！

二、神奇的开基

——杨筠松的谶语、地仙的谶语、奇异的山势、祖先的
选择，神奇的传说赋予村庄开基以神话的外衣、神秘的
暗示，彰显出一个村庄非同一般的魅力。

在科学并不发达的时代，人们对自身与自然的认识存在着
巨大的局限性，认为人世间的一切都是由超越自然的力量主宰，
比如神仙或者菩萨。因此，选择地址建房开基，是神圣而又虔
诚的事情，必须得到神力的支持与护佑，必须认真、严谨、庄
重、肃穆、恭敬。在开基祖的观念里，他必须考虑：择址开基，
将给子孙后代带来怎样的风水与运程，带来怎样的兴旺与发达，
带来怎样的荣耀与辉煌，谁会随便指个地方就开基居住呢？希

望在一个地方永久居住，且希望子孙后代兴旺发达、荣耀辉煌的村庄，谁都不可能随意开基，一定是满怀认真、严谨、庄重、肃穆、恭敬与虔诚的。

因此，有的村庄为了显示自己的与众不同，往往要给村庄的开基涂上一层神秘色彩，附会一两个相关的神话与传说。尤其是那些很为外人知道的历史文化名村、古村，无一例外地都有着神话与传说，并且堂而皇之地记载在族谱或者相关文献资料里。如江西兴国县三僚村的罗盘说，该村地形地貌在堪舆祖师爷眼里，活脱脱一个罗盘，因此该地乃是风水堪舆家永久的风水之地；如江西赣县白鹭村的梦鹭说，说其开基祖钟舆开基前，因为赶路而在这个地方借住了一宿，就是这一个夜晚的住宿，让他做了一个妙不可言的美梦，梦见许多白鹭飞到这个地方来栖息，从而改变了人生命运。

这样的神话、传说和故事，无不是为了借助令人神往的神秘与神奇，让人产生好奇与探究的心理，让人们生起恭敬、虔诚的情感，从而对其村庄满怀敬畏与尊奉。在这里，神示乃是最好的外衣，这种外衣披在村庄身上的结果，便是神奇神秘的身分、高贵尊崇的地位、美轮美奂的象征。

作为最大的村庄，谷村有着上千年的开基历史，是个名符其实的古村。这种大而古的特征，更令其村人对自己的村庄怀有自恋式的尊崇。在《谷村仰承集》和《谷村李氏族谱》中，这种自恋式的尊崇几乎一览无遗，首先便体现在其村庄的开基之上。

谷村开基于后唐时期，开基祖名唐，字祖尧，无论书面还是口头，谷村人将称他为祖尧公。李祖尧在谷村开基，就拥有一段神奇的传说，恰如其他许多有着深厚历史文化底蕴的村庄开基一样，充满神奇、神秘的色彩，充满神示的意味。

《庐陵文化报》2003 年 8 月 31 日总第 47 期上刊登的《江西最大的古村——吉水谷村》一文当中是这样记载的：

> 相传唐僖宗时，黄巢变乱，长安沦陷，国师杨筠松避乱江南，乘舟而行，至吉水桐江，登陆上岸，行至洋稠坳，见鸡笼山神龙踊跃，奔驰起舞，便问当地村民此山山名。村民如实相告。松曰："笼破鸡飞，逢谷即止。"祖尧随父居高村，高村地势狭小，人气闭塞，无以图大业，祖尧早有择址而居之意。听得国师有"笼破鸡飞，逢谷即止"之说，吉人吉言，定有后福，便请堪舆先生，择吉日沿途择址。祖尧公笼鸡载酒，审视山水，当行至同江河畔一开阔地，忽然鸡从笼中飞出。堪舆先生鼓掌相贺：此乃"笼破鸡飞，逢谷即止"之地。于是祖尧即将新址选定，取名"谷村"。时为后唐天成二年。谷村自开基至今，已有 1076 年的历史。

这段文字，涉及堪舆界的祖师爷杨筠松，涉及"笼破鸡飞，逢谷即止"的传说，涉及"神龙踊跃，奔驰起舞"的神奇地形，恰合了神奇、神秘、神示的特征。

谷村下老屋村卫生室乡村医生李国杰说：

> 开基，如果按神话来说，就是杨救贫从南昌上来，在小江、同江这个地方看一下这圹山，我们万华山是武功山的余脉。他看一下，那边有个鸡笼山，这个地方是一个阳盘，如果在这个地方开基就可以发祥。结果，在唐天成年间，就是唐朝末年，李唐从高村下来，家庭已经困难了，因为上几代都是当官，上七代是西平忠武王，到他爷爷手上就没落了。没落以后，他的太公是个县长。高村这个地方好小，没有发展前途。后来听到这边有个传说，有个鸡笼山，这里是块平盘，虽然是杂姓在这里住，他亲自到这里来踩过一下，看过一次，就把家眷迁到这里来。迁到这里来，走错了，从岭口那边走到同江，到同江，就回过身来，后发现鸡笼山，立到猪婆坳看一下，鸡笼山的龙脉是回龙，回到这个地方来。就花钱买一块地，买在旧茶地，后面那个小山坡上，那个地方就是小西湖后面，做了栋房子，慢慢发展。

李国杰的话开宗明义，谷村的开基，就是一个神话传说，就是得到了神示。由于是神的旨意或暗示，因此村庄上空自然笼罩着一层神话的光环，一层神的光环。

《谷村仰承集·徙居考·谷村始迁祖》当中记载：

> 僖宗广明庚子，黄巢陷长安。国师杨筠松避乱过江南，舟至桐江，登陆行到洋稠坳，见鸡笼山神龙踊跃奔驰，问其山名，人以实对。松曰："笼破鸡飞，逢谷即止。"祖龙[1]自袁州分宜斗鸡岭而起，地仙亦有鸡逢谷之谶。至是，吴杨溥乾贞元年丁亥三月，祖尧祖挟堪舆，笼鸡载酒，审视山水，忽鸡自笼出，堪舆者鼓掌相贺曰："此正'笼破鸡飞，逢谷即止'，公万年基业之庆。"因不惜重价，得村之旧宅里，遂自高村徙焉，时后唐天成二年也，公有税三十六贯。

这段记载与前两段的述说大同小异，都标明了"神龙踊跃"的神示，标明了"笼破鸡飞"之谶语，标明了杨筠松堪舆的记述。

杨筠松，山东窦州人，名益，字叔茂，号救贫，世称"救贫先生"。他之所以得了这么一个称号，据称是因为他利用自己的地理风水术，使很多生活在贫困线以下的民众，因为按他的堪舆另择地址辟基建房之后而脱贫致富了，被穷苦百姓称为"救贫"。这个杨救贫，在吉水县境内多有传说，留有不少与他有关的地名，比如石棺材、杨仙坛、仙人石等。据民间传说，他在吉水游览、堪舆过大东山之后说，"大东山有帝王之气"，原

---

[1] 指鸡笼山山脉的起始处。

因是大东山像是一把椅子，在他的眼里就是皇帝的龙椅宝座了。因了他的这句话，释道儒等教派都纷纷派遣弟子到大东山辟地开基，建房设坛，招收教徒，一时间香火旺盛，香烟缭绕，弟子云集，宋朝时期曾经有几千人在大东山修行，以至于大文豪苏东坡游览过大东山的云隐寺后，也留下了"天上楼台山上寺，云边钟鼓月边僧"的优美诗句。

谷村人把杨救贫请进他们的族谱和《谷村仰承集》，请进他们祖先开基的神话传说之中，难免有抬高自身地位的用意。对比上述三段文字，有一个小小的问题，那就是在对"笼破鸡飞"谶语的记载上。当地风水先生，即地仙[1]也曾堪舆过这个地方的风水，留下了"鸡逢谷"的谶语，但没有引起当地人的重视或注意。从《谷村仰承集》的记载可以看出，本地风水先生的"鸡逢谷"之说，要早于杨救贫的"笼破鸡飞"说。在高村居住的李祖尧，应该早就听说了地仙的"鸡逢谷"之谶，但他同样没在意。只是听到杨救贫的"笼破鸡飞"说后，才会想起地仙的"鸡逢谷"之谶，才重视起谷村这个地方的风水来。心中原本就有从高村迁出的念头，现在碰上了杨救贫的谶语，又恰合了地仙"鸡逢谷"的谶语，正遂了自己的心愿，于是坐不住了，便请了堪舆先生，用笼子担了鸡，用箩筐挑了酒，踏上了寻访"笼破鸡飞"之地的行程。

---

[1] 当地对风水先生的称呼。

为什么地仙的谶语没人重视，而杨救贫的谶语却有人重视呢？其中奥妙，恐怕在于杨救贫的身份和地位。杨救贫十七岁"登科及第"，可谓"神童"；官拜金紫光禄大夫，掌管灵台地理事，可谓"位高权重"；四十五岁欲归隐山林时，"偶遇九天玄女，授以天文地理之术"，由此而成为流芳百世的风水大师。能够遇上九天玄女，他本身就该是神仙了。仿若神仙一般的杨救贫，自然就成了谷村开基的神示；在吉水人口头上，杨救贫被称作"杨仙"。有他作为神示的象征，谷村的身份地位自然也就得到了极大的提高，每一个谷村人都会为自己生长生活在这个充满神话色彩、神仙意味的村庄里而自豪。

三、真实的择址

——一个孩子、一只鸡、一条充满艰难与荆棘的路，在一个偶然的时间、偶然的地点，遇见一地金黄的稻谷，于是改变了一对夫妻的生命轨迹及其子孙后代的命运走向。

然而，在平时听闻的另外一些故事传说中，谷村的开基似乎没有这么神奇，与普通人家的开基并无二致，甚至多了几分苦难的意味。作为谷村上节人，吉水县人民政府原县长助理李庭瑞是这样说的：

谷村这个旧址，你到盘谷老乡[1]，就是乡政府这个地方你就知道，真正盘谷这个旧址，一进盘谷这个老乡拐个弯那个地方，叫作旧茶地。这个旧茶地，叫作就择地。据传是他两夫妻，带个小孩，另一边是一笼鸡。结果鸡呢，飞出来了。他两夫妻就去捉鸡，七捉八捉天就黑了，于是决定当天晚上就在这个地方住，这个地方就叫作就择地。

这段话尽管不太流利，语句不太通顺，甚至还有些反复拗口，但却告诉人们，李祖尧开基谷村之始，所择地址为一块旧茶地。他在这个地方开基，完全是因为旅途中出了点"鸡从笼子里飞出来"的小故障，因天黑才不得不就地住宿，于是把"旧茶地"称为"就择地"，意指就择此地住宿。"旧茶地"与"就择地"两个词，在谷村方言里读音一致。

这个故事更有意思，更接近历史真相，更符合事实本真，是脱去了神话外衣的真实，蜕去了神秘色彩的还原。普通人的生活就是这样朴实，普通人的遭遇就是这样本色，没有那些神话的刻意追求，没有那些传说的夸张粉饰。也许李祖尧当初就是疾行在逃难路上的，就是疾行在欲赴远方探亲途中的，毕竟他的祖先们并不居住在谷村，即使高村也只居住了三代。他所处的时代动荡不安，"杨溥割据，四方乱离，世事不可为"，即

---

[1] 盘谷过去为盘谷乡，民国时期的盘谷乡叫作老乡。

使想在高村及周边做出一番成就，建立一份功业，但在那样的动荡之下也难以作为，内心恐怕早就产生了离开高村，返回西北老家的念头，毕竟故土难离，叶落归根。尤其到了晚年，思念故土的情怀更重，"晚知高村形势，非久大规模，乃卜度山水"，于是携妻挈子，踏上了归途。但是，很多事情天不遂人意，一只鸡就改变了李祖尧的计划，也改变了李祖尧的命运，乃至改变了他子孙后代的命运。如果没有这只鸡，也就不会有后来的谷村。于是，一次小小的偶然，成就了后来的必然。

谷村人李亮光曾讲过这样的故事：

听老辈子的人讲，当时是两公婆，挑一个担子，一边是笼子里装的鸡，一边是他们的儿子。走到这个地方，正是割禾的时候，路两边都晒了谷，用盘用簟晒的谷。笼子里的鸡看见了路边上的谷，突然就飞出去了。看一下鸡飞走了，两公婆就着急，连忙去捉鸡，捉到天黑都没有捉到。没有办法，就在这里找个地方过夜，后来就这样在这里开了基。

李亮光，谷村鼓楼派后裔，如今在外当老板，从事土建行业。他的叙述，与上面李庭瑞先生讲述的故事可以互为佐证。

这只鸡，飞出鸡笼，是因为看见了路边的稻谷。路边的稻谷是晒在盘子、簟里的，所以这个地方后来就叫作盘谷（也有一种说法是，这个地方因同江河与赣江相交汇，形成了一个偌大的淤积洲，从高处看下去，像一座磨盘，叫作磨盘洲。磨盘洲上出产稻谷，因而叫作盘谷）。可以想象，当时肯定是稻谷成熟或者收割的季节，路边颗粒饱满、金黄结实的稻谷给了笼子里的鸡以无限的诱惑。或许这只鸡当时已经感到饥饿了，或许这只鸡不愿意跟着李祖尧去西北了，于是趁着李祖尧夫妇没有注意的时候，飞出了装着它的笼子，朝着有稻谷的地方奔去。要在旷野里捉住一只饥饿中觅食的鸡，难度多么大啊！眼看着天黑了，李祖尧无可奈何，颓坐在地，仰天长叹：天意啊！于是，指着面前的茶地说：这里就是我们择地居住的地方啊！因为四周尽是稻谷的缘故，便将自己将要开辟的村庄命名为"谷村"。

也许，李祖尧并不一定在鸡飞出笼子的当晚就决定在当时还不叫谷村的地方开基，当时恐怕仍然想着回西北老家，当晚只不过出于无奈才在这个地方过夜。第二天白天，他肯定又去找这只鸡了，对于逃难中的人来说，一只鸡的价值与意义，恐怕相当于生命的价值与意义。只是他仍然没有捉到这只鸡，才认为这是天意，才决定留在此地。

李祖尧在这里过夜的第一个晚上，恐怕是睡在露天底下的，晾晒稻谷的天气是晴朗的，夜里适合露天酣睡，何况茶地显得干爽，又在高处。后来决定在此开基居住了，他才决意用身上的三十六贯钱，买下当地人的一栋旧房子搬进去。后来有钱了，另外建了新房子，这栋旧房子便被称作"旧宅第"。

关于三十六贯钱的税收，在谷村历史文献中有好几处记载。当时的李祖尧，一定担任着高村的地方小吏，职责是替官府收税。所以，《谷村仰承集·李氏始基祖》传中记载"其下有税三十六贯"，《谷村仰承集·始迁祖》中记载"公有税三十六贯"，《谷村李氏族谱》李唐名下非常醒目地记载"自高村徙居谷村旧宅，有税三十六贯"。这三十六贯钱的记载显得非常突兀，与其他内容很不协调，可以推论，这是他生命中至关重要的三十六贯钱。当时的李祖尧，恐怕受到了某种外力极为突然的威胁，所以匆忙中携带着刚刚收取的、还未来得及上交官府的三十六贯税钱逃难。在当时那个人口相对稀少、到处深山老林的时代，逃到谷村这个地方就令人难以追捕了，毕竟高村离谷村已经有三四十里远。原本，他是想逃得更远的，只是因为一只鸡的缘故，他止步于谷村。他只得听天由命，由命运来决定自己的未来，主宰自己的生死，于是在谷村这个地方定居下来。这三十六贯钱所买的房子，后来叫作旧宅第，也称为旧宅里。在谷村方言中，这两个叫法与"旧茶地"、"就择地"的读音基本相同。《谷村仰承集》中所载"谷村全图"中，所标示的就是"旧宅里"。

要说李祖尧请风水先生堪舆地理，估计是在他另建新房子的时候。

这样偶然的开基，临时性太强，突然性太强，缺少了神奇神秘的色彩和神仙预示的玄妙，对于后来发展壮大为望族大村的谷村后裔来说，怕是不乐意接受的。于是，将鸡从笼中飞出与杨救贫的堪舆谶语、与地仙的谶语、与当地的山形地势、与李祖尧的远见卓识结合起来，编出"笼破鸡飞、逢谷即止"的故事来，不是没有可能。《山海经》中的诸多故事，不都是现实与想象结合的产物吗？那么多历史文化名村的开基，不也有着千姿百态的神话传说吗？

有着神话传说无可厚非。人们从中看到的是一个村庄所有族人对自身的敬仰，对自身历史荣耀的敬仰。"大"，是人人心目中的标准。

四、拓展的村庄

——人丁的繁衍、族群的壮大，必然导致村庄的拓展，于是异姓"背井离乡"而成就了一个姓氏的"一家独大"。

千年古村，千年谷村。

作为最大的村庄，仅仅赋予它带有神奇色彩的开基，是无法达到"最大"这一特征与目标的，它必然经历过漫长的拓展过程，由一个家庭到几个家庭、几十个家庭及至今日千百个家庭，由一代人到几代人、几十代人，由一栋房子到几栋房子、几十栋房子乃至几百栋房子，由一个居住点到几个居住点、几十个居住点，在繁衍中不断膨大，不断拓展，人口渐增且聚居，如涟漪般扩展、蔓延，从而形成今日上万人口、方圆五公里的自然村庄。

《谷村仰承集》所载《地舆》说："自七世祖祖尧公卜居斯地以来，原住南盘山旧宅，其后子孙众多，分居各地。十里之遥，一本之亲，比屋相连，建总祠，建房祠，建支祠，岁时伏腊，冠婚丧祭，往来庆吊，虽各派各房，不啻同堂焉。"

《谷村仰承集》所载《祠宇祀典》中，很详细地记载了谷村各个祠的名称：谷村老大祠、谷村新大祠、元潭派长房祖祠、元潭派四房祖祠、元潭派五房祖祠、元潭派六房祖祠、元潭派七房祖祠、元潭派八房祖祠、月洲派祖祠、鼓楼派祖祠、旌孝祠、宋理学复斋公祠、双烈祠、明理学谷平先生祠、忠孝祠、旌忠祠、友烈祠、功德讲堂祠，共18座。在《创建》中，则很详细地记载了谷村各个堂的名称：孝友堂、仙寿堂、百桂堂、瑞橘堂、天授堂、受益堂、慈乐堂、一乐堂、贞节堂、环山堂、怡乐堂、适安堂、芳桂堂、和善堂、传经堂、孝恭堂、奕善堂、清白堂、聚庆堂、清泾堂、高行堂、位育堂、和乐堂、积古堂、天叙堂、务本堂、葆元堂、敦叙堂、培本堂、恒德堂、四留堂、敬修堂、世德作求之堂、乾坤正气之堂、浚明堂、恭嘿堂、五有堂、贻厚堂、大节堂、贤师堂、希任堂、开远堂、守一堂、继善堂、传宽堂、树滋堂、本立堂、明经堂、宜佐堂、启佑堂，共50座。

祠与堂的区分十分明显，祠归于"祠宇祀典"，堂归于"创建"。在谷村李氏看来，祠与堂明显不同，祠要高于堂，是祭祀共同祖先与神祇的高大建筑，而堂的地位则次于祠，归属于祠之下。

祠是尊贵高崇的，供奉着声势显赫、地位尊贵的先祖，这位先祖在所有后裔心中拥有了神祇的光芒，成了世代祭祀、供奉的图腾，拥有宗教神灵一般的至尊地位。

其实，祠与堂，更多的时候是共通的，谷村老大祠又叫仰承堂，新大祠又叫忠武堂，只是祠更侧重于建筑物外形与整体，堂侧重于建筑物内部与中心。

探究谷村这个村庄的拓展，这些祠堂的名称就足以让人们作出充分的分析与判断，因为这些祠堂的名称本身就可以证明一点：祠堂越多，其村庄的拓展就越大。谷村人之所以要在《谷村仰承集》记载下这些内容，所为的乃是体现村庄之"大"。

理顺一下谷村祠与堂的关系，可以明白他们村庄拓展的基本脉络与路线图。

首先是18座祠的关系。"谷村胜境图"所记的"老祠、新祠"与《谷村仰承集》所载的"老大祠、新大祠"所指相同，都是指谷村李氏的祖祠。老大祠供奉开基祖，即李祖尧，"老大祠在杉山，始迁祖承事公墓右，坐西向东，堂额仰承，中龛祀承事公及以下五世祖"；新大祠里供奉他们更远的祖先，让他们世世代代引以为豪的西平忠武王李晟，"新大祠在黄橙溪，坐南向北，堂额忠武，中龛祀始祖西平忠武王及下六世至始迁祖承事公"。

从李晟开始，往下传六代至李祖尧，开基于谷村。其后逐渐繁衍，人丁逐渐旺盛。于是，在祠堂的反映上，新老两座大祠，就是总祠，其他所有祠与堂都归属于这两座总祠之下。祠下分派，派下分房，房下分支，建有祠堂祭祀他们的派祖、房祖或支祖。

开基祖李祖尧育有三子，长、次皆外迁，长迁"隆兴大鱼港"，次迁"吉安顺化塘"，留在谷村的唯有三子光彻。光彻的第四世孙宗元、宗应、宗舜分别繁衍出月冈、月洲和鼓楼三大派。月冈派因其派祖李宗元逝后葬于"本里月冈牌月形"而名之，月洲派因其派祖李宗应逝后葬于"新淦扬名乡乌口上弦大月洲"而名之，鼓楼派因其派祖李宗舜逝后葬于吉水"六十二都鹧鸪鼓楼洲"而名之。

月冈派祖李宗元生有五子，另四子"传止"，仅二子李用期接系（其实，李宗元第四子李用汕迁往路口双山开基，即今阜田镇振兴双山村）。李用期一生育有八子形成八房，逝后葬吉水元潭湾桂家坑，因而名之元潭派，其后裔即以元潭派代替了上一辈的月冈派。

谷村三派中，人口最多、势力最强、支系最广的，当属元潭派（也即月冈派），《谷村仰承集》中所载"长房祠、四房祠……八房祠"都属于元潭派。上述50座堂中，百桂堂、务本堂为谷村李氏共有，树元堂、受益堂、葆元堂、敬修堂、四留堂、五有堂、大节堂、贤师堂、希任堂、开远堂、守一堂、传宽堂归属于元潭派长房；适安堂、奕善堂、清白堂、聚庆堂、清泾堂、树滋堂、浚明堂、恭嘿堂、本立堂归属元潭派四房；孝友堂、环山堂、敦叙堂、培本堂归属元潭派七房；慈乐堂、孝恭堂归属元潭派八房；仙寿堂归属月洲派长房；芳桂堂归属月洲派三房；瑞橘堂归属鼓楼派四房。

在谷村，堂有大小，大的上百户人家，小的二三十户人家，都供奉着他们的堂祖。堂号的涌现，意味着人丁的兴旺发达，意味着村庄的扩张拓展。50家堂号，反映的乃是村庄拓展扩张的纷繁复杂，期间多少人物与故事？多少欢笑与豪情？多少辛酸与苦涩？

谷村的扩张拓展，是以其他姓氏外迁远离为代价的。

李祖尧到谷村开基时，当地分别居住着施、罗、彭、郭、肖、张、龙、谢等十多个姓氏。如今谷村村中好些地名，如施家祠、郭埚上、罗家山、彭家巷、肖家坳、张家园等，保留着当时多姓居住的痕迹。对于当时的李祖尧来说，只能算小姓，甚至是孤姓，境况简直是悬崖上的孤松——在夹缝中求生存。也许李祖尧自己也没有想到，他这么一落脚，一生根，后裔们居然将他这个孤姓、小姓，演绎成如今的大姓、望姓。《谷村仰承集》所载《地舆》说："从前非无异姓杂处，其后或迁徙他方，或渐次消亡，今仅留其地名，不知散归何处。"

李庭瑞老先生还讲了下面的故事：

　　书院下过到盘谷来，中间有个罩，有个大祠堂，有条小路，路旁有个小井，如今这个井可能还在，也可能填掉了，我们（过去）都看到了。它的意思就是讲个传说，那个地方有个神仙一样的人，从书院下过来，到井里担水，担的水担到哪里去呢？担到而今这个大祠堂，这个祖祠这里，祖祠的后门，把水潲倒在这里。那个时候，施家的祖宗埋在这里，（担水倒在这里）就有句话，叫作"浇你的尸，浇你的灵，浇杀你施家发李家人"，大概是个这样的意思。结果有个什么神仙就在每天鸡叫以前去听，听了三个晚上才知道（那个人担水的真正目的），他就去告诉施家人，赶快搬走，不搬走你施家人就没了，一个都救[1]不了。当时施家还剩有二三十户人家，（听了这个神仙的话）就全部搬走了。如果去寻，这个小井的旧址都还可能寻得到，这我都知道，我都看过（这个小井）。

这是一段很不流利的原话，但大体能分辨出具体的故事梗概：李祖尧开基旧宅第，周边是施姓人家土地，且施姓祖坟葬在那儿。李姓后裔中，有人在每天天不亮且人沉睡的时候，到离谷村约二里远的一口水井里挑水，灌入施家祖坟，边灌边对着施家祖坟念"浇你的尸，浇你的灵，浇杀你施家发李家人"的咒语。这个李姓人的行踪不巧被一个什么神仙发现了，那个神仙每天都在鸡叫之前跟踪那个李姓人，去听他念些什么。听了三个夜晚之后，明白了李姓人的真正目的在于诅咒施姓人家，大吃一惊，连忙去告诉施姓人氏，叫施姓人家赶快搬走迁往他乡，

---

[1] 剩的意思。

不搬迁就有可能被李姓的咒语给咒没了。

施姓原本是当地大姓,有一百多户人家,后来逐渐萎缩,人丁减少,到李姓人挑水浇他们施家祖坟时,尚剩二三十户人家。施姓人家听了那个神仙的话之后,果然全部迁往他乡。于是,施姓人家的土地自然归李姓人家所有了。

李庭瑞老先生年少时曾经见过尚存的施家祠:

> 这个地方原来真正是姓施的,我都看到了。包括比我更小的,都看到了,这个地方原来有个施家祠。当时刚刚一解放的那个乡长,就是吊死在这个施家祠堂里,是共产党的第一任乡长。这个祠堂五几年都一直在,毁就毁在1958年大炼钢铁。这个祠堂当时还在,在哪里呢?就在如今上节和下节交界的地方,这个地方一个大圹。据讲,这个施家祠堂在当时来讲,(李姓)开基祖到这个地方的时候,施家大概都是一百多户人家,后来就全部搬走了。

李祖尧开基时就已经存在的施家祠,在谷村这个地方挺立了一千多年,李庭瑞老先生在1950年的时候亲眼见过,而且比他年纪小的人也见过,那时他们大约十二三岁。施家祠后来被毁,大约毁于1958年的"大炼钢铁"时期,祠堂的木材都被扛去炼钢铁了。

这所施家祠的存在,证明李姓的拓展不是一蹴而就,而是一个慢慢推进、逐渐挤占的过程。包括施姓在内的其他姓氏，随着李姓的逐渐壮大、拓展，生存空间则逐渐缩小并变得逼仄。面对着李姓的日益强盛，他们不知不觉中变成了弱小势力，最后只好抱着"惹不起只有躲得起"的心态，极不情愿又含悲忍痛地离开这片居住了若干世代的故土，迁往异地他乡另谋生路。

随着时间的推移，人口的不断繁衍，谷村李氏向外扩张拓展成为必然之势，必然冲破原有的土地局限，与周边其他姓氏争夺土地资源，以便容纳日益增多的子孙后裔。而其他姓氏随着李氏的日益增长壮大，逐渐地由大姓、强姓沦落为小姓、杂姓、弱姓，最后不得不外迁以另谋生计与发展。虽有不甘，但无可奈何。不论以何种方式，和平的、武力的，强据的、购买的，小姓与杂姓的外迁最后都成为必然，他们共同成就了谷村李姓的一家独大，使谷村成为李姓单独所据的村庄，成为今天最大的自然村庄。

原属罗姓的土地，谷村李姓通过购买获得。《谷村仰承集》所载《祠宇祀典》记载如下："光绪辛巳，合族将所买罗姓黄橙溪基址拆毁，新大祠旧料添新换旧，移建新大祠于其上，改北向东。"

原属龙姓的土地，谷村李姓通过购买岭口的土地与龙姓置换。据介绍，龙、李双方是本着自愿的原则交换，"没有使用暴力手段"。人们可以想象得到：作为小姓的龙姓人家，生活在日益壮大的李氏旁边，面对李氏日益向外扩展的趋势，明知自己难以抗衡，只得像施姓人家一样，外迁他地求生存。这时，李氏到东北方向的岭口购买土地，与龙姓交换，龙姓有了另行发展的地盘，李氏则有了村庄拓展的地盘，双方皆大欢喜。

在那些不得不外迁的异姓人氏族谱上，不知是否记载了他们祖先的这段辛酸与苦涩的历史，是否记载了与谷村置换土地、家产的典故。然而，不论记载与否，于他们而言，或轻或重，感受到的恐怕都是一份无奈，一份失落，一份屈辱。当时的他们，无论何种方式，所面临的，都是"背井离乡、流离失所"所应该承受的代价，不仅有物质上的代价，更有精神上的代价。

谁让谷村变得那么大呢？

五、蘖分的族群

——非同异常的繁衍能力，几何级数的人口增长，使"树大分权，崽大分家"，一个单一姓氏村庄的不断拓展，导致自身生存空间的逼仄，于是子孙的外迁就成为历史的必然。

有着神奇开基的谷村，尽其所能地展示其"大"。而最能体现其"大"的直观特征，便是这个庞大族群的分徙迁移。

《谷村仰承集》有这样的记载：

树茂根深，源远长流。后唐天成二年丁亥三月间，吾祖尧公立业谷村，祥发至今，千数十年间，由一户数口，繁衍户逾千家，子孙七千有余，位居吉水第一最大村落，真可谓世代昌盛。——摘自吉水县人民政府原县长助理的李庭瑞1993年4月所作《〈谷村仰承集〉第七版序》。

谷村李家由基祖祖尧公创建于唐朝。经过一千多年繁衍生息，现在，除历代迁居别省、别县的以外，本自然村有六个行政村，加上移居毗邻乡村的共有二千二三百户，上万人口，都姓李。一公子孙，是江西省数一数二的大自然村。解放初期，行政区划为盘谷乡，可谓"小小盘谷乡，大大盘谷村！"——摘自谷村后裔、安福县人大常委会原副主任李仁生1993年4月1日所作《重印〈谷村仰承集〉序言》。

吾族谷村开基自后唐天成二年，以迄于今，中更七姓，及本朝之盛，殆历八百有三十年矣……——摘自谷村三十四世孙李先蕃在清朝乾隆二十年乙亥（1755年）腊月望日所作《先祖康斋公谷村李氏记原序》。

这三段文字，十分鲜明且十分张扬地向世人展示着谷村李氏宗族的"大"，赫然显示着这种"大"的特征；谷村李氏在向外人介绍自己故里与祖籍的时候，无不自豪而又骄傲地宣称着"谷村"这个名字，来凸显自己与众不同的身份和内心无比的骄傲。

也该当谷村李氏骄傲，谁让人家的村庄有那么大呢？谁让人家就出生在那么大的一个村庄呢？这就像分蘖的作物那样，一丛一丛，一簇一簇，一团一团，从他们的开基祖那根主茎上分蘖出来，形成一个方圆五公里、人口一万多的自然村庄，构成一个聚族而居的庞大族群。那么大的族群聚众而居，他们能不感到自豪而且骄傲么？

盘谷镇境内还有两个不小的族群，一是周姓，一是曾姓，与谷村相邻而居，相距不过七八里。周姓有着"周家周满天"的显赫宣示，有着"周家冲里十八个门头"的辉煌标识。十八个门头，就是十八个村庄，连绵坐落在一个山冲里，那是怎样的一种壮观呢？十八座门头衍生出来的子孙后裔，人口超过一万，因此他们在向外人介绍自己故里与祖籍的时候，同样不无骄矜地宣称："周家冲里，知道吧？十八座门头啊。"曾姓有三个大村庄，上曾家村四五百户，下曾家村二三百户，下石濑村五六百户，人口也有七八千。曾姓人氏在向外人介绍自己故里与祖籍时，同样自豪而骄傲地说"盘谷姓曾啊"，听者往往肃然起敬，因此民谣中有着"曾家争只角"的演绎。这种心理，与谷村李氏的心理完全一样，骨子里同样有一种"大"的情愫在向外流溢。

然而，令谷村李氏更为骄傲的在于，他们的村庄是一个连绵、完整的自然村庄，这是其他姓氏无法与之比肩的。因此，他们宣称自己是"江西第一大村庄"，"全国第二大村庄"。

这个"最大"的自然村庄，自从李祖尧开基以来，便有着非同寻常的繁衍能力，以比几何级数还大的级数繁衍着无数的后裔，膨大着复杂的族群，形成了六个行政村，过去曾叫高级合作社、生产大队，后经2003年撤并，合并为老屋、小祠下、太园三个行政村。

依据《谷村李氏族谱》和《谷村仰承集》的记载，其族群的分派，是从其第13世开始的，分别衍生为月冈——元潭派、月洲派、鼓楼派。有了这三派血脉的分衍，谷村李氏子孙似乎更加兴旺发达，蘖分的枝蔓越来越多，越来越广，许多子孙外迁异地他乡开基立业，繁衍生息，继续壮大血脉与族群。如今的谷村，已经成为一个本村人口众多、外迁后裔很广的望族，成为外迁后裔精神的寄托之地。

《谷村仰承集》记载了当时外迁族裔的分徙情况，其中分徙本县各村的计有20处，分徙庐陵[1]计有17处，分徙永新计有12处，分徙永丰计有两处，分徙泰和计有4处，分徙安福有两处，分徙万安计有两处，分徙本省各县计有7处，分徙外省各县计有9处。这份记载比较详细，不仅注明了从谷村迁徙

---

[1] 今吉安县。

出去的李姓子孙落脚地之地，而且注明了他们血脉派系的源头，有的甚至注明先徙居何处再迁何处，源流廓清一目了然。

《谷村仰承集》所载《祖德·分徙远近各地考》记载：

> 我谷村分徙之地多矣，远则云南四川，以及两广、两湖、河南、浙江，无地不有。年湮世远，不惟不知其有无嫡裔，并不知其有无地名。兹编所载，惟查其先辈曾有来往，并我县府志俱载其科名者，斯列之余，则不能备详也。

这则"考记"明白地告诉人们，谷村外迁的族群还有许多既"不知其有无嫡裔"，也"不知其有无地名"，因此重修族谱时，外迁的许多子孙后裔未能编入谷村李氏总谱。

谷村李氏外迁的地方确实很广，采纳几例以为佐证：

安福钱山李氏，宋绍兴二年（1132年），李方寅由吉水谷村徙居安福钱山，为钱山"西平李"的开基始祖。

新余水西乡嘉山村李家，现有二十多户一百二十多人，明洪武年间，由吉水谷村李家迁此。

新余河下乡河下村坝里李家，李姓始居，由吉水谷村李家迁此。

福建武平李氏，原居江西吉水县谷村。元代末年，谷村月洲派长房第22世裔李仕诚，为避匪乱，由谷村迁居武平城北，成为武平城北李氏始祖。

湖南桂东李氏，始迁祖李林纲，字克举，"元时因兵燹自江西吉水谷村迁湘，开基于桂东县宜城乡之西城。族人分布于桂东四都、西靖乡以及资兴、汝城、蓝山等县。至1948年，已传23代，共2900余人。宗祠在城西"。

江西省新干县大洋洲镇，有一个新市李家村，就是谷村李氏后裔。开基祖李千载，是李祖尧的第六代孙，是西平忠武王李晟的第十三代玄孙，属月洲派。他在新干县大洋洲开基时，还有他的祖父李汝明陪同。只身前去开基的李千载，在那儿落地生根，开花结果，目前已经繁衍成一个拥有约160户670口人的村庄。1990年，该村重修族谱，村里派人到谷村对接族谱，这才知道他们先祖生活的村庄，竟然是那么大的一个村庄。该村后裔、现任万安县人大常委会副主任的李桂平先生，在他的著作《被颠覆的村庄》一书中这样描述："回来的人惊叹万分，原来谷村是一个好大好大的村庄，人口超过万人。村里人在惊叹祖宗繁衍能力的时候，也不免对谷村心驰神往，那地方太养人了。"李桂平先生也亲自到谷村拜谒过先祖，承认"谷村的确是一个很大的村庄"。作为一个思想上的清醒者，他对谷村的"大"有着独特的视角与评判："因为出奇地大，所以凌乱不堪，却丝毫掩盖不了谷村昨日的辉煌。"对自己先祖生活过的村庄，话里依稀流露出一丝淡淡的自豪。

峡江县仁和镇乌口村李氏，谷村李氏后裔，北宋神宗熙宁年间开基，至今已有九百四十多年。该村基祖李其庶孤身一人择址开基，如今已分衍出江源、坳上、石陂等村庄。该村村民谈起他们祖先曾经生活过的谷村时，脸上无不涌起向往与羡慕的神色。可以想见，在他们的心目当中，谷村那么大，有着兴旺发达的家业，同样是他们作为谷村外迁游子的无上荣耀，他们的心底里同样涌动着一种"大"的激情，一种"大"的自豪与骄傲。

从谷村外迁的后裔，有的远游海外。上世纪 90 年代，吉水县人民政府办公室曾接待过从美国前来谷村寻根问祖的李姓后裔。对此，吉水县旅游局原局长、吉安市博物馆馆长李希朗感受更为深刻，他接待过的李姓寻根后裔不计其数，经常陪同他们前往谷村寻觅祖先曾经生活过的痕迹。

第二章⋯

科举的盛况

谷村值得骄傲,更值得自豪,不
仅有着众多的人口、庞大的族群,更有
着辉煌的科举盛况。

　　全国范围内，恐怕难以找到第二个像谷村这样有着深厚历史文化积淀的单一姓氏村庄。本书无意于研究谷村的历史文化，但却不得不涉及到他们的历史文化，因为它本身就是一个被文化浸洇着的村庄。走进谷村，稍微用心，就能感受到那份潜藏于现实表象之下的文化韵味。它是那样真切地撩拨着有心者的感觉，轻拂着探寻者的心扉。

　　谷村厚重的历史文化，应该说得益于庐陵文化的滋养。庐陵大地，自古以来就以注重耕读为要，"教子无逾耕与读；存心惟是孝和忠"，这是庐陵文化之所以能够兴盛的基础。作为这方土地上的一分子，谷村人自古就以敦促子孙躬耕勤读为本。自宋至清，近千年间，谷村涌现出一大批文人学士、名臣显宦，他们纵横于科场、驰骋于仕途，共同书写了村庄荣耀的历史。

一、科第的传奇

　　——延续千年之久的科举考试，演绎了一个国家人才选择的久远历史，投身于这一历史的每个文人学子都以创造科举考试的传奇为荣耀，而谷村的古代先贤们所创造的科举传奇，足以令人弥久仰望。

　　自从隋朝首开科举考试选拔人才的方式以来，以后历代朝廷都延用这一方式。这一以读书考试录用人才的方式，让许多出身底层的有志之士，通过读书求取功名，从而赢得参与国政、服务百姓的机会。

谷村人作为唐朝国姓的后裔，作为有着先祖荣耀历史的姓氏，更是把科举入仕作为"修身齐家治国平天下"的主要途径。在宋明两朝以及清朝初期，谷村人在科举考试的道路上，有着骄人的辉煌。正如李希朗先生在其《江西最大的古村——吉水谷村》一文中所言：科举考试的成功，使得"谷村声名鹊起，士宦官僚，代不乏人，名人雅士，互相唱和，族众一方面引以为荣，另一方面从先辈身上看到希望的曙光，各家子弟刻苦奋发，求取功名"。

一部《谷村仰承集》，鲜明地记录了谷村李氏科举考试的荣耀与辉煌。在其《卷之五》中，分别用"李氏联芳图"、"进士"、"乡举"、"贡士"等几个章节，记载了他们的科举盛况。尤其是"李氏联芳图"，将他们的科举文化推崇到了极致的地位。"父子兄弟进士"、"父子进士"、"兄弟进士"、"祖孙进士"、"一门同榜进士"、"父子乡举"、"兄弟乡举"、"一门同科乡举"等典故，让谷村人自古以来自豪不已。

"父子兄弟进士"，在谷村科举史上有过两次。

第一次，李炅与他的弟弟李晋之、晋之的两个儿子李可方、李允方，先后考中进士。李炅于宋嘉熙戊戌年（1238年）周坦榜考中进士，李晋之于宋咸淳戊辰年（1268年）陈文龙榜考中进士，李可方、李允方兄弟于宋咸淳甲戌年（1274年）王龙泽榜同榜考中进士；李炅与李晋之为兄弟，与李可方、李允方为伯侄，李可方、李允方是兄弟。

第二次，李淑与其两个儿子李维桢、李维标，李淑于明嘉靖庚戌年（1550年）邓汝楫榜考取进士，李维桢于明隆庆戊辰年（1568年）罗万化榜考取进士，李维标于明万历丙戌年（1586年）唐文献榜考取进士。

这种父与子、兄与弟，或先后考取进士，或同榜考取进士的现象，的确是一个村庄、一个宗族科举史上十分难得的盛况，因而谓之一门"父子兄弟进士"，极尽荣耀辉煌。

在全国范围内出现这类盛况的，还有江苏淮安，也出现两次"父子兄弟进士"现象：一是张姓的张耒与其子张秬、张秸、张和，父子四人先后于北宋神宗和哲宗时期考取进士，比谷村李氏的"父子兄弟进士"早了二百年左右；一是邱姓的邱俊孙与其子邱象升、邱象随，父子三人先后于明朝崇祯时期、清朝顺治和康熙时期考取进士，比谷村李氏的"父子兄弟进士"晚了二百多年近三百年。

"父子进士"，谷村历史上先后出现过六次，即有六对父子考中进士。

第一对是李蕡、李尚义父子。李蕡于宋元符庚辰年（1100年）李釜榜考取进士，李尚义于宋宣和癸卯年（1123年）沈晦榜考取进士。

第二对是李彬、李擢父子。李彬于宋元祐辛未年（1091年）

马涓榜考取进士，李擢于宋宣和甲辰年（1124年）沈晦榜考取进士。

第三对是李孝谦、李榘父子。李孝谦于宋绍兴壬子年（1132年）张九成榜考取进士，李榘于宋嘉定庚辰年（1220年）八十多岁时刘渭榜考取进士。

第四对是李奥、李同卿父子。李奥于宋嘉定壬午年（1222年）被恩赐进士，李同卿于宋咸淳戊辰年（1268年）陈文龙榜考取进士。

第五对是李珪、李儼父子。李珪于明弘治丙辰年（1496年）朱希周榜考取进士，李儼于明正德甲戌年（1514年）唐皋榜考取进士。

第六对是李元鼎、李振裕父子。李元鼎于明天启壬戌年（1622年）刘必达榜考取进士，李振裕于清康熙庚戌年（1670年）蔡启僔榜考取进士。

实际上还有一对，李振裕、李景迪父子。李景迪清康熙癸未年（1703年）王式丹榜考取进士，因他过继给李振裕的兄长李振祺为嗣，因此没有计算在内。

"父子进士"的荣耀，是值得一个家庭永恒标榜的，难怪有人用"父进士，子进士，父子俱进士；婆夫人，媳夫人，婆媳皆夫人"的对联，来炫耀家庭门楣的自豪与骄傲，这是可以荣及万世的一种殊荣。

全国其他地方出现"父子进士"现象的，有广东梅州大埔的饶相、饶舆龄父子，分别于明朝嘉靖、万历年间考取进士；安徽旌德县的江汉、江文敏父子，分别于明朝天顺、弘治年间考取进士；浙江宁波的刘洪、刘光父子，分别于明景泰、弘治年间考取进士；浙江上虞县的葛浩、葛木父子，分别于明朝弘治、正德年间考取进士；安徽肥东县的昂绍善、昂天翮父子，分别于清康熙丁未、乙丑年考取进士；山东沂水县的袁铼、袁振嬴父子，分别于清朝嘉庆辛未、道光己丑年考取进士。这种现象全国各地还有不少，但相比谷村李氏在北宋就出现"父子进士"，要晚几百年。

"兄弟进士"，谷村科举史上竟然多达七对，而且是同胞兄弟，他们或先后考取进士，或同榜考取进士，分别是：

李如圭、李如金兄弟。李如圭于宋绍熙癸丑年（1193年）陈亮榜考取进士，李如金于宋嘉定戊辰年（1208年）郑自成榜考取进士；

李炅、李晋之兄弟。李炅于宋嘉熙戊戌年（1238年）周垣榜考中进士，李晋之于宋咸淳戊辰年（1268年）陈文龙榜考中进士；

李应革、李应纲兄弟。李应革于宋宝祐丙辰年（1256年）文天祥榜考取进士，李应纲于宋咸淳甲戌年（1274年）王龙泽榜考取进士；

李可方、李允方兄弟。兄弟俩于宋咸淳甲戌年（1274年）同王龙泽榜考中进士；

李赞、李贡兄弟。兄弟俩于明成化甲辰年（1484年）同李旻榜考取进士；

李承绪、李承芳兄弟。李承绪于明嘉靖壬戌年（1562年）申时行榜考取进士，李承芳于明嘉靖丙辰年（1556年）储大绶榜考取进士；

李维桢、李维标兄弟。李维桢于明隆庆戊辰年（1568年）罗万化榜考取进士，维标于明万历丙戌年（1586年）唐文献榜考取进士。

这种"兄弟进士"的现象，全国其他地方也有。广西省武宣县博物馆保存的一块"兄弟进士"石牌坊匾，载明了清朝雍正癸丑年同科考取进士的陈仁、陈旭兄弟，比谷村李氏最早的"兄弟进士"现象晚了五百多年。浙江省松阳县城也有一座"兄弟进士"牌坊，建于明朝弘治九年，为成化丙戌科进士詹雨、弘治丙辰科进士詹宝兄弟所立，此时距离谷村李氏最早的"兄弟进士"也晚了三百二十多年。

"祖孙进士"，谷村科举史上有四组：

第一组是李擢与孙子李孝谦。李擢于北宋宣和甲辰年（1124年）沈晦榜考取进士，李孝谦于南宋绍兴壬子年（1132年）张九成榜考取进士。

第二组是李珪与孙子李承芳、李承绪。李珪于明弘治丙辰年（1496年）朱希周榜考取进士，李承绪于明嘉靖壬戌年（1562年）考取进士，李承芳于明嘉靖丙辰年（1556年）考取进士；

第三组是李元鼎与孙子李景迪。李元鼎于明天启壬戌年（1622年）考取进士，李景迪于清康熙癸未年（1703年）考取进士；

第四组是李景迪与孙子李象井。李象井于清乾隆乙未年（1775年）吴锡龄榜考取进士。

就全国范围而言，"祖孙进士"也有几组。辽宁开原县的王廷才、王宗承祖孙二人，前者于清道光丁未科考取进士，后者于清光绪庚辰科考取进士，但他们比谷村李氏最早的"祖孙进士"晚了二百多年。湖南邵阳县周氏的"祖孙进士"却早于谷村李氏的"祖孙进士"，祖父周仪于北宋太宗雍熙二年考取进士，其孙周钦于北宋徽宗崇宁二年考取进士，比谷村李氏的"祖孙进士"早四百多年。相比之下，谷村李氏更值得夸耀的是，这种现象比湖南多了二组，且有一组是一祖二孙，可以夸耀为"祖孙三进士"。山东省无棣县吴氏宗族，也有三组"祖孙进士"：其一为吴式芬与吴峋。前者于清道光乙未科考取进士，后者于清同治乙丑科考取进士；其二为吴象宽与吴坛。前者于清雍正癸卯恩科进士，后者于乾隆辛巳恩科进士；其三为吴坛与吴侍曾、吴熙曾。吴侍曾于清嘉庆年间考取进士，吴熙曾考取进士则不见资料记载。他们比谷村李氏最早的"祖孙进士"晚了二百多年近三百年。

"一门同榜进士"：所谓同榜，即指同一张皇榜，榜即是告示，就像我们今天说的"同一张光荣榜"，有时也叫"同科"或"同年"，"同科"即指同一次科举考试，"同年"即指同一年参加科举考试，与"同榜"所指一致，说法上的区别而已。所谓一门，即指一户人家，同一个大门出入的一家人。同一户人家先后有人考取进士，已经是非常了不起的事情了，而在谷村李氏，竟然是同一户人家有两人或两人以上同一年参加科举考试，同一张黄榜录取为进士，这就非常稀奇而且十分了不起了。

在谷村科举史上，"一门同榜进士"出现过七次：

第一次，李如圭、李骥，同登宋朝绍熙癸丑年（1193年）陈亮榜；

第二次，李埈、李炳翁、李寅孙，同登宋朝咸淳乙丑年（1265年）阮登炳榜；

第三次，李晋之、李同卿，同登宋朝咸淳戊辰年（1268年）陈文龙榜；

第四次，李应纲、李可方、李允方、李再芝，同登宋朝咸淳甲戌年（1274年）王龙泽榜；

第五次，李赞、李贡，同登明朝成化甲辰年（1484年）李旻榜；

第六次，李中、李湘、李俨，同登明朝正德甲戌年（1514年）唐乐榜；

第七次，李振裕、李次莲、李鹤鸣，同登清朝康熙庚戌年（1670年）蔡启僔榜。

这些同榜进士，有的是亲兄弟，有的是堂兄弟，有的是伯侄或叔侄，均为谷村李氏争得了无上荣誉。

福建省长乐县也有这一盛况，谓之"一门同榜四进士"：南宋宝祐丙辰年（1256年），长乐东渡的杨梦斗，与胞兄杨琦、胞弟杨叔济、胞侄杨次郑，一举同登进士榜，比谷村的"一门同榜四进士"还早了18年。贵州省贵阳何氏"一门同榜三进士"，何亮清、何庆恩、何鼎考取清咸丰庚申年（1860年）进士，但比谷村最迟一次"一门同榜三进士"晚了一百九十年。

"一门三进士"。这个传奇在吉水有几个版本，最著名的版本是解氏的"一门三进士"和曾氏的"一门三进士"。

解氏的"一门三进士"，指的是吉水县城东门解家的解纶、解缙兄弟与其妹夫黄金华，三人同榜考中明洪武二十一年（公元1388年）进士。曾氏的"一门三进士"，指的是盘谷上曾家村的曾存仁与曾同亨、曾乾亨父子三人。曾存仁考中明嘉靖二年（公元1523年）进士，曾同亨考中明嘉靖三十八年（公元1559年）进士，曾乾亨考中明万历五年（公元1577年）进士，县城曾经建有"三曾祠"纪念他们。其实，在唐朝及南唐时期，解氏就已经有过三次"一门三进士"的现象，只是吉水人平时较少提及。

而在谷村李氏，"一门三进士"的现象竟然有六组：一是北宋末南宋初的李孝谦与子李槩、侄李午先后考取进士。李午是北宋重和戊戌年进士，"一门父子叔侄三进士"；二是南宋的李晋之与其子李可方、李允方，父子三人先后考取进士，"一门父子三进士"；三是宋朝的李埈、李炳翁、李寅孙，是堂叔侄三人同榜进士；四是明正德甲戌年的李中、李湘、李俨，堂兄弟三人同榜进士；五是明嘉靖、万历时期的李淑与其子李维桢、李维标先后考取进士，"一门父子三进士"；六是清朝的李次莲、李鹤鸣、李振裕堂祖孙三人，"一门同榜三进士"。

谷村的"一门三进士"，不仅县里的有关历史资料与文献不太提起，就是谷村李氏本身也很少向外人提起。只是《谷村仰承集》关于"创建"一节中，提到了"一门三进士坊"，载明为清朝时期为旌表李次莲、李鹤鸣和李振裕三位进士而建。

至于"父子乡举"、"兄弟乡举"、"一门同科乡举"的现象就更多了。

所谓乡举，就是"乡试举人"的简称。过去省一级的考试，一般称作"乡试"，有时也叫"省试"或"解试"，考取者称作"举人"，即乡试举人，简称"乡举"，意思是"乡试考取了举人"。因为乡试考取第一名的，被称为"解元"，故而也将乡试称作解试。中学课文《范进中举》，指的就是乡试考中举人。

在科举时代，考中了举人，即取得了做官的资格（可以直接做官），也取得了参加会试的资格，有机会考取进士，取得更大发展，有的可能被直接选送到国子监或国子学、太学去学习，成为一名"国学生"或"太学生"，同时取得朝廷给予的俸禄。乡试，能够让普通的学子在一夜之间由寒门而变成豪门，所以它就成为诸多学子一生追求的目标。

在谷村，考取乡举虽然也是光耀门庭的荣事，但与考取进士相比，乡举要差上一些。《谷村仰承集》"李氏联芳图"中记载了乡举的盛况："父子乡举"有九次，其中一父四子一次、一父五子一次；"兄弟乡举"至少有十七次；"一门同科乡举"竟然达到三十六次之多。

此外，还有未曾载入《谷村仰承集》的县试、府试和院试盛况。这三个层级的考试，也是官府举办的初级考试，都是学子一生中的重要考试，是他们晋身的必由之路。

县试，一般被称为童子试，或童试，是县官衙门组织的统一考试。所有学子不论年龄大小，从未参加过县衙考试的，均称为童生，首先必须参加这一考试，通过了就有资格参加府试，未通过的仍称童生，等待参加下一次县试，有的童生因为参加考试而未通过的次数多，便被称为"老童生"。童生的来源渠道较多，有的来自里塾（乡一级机构主办的学校），有的来自私塾（有村塾、家塾之分。村塾是同一村庄或几个村庄民众集资开办的学校；家塾是大户人家个人出资开办的学校）。考试合格的童生，集体入县衙举办的学校集中学习，称之为"庠生"、"邑庠生"或"县学生"；名列前茅者可以获得朝廷给予的官粮补贴，即"廪米"，获得廪米的县学生被称为"廪生"或"邑廪生"，算是吃上了"皇粮"，很有面子。

府试，有时候称为州试、郡试（这与不同朝代行政机构设置和叫法上的不同有关，相当于如今的地区、设区市一级），是比县衙高一级的官府组织的考试，通过了县试的考生才有资格参加。府试合格的考生，取得了参加院试的资格，并集体进入府衙举办的学校集中学习，也被称为"庠生"、"郡（府、州）庠生"或"府学生"，有时也称"序生"或"郡序生"；名列前茅者获得朝廷"廪米"，叫作"府廪生"或"郡廪生"。

院试，即学政考试，是由省一级的学政衙门组织的考试，相当于如今省教育厅组织的考试，府试合格者才能参加。这次考试的优秀者，可以被推荐直接进入国子学、太学或贡院集中学习，成为其他学子羡慕的"国学生"、"太学生"或"贡生"。

县、府、院三级考试都合格的考生，统称为"生员"，俗称"秀才"，也叫"相公"。秀才不仅可以在科举、仕途上有进一步上升的机会，而且在地方上具有一般人所没有的权益：封建时代规定，秀才可以免除差役、徭役，见到知县可以不下跪，地方官员不能随意对其用刑，等等。因为秀才"知书识礼"、"博学多闻"，成为民间活跃的特殊阶层，在普通老百姓当中享有很高的威望，受到相当的尊重，因此他们在老百姓与官府之间，起着桥梁和纽带的作用。很多秀才虽然一生都未能考取功名，只能以开私塾教书或给官员们做幕僚等方法为生，但他们往往因为性格耿直、敢于为民说话而受到百姓的拥戴与赞誉。

翻开《谷村李氏族谱》，能够看到许多以醒目标识凸显出来的"邑庠生"、"郡庠生"、"邑廪生"、"郡廪生"、"太学生"、"国学生"等。粗略计算，有二百六十多人。他们，也是谷村科举盛况的一个重要部分。

二、家学的渊源

——家规的训诫、义仓的资助、书院的培养、长辈的督责、家人的期望，成为谷村李氏先贤求学上进的诸多动力，形成了一个家族独有的家学渊源，从而为创造科举传奇奠定了牢固的基础。

就谷村而言，科举盛况如此鼎沸，是有着独特的家学渊源与家族要求的。

《谷村仰承集》所载《家规》一篇中，有一段话似乎能够说明一些问题：

> 本族义仓起自乾隆乙亥，各房各支各人俱有捐助……于本支乡试者，每人助路费钱二吊文；院府县三试，每人助卷钱二百文。

谷村李氏曾经在乾隆时期建立过义仓，义仓收入由李氏各房各支各人捐助，统一使用，而其使用方向都为本村本族的公益事业，包括对读书求学、参加官方考试者的资助。院、府、县三考，资助参加考试者二百文试卷钱，乡试（省试或解试）资助参加考试者二吊钱。据介绍，一吊钱就是一贯钱，是串起来的一千枚铜钱，比如乾隆通宝、康熙通宝、顺治通宝之类的，一枚即是一文。义仓资助的钱不算多，大概表示一个意思，是宗族集体给予求学者个人的一种褒奖与鼓励。

谷村李氏正是通过这种集体资助或奖励的办法，鼓励子弟求学上进，激励他们不断求取功名。自古道："书中自有千钟粟，书中自有黄金屋，书中自有颜如玉。"又道："吃得苦中苦，方为人上人。"也道："万般皆下品，唯有读书高。"还道："学而优则仕。"读书求学能够获得如此之多的好处，怎么能不好好地读书呢？对于求学者个人而言，读书求学，乃是摆脱底层生活的唯一途径，是通往光明大道的唯一选择，是登上仕途高位的不二法门，是尊享福禄二字的必由之路。试想，咸鱼翻身的感觉会是多么美妙啊！鲤鱼跳龙门的成功又是多么精彩啊！多少人在苦难中期待，在磨砺中奋进，在挫折中再起。个人奋斗的成功，带来的不仅仅是个人际遇与命运的改变，往往是一个家庭乃至一个家族境遇的改变，未来的改变，命运的改变，乃至后代子孙一切的改变；"一人得道，鸡犬升天"的俗语，虽然带有贬义，但它所描绘的景象却是实在、真切的，历史上又的确发生过。对于一个姓氏、一个家族而言，本姓本族子孙功名的获取，同样是全姓、全族、全村的荣耀。至今为止，谷村李氏科举的荣耀，依然闪耀着无上的光芒。因此，鼓励读书求学，不仅是家庭所需，也是宗族所需。

"一脉真传克勤克俭，两行正路唯读唯耕。"多少姓氏、多少宗族、多少村庄，在宗祠大门、厅柱或者中堂上，或者在牌坊石柱上，镌刻着类似内容的对联。

如果说义仓的资助是物质的，那么"耕读传家"的教育则是精神的。如此堂而皇之地将这类对联醒目地镌刻于大门、楹柱、厅堂或牌坊之上，正是要营造一种求学上进的氛围，激励子弟努力求学读书，博取功名，晋身仕途，不仅自己飞黄腾达，而且光宗耀祖，甚至家人"鸡犬升天"。因此，即使没有义仓的资助，谷村李氏也会如此激励自己的子弟子孙，在科举功名的道路上走得越远越好。

博取功名，既是学子个人的人生大事，也是宗族集体的公益大事。为了便于子弟们求学，更好地进取，谷村李氏开办了许多书院来培养族中子弟。《谷村仰承集·创建》篇共记录书院11所，分别是：敕建经训书院、敕建义方书院、桂林书院、神童书院、东湖书院、依仁书院、有斐书院、三益书院、复礼书院、六行书院、文蔚书院。最早的建于南宋高宗时期，最晚的建于清朝乾隆时期。

这些书院，使谷村子弟自幼受到规范的教育，积聚了科举考试的实力。那些佼佼者一路过关斩将，顺利通过县试、府试、院试、乡试、会试和殿试，先后考取生员、举人、贡士、进士，为自己也为宗族赢得了荣耀与赞誉。据《谷村仰承集》记载，谷村历史上共有举人115名，其中文举106名，武举9名，贡士95名，进士68名（实际上，在其"进士"名录中，有两位为特奏名，而在其"乡举"、"仕籍"名录中，还有8位特奏名，作为宋朝独有的一个科举现象,以举人或太学生身份参加"特奏名"殿试并获通过的,被授予同科进士出身,称为"特奏名进士",因此,谷村李氏共有进士数应为78名)。书院,是学子晋身的阶梯、成名的桥梁,是学子争得荣誉的平台,是学子成为国家栋梁、参与治国理政的路径。

谷村李氏还有一所"树人书院",建于乾隆时期,捐建者是位女性。《谷村仰承集·家规》篇载:"我族原有文蔚书院,近又元潭长房其珍公之妻曾氏捐建树人书院。每年正月聚众童会课,文蔚书院定以正月初六日,树人书院定以正月初九日。先期首事出具传单,遍贴各门。先夜鸣锣三阵,各生黎明赴祠,当堂命题,大展珠玑。请族中科分高者一人阅卷,定等第分别奖赏。"不仅写明了捐建者的身份,还注明了书院会课的规定与仪典,更表明了书院开办的目的:在于通过"会课"奖赏等方式激励学子刻苦读书、发愤求学以博取功名。

李希朗先生载于《庐陵文化》(总第47期)的文章《谷村李氏世系》介绍,谷村还有一所"谌阳书院",为谷村元潭派祖李用期先生最初的居所。想来,那所书院一定为谷村李氏培养了不少功成名就的优秀学子,宋朝的"百桂",说不定就是这所书院培养的。

如今行走在谷村,已然看不到那些书院的影子,有的连遗址也没有了,或被历史的风烟湮没于岁月的深处,或被日益增多的人口挤占为宅基地而耸立着高大洋气的楼房了。倒是"书院下"这个地名颇有意义。谷村人介绍：有两兄弟受到皇帝的旌表，封为"孝子"，敕他们建书院"教馆"。教馆，是方言，馆就是书院，到书院教子弟读书。这两兄弟就是谷村元潭派祖李用期的第七子李筹、第八子李衡。他们两岁丧母，十岁丧父，成人后感到母亲去世过早，没有尽到孝心，于是择址"改葬其母于仕寿乡匡山，二人自负（土。——作者补）成坟，庐于墓左"。官府闻知，上奏朝廷召封他们为官，他们不受，南宋高宗皇帝就敕他们归乡建书院为教授，一人建了一所，就是"敕建经训书院"与"敕建义方书院"。他们开办书院教书，自然住在那儿，人们就称他们居住的地方为"书院下"。如今，这两所书院已难觅踪迹，唯独留下了"书院下"这个地名，李筹的曾孙李叔启后来就在书院下开基。

三、功名的竞赛

——牌坊的公开旌表、堂第的显赫宣示、荣誉簿的郑重记录，在文人学子中形成了一种无形而有序的竞赛，你追我赶、争先恐后的竞赛氛围，铺就了文人学子们前进的道路。

在谷村，科举的盛况还由于学子们在功名上的竞争。各个派、房、支之间，存在着读书求学、博取功名的竞争局面，谁也不甘落后，你追我赶、争先恐后，或公开比拼，或暗中较劲。这个局面的形成，促进了各派、房、支和家庭的子弟刻苦攻读，积极上进，奋力攀登。当某个派、房、支和家庭出现了"乡举"、"进士"以至"父子乡举"、"兄弟乡举"、"父子进士"、"兄弟进士"的盛况后，其他派、房、支和家庭就会更加严苛地督责自家子弟加紧学习，争取早日出现那样的盛况。

那些书院的开办，恐怕也是派、房、支之间暗中竞赛的结果。每当"会课"之时，学子们要通过自己的文章，来为自己，也为本派、本房、本支和家庭，争个一二三等。"当堂命题，大展珠玑……定等第分别奖赏"的家规，就已经证明了这种竞争性。

牌坊，堂第，往往是封建时代科举考试成功者炫耀功名的基本方式，也是竞争成功的一种显耀。科举考试上的竞争性，在学子取得功名之后的荣耀显摆宣扬上，表现更加张扬而骄矜，更加酣畅而淋漓。去全国各地的古村游览，那些幸存下来的牌坊、堂号、门第，就在那里显赫地张扬着那份古老而切近的荣耀。

谷村千百年来的历史上，每当科举考试取得显赫成绩之后，都会修建堂、第、坊等建筑物来彰显自己的荣耀，有的还是皇帝钦赐或旌表的建筑。

"百桂堂"，《谷村仰承集》记载，是因为在"宋时族中登科第者近百人，建堂以表其盛，高宗御书飞白，以荣之后"。桂者，蟾宫折桂之谓也，过去经常把科举考试被录取为进士者，称为"折桂人"。因此，近百位子弟考中进士，实现了蟾宫折桂的美好愿望，那是多么大的荣耀啊，于是建堂以记之，名曰"百桂"；而且这个"百桂堂"的题额，竟然是南宋皇帝高宗赵构的亲手"御书"，真是荣耀至尊至极了，还有什么样的荣耀有超过皇帝的给予呢？除非玉皇大帝的"御书飞白"了。

"父子兄弟进士坊"，南宋度宗赵禥咸淳时期，为李岊、李晋之、李可方、李允方一家先后考取的四位进士而建，也是得到皇帝旌表而建的，虽然没有文献记载是否皇帝御书坊名，但其荣耀也不亚于百桂堂的"御书飞白"，颇有华光射斗、文气冲天的派头和威仪。

谷村此类为彰扬科举考试功名而建的纪念性建筑，还有"双桂第"、"双进士第"、"进士第"、"双凤第"、"父子兄弟科第坊"、"金榜题名坊"、"解元坊"、"一门三进士坊"等，都是谷村李氏后裔通过科举考试为自己也为宗族争得荣耀的象征，是他们在学业上不断进取、互相竞赛的结果。

求学的竞赛，是功名的竞赛，更是脸面的竞赛；科举的竞争，是命运的竞争，更是荣耀的竞争。

有序的竞争，也是成功的阶梯。

科举考试的竞争性和竞赛性，最直接、最明显的表现，是《谷村仰承集》中"进士"、"乡举"、"武举"、"贡士"等名录。这份名录中，每个人名字后面，不仅注明了他们考取功名的年号，而且醒目地注明了他们的房派与居地名，有的甚至注明了他们前辈的名字和科举考试的地位，堂皇地宣示着这种竞争、竞赛的显赫结果。

首先看看部分"进士"名录：

彦成，字圣集，宋熙宁乙卯解试，元祐戊辰李常宁榜登第，鼓楼，居庐陵宣化乡。

彦修，字圣时，宋元丰辛酉解试，壬戌黄裳榜登第，月冈。

楸，字昭文，宋元祐辛未马涓榜登第，特旨除大学博士，鼓楼。

翟，字允升，宋宣和癸卯乡举，甲辰沈晦榜登第，授礼部架阁，升翰林侍讲学士，鼓楼。

黄，字彦实，宋元符庚辰李釜榜登第，历兴国军永兴尉，改知分宁县，迁济阴县，调查临江军清江县，累受赏典，升朝散郎、韶州通判，月洲。

炅，字仲辉，宋嘉定己卯解试，嘉熙戊戌周垣榜登第，任龙兴分宁主簿，元潭长房，居双桂第。

伯圭，字光朝，宋嘉熙戊戌周垣榜登第，授翰林检阅，元潭五房。

层，字道存，号坚泉，元至正乙酉张士坚榜登第，鼓楼，居罗家巷。

公明，元至正丙辰进士，居洪源。

在修，字克己，明永乐庚子乡举，甲辰邢宽榜登第，授御史，迁福建佥事，元潭五房，居水边。

次莲，字幼青，清康熙丙午乡举，（康熙）庚戌蔡启樽榜登第，元潭七房，居书院下。

振裕，字维饶，清顺治庚子乡举，康熙庚戌登第，历官户礼刑工四部尚书，元潭四房，居石园。

次看部分"乡举"名录：

迁之，字仲愚，宋治平甲辰解试，鼓楼，居楼下，为谷村科第之首。

卓，字特立，由贡士中政和丙申解试，授临武主簿，月洲，旧宅。

次鱼，字直卿，宋绍兴庚申解试，癸未特奏，任长沙酒正，迁金溪丞，元潭长房，文园。

文炳，字少明，宋绍兴癸酉解试，元潭七房，书院下。

元瑞，字天麟，宋乾道乙酉解试，辛卯再举，绍兴癸丑特奏名，授瑞州上高县尉，月冈，用琳公曾孙。

公行，字德达，宋乾道辛卯解试，庆元己未特奏，授隆兴分宁主簿，元潭八房。

本仁，字斯立，元延祐庚申乡举，授澧州学正，鼓楼，居方山。

以文，元至正癸丑举人，任湖广郴州学正，洪源。

镇，字彦安，明洪武庚午乡举，龙溪教谕，升镇江教授，月洲，居村前。

勔，字公善，（明）景泰癸酉中湖广乡举，丙子中江西乡举，授饶平县教谕，元潭四房，居行走西，县志作公善，以字行。

原道，字月塘，明嘉靖戊子顺天乡举，任南京礼部司务，鼓楼，芜湖籍，志载元道。

栋，字邦吉，明嘉靖癸卯乡举，月洲，居花树下。

抡。字简在，清顺治丁酉乡举，任新昌教谕，升南康府教授，副讲白鹿书院，元潭七房，居书院下。

方苞，清雍正乙卯乡举，四川井研知县，鼓楼，阁上。

其敏，清乾隆丙午乡举，任万年教谕，升南康教授，鼓楼。

朝佐，字阶绿，清嘉庆戊辰乡举，官峡江训导，元潭四房。

淑豪，字朝赠，清道光丙午乡魁，拣选择知县，殉粤贼难，奉诏旌恤，元潭长房，大池人。

再看部分"贡士"名录：

务敏，字志学，元贡生，任衡州学录，元潭长房，居柘塘。

荧，字次晦，元贡生，授瑞州知事，升江西行省照磨，鼓楼，居西湖。

驷，字子骏，明洪武间贡士，任汉阳训导。

一经，字习之，明嘉靖贡生，元潭四房，居楼屋下。

犹龙，字岂耳，（明）天启辛酉选贡，由杭州通判仕至右佥都御史，巡抚天津，鼓楼。

一伟，字君奇，由增生入太学，崇祯庚辰奉积分准贡，元潭长房，居文园。

振祺，字维介，顺治丙午恩例选贡，元潭四房，居石园。

曰玭，字佩仓，康熙戊子副贡，元潭四房，居石园。

锡爵，字一驭，康熙癸巳恩贡，元潭长房，居大池。

鸿飞，字录则，雍正壬子岁贡，元潭八房。

曰钰，字丽存，乾隆时廪贡，元潭四房，居石园。

曰璜，字蔼存，乾隆壬申拔贡，丙子考授教习，元潭四房，居石园。

运泰，字于咸，嘉庆壬戌边附贡，元潭七房，环山堂人。

彬，字焕文，号质夫，光绪丙午特科考取职贡，候选县右堂。

卓人，号立斋，字飞翰，同治甲子，钦赐副贡。

淦，字拔侣，号丽生，增贡，元潭长房，大池。

这份名录，实质上是一份一份功名光荣榜。特地注明成功者的房派和居地，无形中在各个房派、支族与家庭之间形成了竞争竞赛的格局，要想载入这份功名簿，就得努力学习、奋力攀登。这本功名簿，犹如一座高耸的书山，要想达到顶峰，万万不能泄气止步，正所谓"书山有路勤为径，学海无涯苦作舟"。谷村历代学子之间你追我赶、争先恐后，把科举兴家浪潮，推上了至尊无上的顶峰；正是这样的竞赛、这样的进取，才使得谷村李氏呈现出一派文风鼎盛、文脉流长的繁荣景象。

四、诗文的功用

——诗文，原本是个人情趣的体现、思想的记录，但在科举考试选拔人才的时代，竟然成为一种实用的工具或手段，是文人学子跻身科举考场、博取人生功名的无可替代的拐杖。

诗文者，诗词文章也。一般意义上说，其功用就是抒发心声、表达志向，是个人情趣的体现、爱好的依据和思想的记录。

但科举时代，诗文却不限于这样的功用，超越了一般意义的范畴，有着更为宏大深远也更为直接的作用。任何学子士人，要想博取功名、晋身仕途，就必须在诗文上下苦功，"十年面壁无人问，一举成名天下知"，隐于诗文后面的意义更为深长。诗文，就是科举考试的基本工具，是谷村李氏家族式的事业。

《谷村李氏族谱》中，名臣显宦、文人雅士的名字后，多有一个简要的注解，如"治书"、"治诗"、"治文"、"治易"等。治者，研读也，研读易经、研读文章、研读诗词。这样的注解告诉后人，李氏先贤是以研读诗文为业，也是以研读诗文著称的，他们的生平志向与功业，就在读书览籍、写诗作文上，在跻身科举以博取功名上。诗文让他们立业，让他们立身，让他们立世。

这，岂是抒发心声、表达志向、记录思想这么简单的吗？

从实用的层面讲，谷村李氏先贤是将诗文作为一个工具或手段，借助诗文的研读，挤上科举考试的小桥，奔向官宦仕途的大道。他们前赴后继地涌上这条路，躬耕力勉，勤学苦读，甚至"头悬梁，锥刺股"，废寝忘食、夜以继日。

"治诗"、"治书"、"治易"者颇多。如李士开，李邦华的儿子，"治书"，这是他家的祖训。他的上祖李威，"治书"，邑庠生；其高祖李佐，遵父训，年幼即弃文为农，未能取得功名；其曾祖李秀，读过书，"少孤，废学"；其祖父李廷谏，"治书"，万历癸卯年举人，后为官；其父李邦华，"治书"，先后考中举人、进士，后为官，明亡时以身殉国；其叔父李邦英、李邦藻、李邦著、李邦蔚，都"治书"，分别成为岁贡生、拔贡生、贡生、邑庠生。在这样的家学熏陶下，李士开也"治书"，补邑廪生，如果不是跳水自杀以身殉弟，恐怕科举仕途会有更大的前景。其弟李士荅，堂兄弟李士阅、李士升、李士奎、李士斗、李士遇、李士廷等都"治书"，拥有邑庠生、郡庠生等身份。及至其子李长世、玄孙李其章都"治书"，玄孙李其位"治易"，五世孙李祥光"治诗"、李祥豹"治易"，分别成为邑庠生、郡庠生。这就足以证明，谷村李氏是把诗文研读当成一种家族式的事业。

家族这么多人当中，只要有一两个取得成功，家族的光辉与荣耀，顷刻就得到重显。李廷谏考中举人，后来入仕做了官，家族的荣耀显现了。至李邦华，不仅考中举人，而且考取进士，家族的荣耀"更上一层楼"了，何况他后来还做了两任兵部尚书，家族的门楣不知有多么光彩。正是这样的光彩，越发吸引人们投身于诗文之中，精研细读，探微究义，期待着"一举成名天下知"、"方为人上人"的辉煌。

再看李中家族。李中，号谷平，明正德丁卯年考中湖广乡试举人，为解元，甲戌年考取进士，后来官至右副都御史兼南京粮储总督。由于他的功绩，其父李坦、祖父李杰均被嘉靖皇帝赠为中大夫、四川布政司右恭政，虽生前不贵，但死后却荣。在他的影响下，其子李元生、李绍生、李寅生、李庚生都"治易"，后三子均为邑庠生，而长子李元生则于嘉靖戊子年考中举人，后任海州桂阳州知州，虽然没李中官大，但也继承了李中的衣钵，将家族事业发扬光大了。其孙李曾、李春、李简，也都"治易"，先后成为邑庠生，后均补入"国学生"，李曾后来历任福建都司、浙江都司都事，李春于万历庚戌年被县令孙之益延请为乡饮大宾。其侄、侄孙，以及再往下若干代，代代都有读书人，"治易"，"治诗"，"治礼"，"治春秋"，贡生、举人、邑庠生、奉祀生、武学生等层出不穷，使读书成为家族事业。他的侄子有两个贡士（李生成、李生春）、一个举人（李生文）；他的侄孙李日宣考取进士后，立即将家族声望提高到了一个新高度，令世人刮目相看。于是，诗文研读立即成为众多希望改变自己命运者的首选职业。

到清朝康熙庚戌年，他的玄孙李鹤鸣又考取进士，并授山西孟县县令，家族荣耀同辉日月。在这种波浪式荣耀的激励下，诗文研读便显得波澜壮阔。

因此，诗文是文人成功的桥梁，是学子晋身的阶梯，是世人飞黄腾达的梦想。

但千军万马挤在科举考试的独木桥上，成功者有限，相当多的学子要名落孙山。

有的学子努力研读诗文之后，能够取得"生员"（也称秀才或相公）的功名。但越往后路越难走，正如爬山一般，达到顶峰的只是少数和个别，有的学子终其一生连"生员"都考不上。众多的"生员"当中，能够取得朝廷俸禄者不多。"生员"的最高层次是监生和贡生，即国子监学生和贡院学生，有的监生、贡生已经是举人出身；其次为国子学学生（简称国学生）、太学生。这两个层次的生员，实际上享受朝廷俸禄。往下是廪生，即廪膳生员，就是吃"皇粮"（廪米）的府、州、县学校的生员，《谷村李氏族谱》中标明"邑廪生"、"郡廪生"。廪者，粮仓也。由官府供给府、州、县学校中优秀生员粮食，这是封建朝廷给予优秀生员的一种待遇，鼓励士子努力读书。明初规定，"府学四十人、州学三十人、县学二十人，每人每月给廪米六斗；清沿此制，经岁、科两试一等前列者，方能取得廪名义"。

但在府、州、县的学校中，还有相当多的生员虽然拥有"庠生"、"邑庠生"、"郡庠生"、"郡增生"、"增广生"的功名，却吃不到廪米，得不到朝廷或官府的生活补助，因而往往一贫如洗。对于家庭条件不好的，或者原本就处在贫困状态的，一旦功名无望，就是赤贫一生，就像鲁迅笔下的孔乙己。到了这个时候，诗文还有什么意义？还有什么功用？"百无一用是书生"，这句老话道出来的，是功名未成者凄凉的心境。

当然，也有"识时务者为俊杰"的，眼看人到中年，眼看家道贫寒，眼看功名无望，眼看家中儿女嗷嗷待哺，只得收起追求功名利禄的"野心"，老老实实做一个普通人，踏踏实实挣几个银子养家糊口。于是，这样的人便将自己研读诗文所获得的知识作为本钱，替人教书，混两个"束脩"以充家用，成为"业儒"或"儒士"，即以教书讲学为业。《谷村李氏族谱》中对此有记载，如李中的侄子李生茂，"儒士"；李元鼎的叔祖父李时鸣，"儒士"；李元鼎的堂弟李光鼎，"儒士"；李元鼎的族曾孙李日登，"儒士"；鼓楼派的李映庚，康熙时人，"儒士"。他们都是读书人，有真才实学，但科举考试总是名落孙山，只好以教授儒业为生，或招收学生开馆授业，或被书院或私塾延请去授业。"点半盏残灯替诸生改之乎者也；剩一支秃笔为举家筹柴米油盐"。这些人往往性格刚正耿直，颇有几分清高，在一方土地上也享有一定威望和名誉，因此常常得到官员的青睐与赏识。这样一来，日子过得平淡无忧，却是少了科举成功的轰轰烈烈。诗文便成了他们谋生的手段和技能。

儒士中的出类拔萃者，也能因为有真才实学被作为人才荐举给朝廷，一旦荐举成功，他们也能步入仕途，被朝廷封个一官半职，达到咸鱼翻身、光宗耀祖的效果。如李时鸣，就由儒士而被授予苏州检校，后又升任陈州吏目、肇庆照磨、贵州都匀府经历，并致仕而归。这样一来，诗文还有"曲线救国"的效用。如李齐昌，"世业儒，尤工笔札"，后被明成祖征召参与《永乐大典》的修撰，之后被授予官职。如李益，"以儒为业"，后被征召，授太平府训导之职。

《谷村仰承集·文学传》载有谷村儒士的传记，从中可以窥见当时一些未能取得功名者的经历与性格。如元朝末年的李原，"师事吴草庐先生，通五经，尊信朱子之学，屡举不第，教授于乡"，诗文成了李原谋生的技能。而对于邑庠生李威来说，诗文给了他"博学宏词"，却没有给他好运，"九试棘闱不隽，遂焚弃笔砚，嘱子孙躬耕"。李威，是李邦华的上祖，《谷村仰承集》和《谷村李氏族谱》给他的评价都是非常高的，是个拥有真才实学的文人儒士，一生参加九次会试，却没有一次取得成功。可以想象，他是多么希望自己能够"金榜题名"啊，一旦拥有那个时刻，跳龙门成功的荣耀该有多么辉煌啊！然而，时运似乎专门捉弄他，诗文研读到这个份上，却没有让他拥有成功的喜悦，九次失利的打击是异常沉重的，内心的失望无以复加。于是，他把攻读诗文的文房四宝付之一炬，并嘱咐子孙再也不要研读诗文了，还是好好种田耕地、踏踏实实做个农民吧。真是成也诗文败也诗文，诗文成了他一生也难以解开的心结。

然而,他们的失利恰恰反衬了别人的成功。人们在研读诗文、追求功名的时候，看到的都是成功者的辉煌，谁会去关注失利者的暗淡呢？仰慕成功者、追赶成功者的心理暗示，会让功名追逐者加倍努力于诗文研读，而失利者往往被湮没于功名追逐者势利的眼神与不屑的唾沫之中。

　　科举文化的辉煌，建立在失利者的暗淡之上；科举文化的荣耀，建立在失利者的痛苦之上。

第三章……

仕宦的荣耀

谷村历史上，仕宦的荣耀甚至超过了科举的盛况，自宋以来，历代官宦不断，涌现出一个宗族的官宦群体。除了经由科举考试跨入仕途的以外，还有通过其他途径跨入仕途的佼佼者。他们共同演绎了谷村仕宦的荣耀与显达，谱写了一代期望超越一代的可贵篇章。

一、科举的为官之旅

——科举考试，是封建朝廷选拔人才的主要方式，从隋朝炀帝创立以"进士科"取士制度以来，几乎所有成功的学子都是经由这条道路踏上为官之旅的。

科举考试，是封建朝廷选拔人才的主要方式，从隋朝炀帝创立以"进士科"取士制度以来，到清朝光绪皇帝1905年一纸圣旨宣布取消，前后历经一千三百多年，历史上虽然多有诟病，但这一制度的确为当时的朝廷选拔出了不少优秀仕子、杰出人才，许多优秀士子、杰出人才都成了国家的中流砥柱和各界精英。

唐朝的狄仁杰、张九龄、牛僧儒、韩愈、白居易、刘禹锡，五代十国时期的黄损、孟宾于、李琪、韩熙载、柯昶、窦仪、窦俨、窦偁、寇湘、王搏、李谷、冯道、李昉、卢多逊、张确、徐锴，北宋的吕蒙正、寇准、包拯、欧阳修、苏轼、王安石、晏殊、韩琦、范仲淹，南宋的李纲、陆游、周必大、文天祥，元朝的欧阳玄、马祖常、虞集、杨维桢，明朝的刘基（元朝进士）、朱升（元朝进士）、解缙、胡广、于谦、杨士奇、夏言、张居正、史可法，清朝的王廷谏、刘统勋、纪晓岚、刘镛、陶澍、林则徐、曾国藩、左宗棠等。他们经由科举考试之路，踏进仕途，从此步入封建王朝的政治体系，拥有显赫或相对显赫的权势与地位，成为一个时代的显达，成为普通百姓景仰或敬畏的对象。

谷村这个人文鼎盛的村庄，人才辈出，一茬又一茬的学子经由科举考试步入政坛，受朝廷任命成为某个地方或者某个部门的官员，成为一方土地上的"父母"，使谷村成为当时的政治望族，他们自己也成为谷村后裔世代崇拜、纪念和祭祀的对象。

以"进士"身份入仕的部分谷村官宦：

宋朝嘉定壬午年恩赐进士李奥，"授象州教授，转从事郎，调湖北安抚使差遣，改抚州军推官，升儒林郎、昭信军节度推官"。

宋朝政和壬辰进士李求，"宣和元年试词学，兼茂科，特除太学博士"。

宋朝绍兴丁丑进士李诵，"任衡山县尉，转德化州县，主管台州，赐绯衣紫金鱼袋"。

宋开庆己未特奏名进士李郭，"授弋阳县丞"。

宋咸淳乙丑进士李内翁，"授广州增城县尉，改宝庆府司理"。

宋咸淳戊辰进士李同卿，"任潭州宁县尉，甲戌转儒林郎、赣州府雩都县令"。

明永乐庚子进士李在修，"授御史，迁福建佥事"。

明正统己未进士李茂，"历官大理寺少卿"。

明景泰辛未进士李钧，"官兵科给事中，建言谪绥德州，改升荆门州同知"。

明成化甲辰进士李贡，"仕至兵部侍郎，赠工部尚书，赐祭葬"。

明宏治丙辰进士李珪，"历任主事员外郎中，升云南曲靖知府"。

明正德甲戌进士李中，"官至都察院右副都御史，谥庄介"。

明正德甲戌进士李俨，"授行人司行人，仕至陕西道监察御史"。

明正德癸未进士李邦直，"仕至太仆寺少卿，钦差提督边关马政"。

明嘉靖癸丑进士李廷龙，"仕至陕西兵备，转江西按察使"。

明万历甲辰进士李邦华，"官至都察院左都御史，谥忠肃"。

明万历癸丑进士李日宣，"官至吏部尚书，谥清惠"。

明天启壬戌进士李元鼎，"官至兵部左侍郎"。

清康熙庚戌进士李振裕，"历官户礼刑工四部尚书"。

清康熙癸未进士李景迪，"历仕掌江南道御史"。

清乾隆乙未进士李象井，"任昌黎知县"。

以"乡举"身份入仕的部分谷村官宦：

宋绍圣丙子与大观庚寅两榜举人李棫，"甲辰特奏名，授湘阴县簿"。

宋政和丙申举人李卓，"授临武主簿"。

宋政和丙申举人李康侯，"任真阳县尉"。

宋绍兴庚申举人李次鱼，"癸未特奏，任长沙酒正，迁金溪丞"。

宋绍兴壬午与乾道戊子两榜举人李概，"授武岗县簿，调赣县主簿"。

宋乾道乙酉举人李必登，"戊子特奏名，授大理架阁"。

宋咸淳丁卯举人李恋，"至元中，举遗逸，授江西行省檄新淦高峰书院山长。

宋咸淳丁卯举人李克宽，"任靖州知州，迁知峡州"。

元延祐庚申举人李本仁，"授澧州学正"。

元泰定丙寅举人李务信，"授融州通判"。

明洪武庚午举人李镇，任"龙溪教谕，升镇江教授"。

明永乐辛未举人李福寿，任"道州训导，升宁远宜山教谕"。

明宣德己酉举人李珏，"授都察院司务，奉命督大同等处军务，升南京刑部郎中"。

明宏治任子举人李柯，"任吉州学正"。

明嘉靖戊子举人李瑚，"任四川安岳知县"。

明嘉靖丁酉举人李楷，"任汤溪、青田、昌乐知县"。

明隆庆庚午举人李蕴，"任至贵州威清兵备副使"。

明万历丙子举人李教，"仕至连州知州"。

明万历癸卯举人李廷谏，"仕至刑部浙江司郎中"。

明天启丁卯举人李和鼎，"历官全永巡抚"。

清顺治丁酉举人李抡，"任新昌教谕，升南康府教授、副讲白鹿书院"。

清康熙己卯举人李景遂，"仕至户部郎中"。

清康熙戊子举人李景迥，"任大理寺右评"。

清乾隆己酉举人李蔚，"署邯郸知县，升遵化州同知"。

以"武举"身份为官的部分谷村官宦：

宋咸淳癸酉武举人李敬，"特进武校尉"。

明隆庆庚午武举人李继忠，"大同官前赞画"。

清康熙癸卯武举人李雺，"武德将军，彭城卫千总"。

清康熙癸卯武举人李霍，"武德将军，四川建昌卫守备"。

清雍正癸卯武举人李曰珩，"任浙江诸暨县把总，升绍兴营左协"。

清乾隆戊午武举人李绍武，"赣州镇标中营千总"。

以"贡士"身份为官的部分谷村官宦：

元贡生李荧，"授瑞州知事，升江西行省照磨"。

元贡生李有开，"礼部试，授教谕，升开州学正"。

明洪武间贡士李麟子，"授临江训导"。

明崇德间贡士李勋，"历淮府长史"。

明嘉靖癸丑岁贡李富，"初授直隶江都训导，升福建德化教谕，以破倭功升信丰知县"。

明嘉靖乙卯岁贡李聊辉，"历任舒城训导，泰兴、天长教谕，汉州学正"。

明嘉靖辛卯选贡李杲，"南直隶大仓知县"。

明万历己卯是卯选贡李希贤，"广东儋州同知"。

明万历乙亥选贡李曾生，"任贵溪训导，青阳教谕，珉府教授"。

明万历辛丑岁贡李遇春，"任安仁训导，万年教谕，转赣州府教授"。

明万历己酉贡士李敏，"南直武进学谕，改定南教谕，九江府教授"。

明天启乙丑岁贡李生成，"扬州泰兴训导，程乡县教谕，临江府教授"。

明天启选贡李宏，"四川梁山知县，改汶州知县，甲申国变殉姚黄贼难"。

明天启壬戌选贡李维宪，"任青州通判决，署理寿光县，招抚开垦海寇有功，升青州知府"。

明崇祯癸酉选贡李邦英，"历任广东韶州府推官，诏升按察"。

清顺治时贡生李匡鼎，"署余干知县，调山东黄县"。

清康熙戊子恩贡李震，"授崇德知县"。

康熙丙寅选贡李如旭，"授永州东安知县"。

康熙时贡生李曰玙，"任麻城县丞，补安徽按察司司狱"。

清乾隆时恩贡李曰琳，"恩例中书科中书舍人"。

清道光乙酉拔贡李大根，"任琼州昌化教谕"。

清光绪丙戌岁贡李存诚，"办防有功，奖五品顶戴"。

这里不厌其烦地将上述"进士"、"乡举"、"武举"、"贡士"的任职情况列举出来，首先是为了尊重谷村人的历史记载，这份记载或许是他们的传统习惯；其次是为了比较一下谷村李氏对待这几种不同科举出身的士子的不同态度或者不同标准；再次是为了让读者比较详细地了解谷村李氏以仕宦为荣的夸耀心理。

我们今天并不清楚那些先贤在那个时代为官的详细情形，但是，这么多官宦，一定有着他们各自的为官之道和为官经历，或顺畅、或坎坷，或低微、或显赫。如今的谷村人，已经讲不出他们的先贤当时为官的具体情形了，哪怕粗枝大叶式的梗概也无从说起，但我们能够从上述名录中看出一些端倪。宋朝政和壬辰进士李求恐怕是一个特殊的人物，他在大观庚寅年被推举送入南京太学学习，当年参加在南京贡院举行的乡试考取举人，两年后就考取进士，并被授予太学博士的官职，由此可见是个才学非凡的人。此时的李求，恐怕颇有"春风得意马蹄疾"的豪情，踌躇满志地要为朝廷奉献自己的心力。他在自己的工作岗位上一定是个尽心尽力的人，并且一定深得太学的学生、同事甚至上司的喜爱与器重，于是在七年之后，被推举参加"宏词博学科"及"贤良方正科"考试（即"试词学，兼茂科"）。历史上，博学宏词科考试获得通过者，据称有65%以上的人后来做到了宰相、首辅级别的官，李求恐怕也是一个具有宰相之才的人物吧，只可惜他并没有通过这两场考试。但这并不要紧，他已经用一个"进士"的功名证明了自己，为后代子孙留下了又一个光辉的典范，成为后代子孙夸耀的榜样。

在那个以科举为荣的封建官本位时代，一个村庄、一个族群、一个房派，甚至一个家庭，出了那么多的官宦，还不值得夸耀和显摆吗？还不值得提醒或告诫后人向先贤们学习致敬吗？如果科举制度不消亡，封建时代不结束，谷村人科举入仕的经典还会继续上演，这份"光荣榜"将永远激励他们的子孙后裔奋勇向前。如今科举制度虽然已经不存在了，但他们留下来的科举传奇，却给今人及后人带来许多启发。追求上进的人们，在看到谷村人卓著的科举盛况、显赫的仕宦群体后，除了羡慕与惊叹，一定还会领悟到一点什么吧？

二、恩佑的为官之途

——科举为官是封建时代为官的主道，但在此之外还有荐举征辟、加封追赠、荫佑世袭等为官之途，这是皇恩的特殊庇佑和另类荣宠，同样成为谷村李氏无上的荣耀。

谷村历史上，还有以"荐辟"、"仕籍"、"封赠"、"荫袭"等方式入仕为官的，这是皇恩的特殊庇佑和另类荣宠。他们虽然没有经由更多的科举考试的历练与提升，却同样拥有"仕宦的荣耀"，甚至比科举考试所获得的荣宠还要多几分。

所谓"荐辟"，就是举荐和征辟，也就是推荐和征召的意思，是封建政权对民间颇有声望和能力的人，通过地方官员推荐或者朝廷大员举荐，然后由朝廷征召的方式，任命他们担任官职。谷村以"荐辟"方式入仕为官的，主要有以下人物：

李珏，字元晖，号鹤田，宋宝祐丁巳奏补承信郎，庐江县尉，景定甲子转志翊郎，丁卯除阁门宣赞。

李晔，字子华，宋淳祐甲辰信国公以文学辟，奏补承信郎，宝庆府新化县尉。

李镐，字子京，宋咸淳时由荐选，授寿春簿、两浙制干，升大社令。

李文卿，（宋）庆元间举秀才，任兴化县令。

李恕，字尚忠，元至正庚寅授新州学正，壬辰盗起，迁摄新州判官，选兵壮备御。

李孟淳，字伯英，元时由翰林荐，除吉州学正。

李起生，字季安，元时以茂才举，授通州学正，改桂平县尉。

李绚，字尚文，元时由监生任全州学正，庆远安抚司，宜山令，迁柳城令。

李潜，字孟辉，洪武壬戌以人才举，任光禄署丞。

李圭，字会昂，洪武甲子以人才举，任长阳县令。

李容，字原堂，明洪武己未以孝廉举，授虹县丞，升福清令。

李凤，字子义，明洪武辛亥以茂才举，授龙虎卫知事，改燕山护卫，仕至蜀府纪善。

李扐，字伯谦，明洪武庚戌以明经举，选吏部试第一，授凤阳府同知。

李埙，字伯簇，明洪武时以人才举，授阳江知县。

李锷，字彦达，以字行，明洪武甲戌以贤良举，授崑山令。

李铨，字彦庸，明永乐初以贤良举，授工部主事，改汀州通判。

李睿，字彦宣，以字行，明永乐癸未以才德举，授礼科给事中。

李韶，字其仪，以字行，明宣德甲寅以诗荐，授宜城训导。

李镇，明以人才举，任文华殿中书。

李谦，字景让，明正统间以茂才举，任河南泌阳县训导，升浙江龙泉县教谕。

李益，字阳德，志载方亨，明天顺戊寅以经明行修举，试翰林院第一，授直隶太平府训导，升怀仁王府教授。

李焌，字简夫，以医学从英国公张辅征交趾，迪功郎。

李洪，字敷宽，宣德丙午以人才举，钦命随成山侯征交趾，有功，官浙江、云南都司都事，升雷州府通判。

所谓"仕籍"，原本不是一种选择官员的方式，但在谷村人的文献中，却列为一种入仕方式，指的是朝廷通过某种方式，将一些有才能、有声望的人录入仕籍（即官员登记簿册），然后任命他们担任一定官职。以"仕籍"方式入仕为官的，主要有以下人物：

李尚礼，字亨仲，绍兴壬午以岳武穆帐下军功，奏补承信郎，商州商洛县令。

李尚智，字季叔，绍兴壬午以岳武穆帐下军功，奏补承信郎，虢略县主簿。

李垕，字德之，嘉定时由大（疑为"太"。——作者注）学任新会县尉。

李胜之，字定甫，宋嘉定丙辰特奏，官潭州醴陵县尉。

李梦应，定昭甫，宋嘉定时特奏，任静江司法。

李天觉，字性甫，嘉熙时由大学官象州知州。

李珙，字元弦，宋景定丙辰奏，补进武校尉，迁乐清帅干。

李度，字斯和，元时以武功官永丰县尉。

李文昭，字克栐，元时由监生官中书省、瑞州学正。

李谦，元时以军功官象州知州。

李时，字仲发，明洪武时，孝感瑞橘事闻，官赣州巡检。

李会，字启鲁，（明）嘉靖时由国学官福建都司都事。

李一道，字贯之，明嘉靖时由国学授蓟卫经历。

李日寅，字修期，明万历时由武生扎授守备，改广东布政军前督令参戎。

李栗，字常宽，明万历时由国学任延平府照磨。

李一德，字正之，明万历时由国学任北京南城兵马司，升山西河东盐通判。

李睿，字汝思，明万历时由吏目升漷水主簿。

李时学，字卿实，明万历时授北京遵化忠义卫经历，考满，任徵仕郎，升四川都司都事。

李时鸣，字卿道，明万历时由儒士任苏州简校，升陈州吏目、肇庆府照磨，官贵州都匀府经历。

李玉宏，字镜台，明万历时由昌平马政积功，授武昌左良玉镇督粮守备。

李云文，字文叔，清顺治时考选经历，改授太平府通判。

李曰璋，字达夫，清乾隆时由国学授河南怀庆县丞，历苏州按察司经历，升松江通判。

李炜，字炳堂，清乾隆丙寅由国学授广州通判，历河南许州知州，升福建建宁汀州知府。

李煜，字星灿，清乾隆时国学任广东百顺司巡检。

所谓"封赠"，是指摆皇帝赐予官员父母、祖先和妻室以爵位名号，活着的叫封，死去的叫赠。封赠的往往不是实际官职，而是有等级待遇的爵级衔位，或者相当于某个实际职务的待遇。一般来说，封的爵衔较低，而赠的爵衔却高。谷村以"封赠"方式入仕为官的，主要有以下人物：

李用干，字季承，以子贲贵，大观四年冬，祀恩，封承祀郎，政和二年转宣义郎，三年迁宣教郎，六年加通直郎。

李汝明，宋建炎以子发赠朝散大夫。

李尚志，明洪武以子宜封户科都给事。

李瞻，字宾旭，景泰以子居正赠奉政大夫。

李谅友，字益友，明以子钧封兵科给事中。

李景锷，明以子珪封工部员外郎。

李宣明，明嘉靖时以子相封刑部主事、广西佥事。

李衍，字际庆，明嘉靖时以子栋封国子学录。

李位，字明表，明嘉靖时以子承绪赠工部清吏司主事。

李曾生，明以子教封宜章知县。

李三豹，字养南，明崇祯以子维宪封承德郎、青州通判。

李佐，字贵爵，明以曾孙邦华赠太保、尚书。

李秀，字宇实，明以子廷谏赠刑部主事，又以孙赠太保、尚书。

李廷谏，字信卿，明以子邦华赠太保、吏部尚书，原累封兵部尚书。

李生春，字元夫，以子日宣赠吏部尚书。

李尚惪，字子昭，以子元鼎封徵仕郎，赠吏部主事，又以孙振裕赠工部尚书。

李振祺，字维介，康熙时以景迪赠监察御史。

李振禄，乾隆时以子景逵赠修职郎，又以孙曰瑞赠成安知县。

李上达，字什伯，乾隆时以子鸿光赠文林郎。

李曰崧，字有筠，嘉庆时以子蔚赠遵化州州同。

李曰椿，字元运，道光时以子朝佐赠峡江训导。

所谓"荫袭"，指的是封建时代，因祖先有勋劳或官职而循例受封、得官。当时做官途径之一，是子孙凭借先人的资历"荫袭"。假如某官员死时，儿子尚小，甚至儿子先已故去，孙子还在襁褓乃至腹中，日后想要走这条路进入官场，先人的告身（委任官职的文凭）便是证明。荫袭的可能是爵位名号，也有可能是实际官职。这种入仕为官的方式，在地方方言中，叫作"吃老本"，吃的是祖辈父辈的老本。谷村李氏以"荫袭"方式入仕为官的，主要有以下人物：

李尚仁，字伯元，宋宣和辛丑承父贲荫，授迪功郎。

李爕，字仲理，宋承父千乘荫，任将仕郎。

李士行，字以忠，宋承父应革荫，任将仕郎。

李承宠，明以祖贡荫，任南雄府通判。

李士亨，字于嘉，承父邦华荫，中书科中书舍人。

李士齐，字于肩，承父邦华荫，中书舍人。

李长世，字闻孙，以祖邦华殉国荫，中书舍人。

李一儒，字大鲁，明邑庠生，承父日宣荫，中书舍人。

李发曾，字绳武，以曾祖邦华殉国，袭锦衣卫。

李聘三，字培莘，号任臣，以文生袭云骑尉世职。

李思信，字承宗，袭云骑尉。

李元吉，字恒谦，袭云骑尉。

李正明，字树材，接袭云骑尉世职。

李耀祖，字炉青，接袭云骑尉。

这的确是一份荣耀的名单，一份让谷村以外的人望尘莫及的名单。名单中的每一个人，给谷村带来的荣耀与自豪，并不亚于科举入仕者带来的荣耀与自豪。也不论仕宦们任职的大小，载入史料，不仅向当时的族人宣示荣耀，而且向后代子孙宣示荣耀。这样的宣示，目的在于，突出那些为官者最显赫的权势与地位，凸显谷村自古以来响亮于世的声誉，凸显"仕宦的荣耀"，以此来吸引并鼓励子孙后代努力晋身仕途去争取功名利禄。

这份名单中的每个人，走的是一条与科举考试不同却又并行的入仕之路，在他们的心中，一定同样拥有一份"达则兼济天下"的豪迈情怀。比如李珏，是南宋末年的著名诗人，与文天祥、赵孟頫等人过从甚密，在民间和诗文界享有相当高的名望，虽然科举未中，却于宝祐丁巳年"奏补承信郎"，被授予庐江县尉之职，由此步入仕途，此时他已近知天命；景定甲子年转为志翊郎，丁卯年"除阁门宣赞"。我们不知道他在为官期间的具体情形，想必一定是个勤于职守、为国尽力的人，被举荐之初，他一定感到平生所学与所求终于有了用武之地，心中一定充满豪情壮志，"齐家治国平天下"的情怀一定让他对自己充满信心。但是，南宋王朝此时已经到了风雨飘摇之时，日薄西山的宿命已经令这个王朝无法扭转乾坤，最后葬身于蒙古大军的隆隆马蹄声中。此时的李珏已经年迈，面对腐朽不堪、大势已去的王朝，他一定深感无奈、心力交瘁，于是请求致仕而归，从此隐居乡间，埋身于诗词之中以寄托自己的精神。天师真人张广微给他的一首赠别诗，十分形象地表达了李珏当时的心情："武公九十慎威仪，四世吾犹及见之。珍重归家好眠食，逢人多寄近来诗。"又比如李邦华的孙子李长世，其父李士开因殉弟而投水自尽，让他成了孤儿，由寡母带大成人；后来承祖父以身殉国的荫袭，被授予中书舍人的官职，在南明王朝苟延残喘的历史中，他曾经前往朝廷担任护卫。这个时候，他的内心一定是立志要为南明王朝尽心尽忠的，竭力要为这个行将崩溃的王朝作最大努力，要与其他的有志之士为南明王朝"力挽狂澜于既倒"，力求维护好他祖父为之以身而殉的朝廷。但事情往往会与愿违，他的努力最终化为泡影，南明王朝最终以不可阻挡的颓势走向了覆亡，这是历史的必然，李长世的一己之力无法阻挡历史前进的脚步。

一首"系郡城苎庵",十分恰切地表达了他的这种心境:"冤家难避愧吾曾,我困修罗君似僧。总向镬汤消业孽,荒成绩雨一残灯。"

由这份恩佑入仕者的名单可以看出,谷村李氏对先贤仕宦们是怀着崇敬与仰望的,不论那些仕宦是以什么身份入仕为官的,不论他们经历了怎样的起伏磨难或悲喜哀愁。他们过去给谷村带来的荣耀,已经成为那个时代的象征,今天的历史文化遗产。全国各地,恐怕找不出第二个像谷村这样庞大且又有着如此丰厚历史文化遗产和底蕴的村庄吧!

三、传奇的仕宦之族

——"一门三进士,隔河两宰相,五里三状元,百步两尚书,十里九布政,九子十知州",吉水人耳熟能详的历史文化盛况,在谷村有着辉煌的演绎。

显达的仕宦,经过谷村李氏一代又一代的流传,经过谷村历史文献的记载,演绎出一个又一个充满神话色彩的传奇。

"一家八尚书"。这个传奇在吉水人当中并不经常提及,好多人甚至不知道有这么一个传奇。《千年吉水》一书中,"吉水人文甲天下"一文中记载了这个传奇,作者曾采堂。他是这样写的:

　　盘谷谷村，在宋、明、清三朝，人文蔚起，中进士的有 51 人[1]。李邦华任兵部尚书。他的族人李日宣任兵、吏两部尚书；李振裕先后任工、刑、户、礼四部尚书。民间道是"一家八尚书"。

　　这个记载简略而且欠缺考证，只写了三人七尚书，令人心存疑虑，如何构成"一家八尚书"呢？

　　杨巴金 2005 年所撰且刊于《井冈山报》的《李振裕》一文，除了上面三人七尚书外，还提到了李元鼎受赠为尚书的情况，这才凑齐为"八尚书"。

　　这样又有疑问了：在谷村，加封追赠的尚书远不止八个。李佐因为曾孙李邦华而受赠太保、吏部尚书，李秀因为孙子李邦华而受赠太保、吏部尚书，李廷谏因为儿子李邦华而在活着时加封兵部尚书，死后受赠太保、吏部尚书；李联采因孙子李日宣而受赠吏部尚书，李生春因为儿子李日宣受赠吏部尚书；李时学因曾孙李振裕而受赠工部尚书，李尚憙因孙子李振裕而受赠工部尚书，李元鼎因儿子李振裕而先后受赠工部尚书、户部尚书。

　　从谷村宗族层面看，也远不止"一家八尚书"，而是"一家十几尚书"，点人头计算，应该是"一家十一尚书"，即李邦华、

---

[1] 曾采堂的记载有误，谷村文献记载为 68 人。

李日宣、李振裕、李佐、李秀、李廷谏、李联采、李生春、李时学、李尚熹、李元鼎，他们或担任、或受封赠为尚书。

经查阅《谷村仰承集》和《谷村李氏族谱》，"一家八尚书"可作以下两种解释：

一是从担任的实际职务看，李邦华先任兵部尚书，后任南京兵部尚书，算两个尚书；李日宣先后任兵、吏二部尚书，也是两个尚书；李振裕先后任工、刑、户、礼四部尚书。三个人先后实际担任的尚书职务，加起来即"一家八尚书"。

二是从单一家庭看，分别指李邦华家庭、李振裕家庭的两个"一家八尚书"：

李邦华自己两任兵部尚书，死后受赠吏部尚书；其父李廷谏因他而在活着时受封兵部尚书，死后受赠太保、吏部尚书；其祖父李秀因他而先后受赠太保、兵部尚书和吏部尚书；其曾祖父李佐因他而受赠太保、吏部尚书。祖孙四代担任的、和受封赠的尚书职务，加起来正好"一家八尚书"。

李振裕先后任四部尚书；其父李元鼎因他而受赠工部、户部尚书，也是两个尚书；其祖父李尚熹因他而受赠工部尚书；其曾祖李时学因他而受赠工部尚书。四人担任的和受赠的尚书职务，加起来也是"一家八尚书"。

按照这个方法推算，李日宣家庭就是"一家四尚书"。

一个村庄当中，出现这样的"尚书"奇观，的确是件极端荣耀的事。

"四世一品"。"一品"，即人们口头常说的"一品诰命"。这是谷村李氏独有的荣耀，主要指李邦华、李振裕两个家庭，因为第四代受到皇帝的宠爱，带携前三代都受封或受赠有爵位和荣誉官职，尤其是受赠的荣誉官职，都在一品甚至一品之上，即便生前不贵，死后也荣，因而称为"四世一品"，朝廷还旌表他们建牌坊以示荣耀。

不过，应当补一笔的是，因为他们的受宠，他们的夫人也跟着受宠，被封或被赠予一品的待遇。

李邦华家族，其曾祖母张氏受赠正一品夫人，其祖母周氏先受赠安人、后受赠正一品夫人，其母万氏先累受赠孺人、恭人、淑人、夫人，后受赠正一品夫人，其正室周氏受封正一品夫人。

李振裕家族，其曾祖母罗氏先受赠孺人、后受赠正一品夫人，其祖母彭氏先受赠孺人、安人，后受赠一品夫人，其母朱中楣受赠一品夫人，其父正室罗氏也受赠一品夫人，其妻陈氏受赠一品夫人，其继室刘氏受赠一品夫人、侧室姜氏也受赠宜人。

但是，清光绪元年版《吉水县志》卷三四"牌坊"一节的记载中，谷村还有一座"四世一品坊"，特为李日宣而立。李日宣本人贵为一品，历任兵吏二部尚书，赠太保，谥清惠，其妻先后被封为孺人、宜人、淑人、夫人；其父李生春，因他而贵，累赠吏部尚书，其母曹氏先后被封赠为孺人、宜人、淑人、夫人；其祖父李联采，也因他而贵，累赠为吏部尚书，其祖母刘氏累赠淑人、夫人；其曾祖李瑞却不见因曾孙显贵的赠号记载，想必也是有的，不然何以有这个"四世一品坊"的记载呢？

这种"妻以夫贵"、"曾祖考以子孙贵"的现象，凸显了一个家族官宦的显达、仕途的顺畅以及皇恩的浩荡。因此，在追求"封妻荫子"的时代，这样的恩宠，无上荣耀。而三个家族的"四世一品"，在男女两个层面都将谷村李氏的荣耀标榜到了极致，这在其他地方、其他宗族恐不多见。

"一门七贵"。指宋朝李存之与其兄李迁之、五个儿子考取功名、被授予官职的盛况。

李存之于宋元丰辛酉年考取举人，"政和壬辰以恩特奏名，授象州武仙县尉，迁横州司户，宣和己亥授虔州石城县主簿"。

"特奏名"是宋朝科举考试特有的现象，即在正奏名进士之外，对那些颇有文名和才能、却又屡试不中的举人，皇帝格外恩赐，经"特奏名"殿试授予他们同科进士出身。

因此，李存之本人实际上成了特奏名进士。其兄李迁之，考取宋治平甲辰年举人。李存之五子之中：长子李杞，考取宋大观庚寅年举人；次子李械，先后考取宋绍圣丙子年、大观庚寅年两榜举人，宣和甲辰年特奏名进士，授湘阴县簿；三子李求，考取宋大观庚寅年举人，政和壬辰年中进士，"宣和元年试词学，兼茂科，特除大（应为"太"。——作者注）学博士"；四子李大方，考取宋大观戊子年举人，后被推为贡士；五子李大亨，先后考取大观戊子年、政和乙未年两榜举人。一门两代七个人，共有三个进士、四个举人，且多授官，声名显赫、身份尊贵，誉称"一门七贵"非常恰当，荣耀一时。

"百步两尚书"。在吉水历史文化中，这个传奇是很有影响的。

吉水县有关史料记载，主要指泥田水边周延和上曾家曾同亨。周延，明朝嘉靖二年进士，曾任吏、兵两部尚书；曾同亨，明朝嘉靖三十八年进士，先后任工部、南京吏部尚书。水边村与上曾家村田舍交错，鸡犬相闻，出入相望，距离百来步，故称"百步两尚书"。

而《谷村仰承集》有座"百步两尚书坊"的记载，注明"为懋明公缉敬公建"。李懋明，即李邦华，懋明乃其号，谷村元潭派长房大池启佑堂人，崇祯十二年任兵部尚书，十五年任南京兵部尚书；李缉敬，即李日宣，缉敬乃其别号，谷村元潭派长房桂园天叙堂人，约崇祯十年任兵部尚书，十三年改任吏部尚书。两家同居一个村庄，相距不过百步，故称。

相比两个"百步两尚书"传奇，更值得称道的是谷村。同在一村，同派同房，而且同朝为官，历史上的名气也更大，因而显得尤其难能可贵。

如果算上清朝担任四部尚书的李振裕，则谷村李氏先后有三人担任尚书职务，且在村中住宅相距均为百步之遥，称之为"百步三尚书"也恰如其分。

"十里九布政"。这是吉水县有名的一个传奇，但版本不同。按照常见的一个版本，九个布政中，有三个（李赞、李中、李维桢）来自谷村李氏。但经过详细考证之后，仅在盘谷镇境内方圆十里的范围内，就有至少九个布政，其中谷村李氏就占五个，泥田周氏三个（周正，明天顺元年进士，云南布政使；周叙，明正德六年进士，陕西右、左布政使；周延，明嘉靖二年进士，广东左布政使），上曾家一个（曾存仁，明嘉靖二年进士，云南布政使）。谷村的五个是：

李赞，明成化庚子年进士，正德年间担任浙江布政使。

李贡，明成化二十年进士，陕西右布政使、山西左布政使。

李中，明正德九年三十六岁时中进士，嘉靖年间担任广东右布政使。

李淑，明嘉靖二十九年进士，广东布政使。

李维桢，李淑之子，明隆庆二年二十一岁中进士，天启年间任湖北布政使。

四、官员的非凡勋业

—— 出将入相，自古就是人们追求的人生目标。在谷村
李氏先贤中，虽然并非人人都能达到这一境界，但入仕
为官、造福一方，却也在历史上留下了永久的声誉。

江苏省江阴市中心，有座中山公园，是市民游玩、休闲、娱乐的大好去处。这里有着浓厚的文化底蕴，高低错落的结构，浓荫蔽日的树木，古香古色的建筑，惟妙惟肖的雕塑，无不引

起游人的兴趣。公园所在地，从明朝万历年间到清朝末期，曾经耸立着一所衙门，叫作江苏学政衙门。因此，中山公园又叫江苏学政衙署遗址公园。在公园一角，竖着一块碑，碑上刻有在这所学政衙门任过"学政"的官员姓名。上面刻有"李振裕"的名字，并标明了籍贯：江西吉水。

这就是清朝康熙九年进士李振裕，明朝天启进士李元鼎的儿子，字维饶，号醒斋。江苏学政，并不是李振裕所担任的最高官职，在他历任官职中属于中等级别。但他在这个职位上，却赢得了相当好的口碑。

1670 年，李振裕中进士后即入仕途，任庶吉士。庶吉士，又叫作庶常，这个名称源自《书经·立政》篇中"庶常吉士"，是明清两朝时翰林院内的短期职位。朝廷在考中进士的人中，选择有潜质者担任这个职位，目的是让他们先在翰林院内学习，之后再授各种官职，情况有如今天的研究生见习生。李振裕担任庶吉士之后，被安排在史馆参与修编《明史》。由于他知识渊博、才学深厚，康熙皇帝常召他"以儒术备顾问"。几年后，朝廷安排他去江南督学，负责选拔贡士，这就是他在江阴担任的学政职务。由于他坚持公道正派的原则选人，所选拔的贡士均为真才实学之人，不少人后来成为朝廷的栋梁。

1688 年，李振裕奉命前往当时遭遇旱灾的北京西北地区赈灾，所做的工作大致是户部应该担当的职能。他一做就是三年，回朝时，灾民们沿途跪拜，感激他的救命之恩。这期间，他先后被提任为内阁学士、礼部侍郎、吏部侍郎，职务一路飙升。1691年又被提升为工部尚书；过了几年，由工部尚书转任刑部尚书；1699年，由刑部尚书改任户部尚书；1704年，由户部尚书转任礼部尚书。

至此，李振裕达到了官场生涯的巅峰。先后担任四部尚书，这在中国封建社会的官僚史上恐怕绝无仅有。他的"四部尚书"官场生涯，不仅把他自己推到了人生的高峰，也把谷村人的自豪与骄傲推到了荣耀的高峰。康熙皇帝对他很宠幸，1688年孝庄太后升祠太庙在山东泰山建成，康熙皇帝特命他代自己赴泰山出席落成典礼、拜祭。在四部尚书任中，康熙皇帝曾四次赏给他御制之物，以示荣宠。

李振裕做官，有他自己的机遇与命运，但也与他的家庭背景有关联。他出身于官宦世家，正如他说的"六世蒙恩"：其上祖李衍，获赠徵仕郎；高祖李楷，明朝嘉靖丁酉年江西乡试举人，曾任浙江汤溪知县；曾祖李时学，先后任北京遵化忠义卫经历、封徵仕郎、四川都司都事，获赠一品光禄大夫、经筵讲官、工部尚书；祖父李尚惠，以儒士授保定府检校，后升云南永宁州同，封徵仕郎，获赠一品光禄大夫、经筵讲官、工部尚书；其父李元鼎，明朝官至光禄寺卿（一说光禄寺少卿），清朝官至兵部左侍郎，后因子贵获清朝康熙皇帝追赠光禄大夫、工部户部尚书加四级。

这个累世为官的家庭，家学渊源十分深厚，在这种家族氛围中，功名求取之心毋庸置疑，他的为官之道多少受到家庭环境的熏陶与影响。

相比于李振裕仕途的顺畅，其父李元鼎的仕途，就充满了曲折起伏。

李元鼎，字梅公，明朝天启二年进士。他的仕途应分两个阶段看待。明朝时，他的仕途还很顺利：初授行人司行人；崇祯庚午升吏部稽勋司主事，后转任验封司、考功司、文选司员外郎，吏部给事中，湖广布政司检校，庚辰年升任光禄寺署正，壬午年升大理寺正、太仆寺正，甲申年升光禄寺少卿，可谓一帆风顺。

李自成起义军攻陷北京后，建立大顺政权，李元鼎因替族叔李邦华守灵，被迫归顺起义军，被授予太仆寺少卿。没多久，清军攻入北京建立政权，李元鼎因同样原因被迫归顺清朝政权，被授予同样的官职，并负责疏清京畿马政。也许工作很勤勉吧，不久升任太常寺卿，乙酉年升任兵部右侍郎。这一段，李元鼎的仕途也算顺利。但到丙午年，就因为受到其他人的案件牵连而被免职，于是侨居在江苏宝应县。庚寅年被重新起用，任光禄寺仓敖，不久恢复兵部右侍郎职务，壬辰年被提升为兵部左侍郎。但没过多久，他就又因任珍案而被再次免职，再次侨居于江苏宝应。丁酉年返回故里，后卒于南昌。

李元鼎的官场经历，由明朝遗臣成为清朝重臣，在正宗读书人眼中成了"媚骨变节"之人，为"贰臣"。或许是这种政治上的摇摆，造成了他自己人生的不幸，"坐事论绞，免死，杖徒折赎。未几，死"，有关史料上这寥寥数句，就把他政治上的不幸给描绘了出来。

李日宣与李振裕同属谷村元潭派，辈分是李振裕的祖辈，在仕宦上也是谷村的荣耀之一。相比李振裕在清朝的任职，李日宣在明朝末年的任职也充满了艰难曲折。

万历四十一年中进士即被授予中书舍人的职务，属于从七品的官职，相当于如今的正县级非领导职务；不久就擢升云南道御史，巡抚河东。甲子年，因为叔祖李邦华任职兵部，他"引疾归"乡。崇祯三年即庚午年获得起用，任福建道御史，巡抚河南，还朝后掌管河南道事。己酉年升任大理寺丞，进左少卿、太常正卿。崇祯九年即丙子年冬，升任兵部右侍郎，镇守昌平；崇祯己卯年进左侍郎，总督戎政，不久因功晋升兵部尚书；崇祯十三年即庚辰年改任吏部尚书；崇祯十五年主持廷推。

何谓廷推？"明制，凡朝廷遇有重大政事，或遇有文武大臣出缺，皇帝必诏令廷臣会议，以共相计议，衡量至当，然后报请皇帝，取旨定夺，其有关政事得失利弊之研商者，谓之廷议；其有关人事升补任用之拟议者，则谓之廷推。""廷推云者：是乃明代抡选要吏之法，原规定三品以上及九卿（吏、户、礼、兵、刑、工六部尚书，都御史〔掌监察百官〕共七卿，再加大理卿〔掌刑名平反之事〕、通政使〔敷教内外章疏〕，是为九卿。九卿乃全国最高政务机关，熟悉国政推行之实际情形）、佥都御史、祭酒等官员，公推二或三人，由皇帝取决任用，谓之廷推。"

这是通过召开宫廷会议向皇帝推荐高官要员的大事，主持这个大事的人，是皇帝信任或者倚重的重臣，是不一般的人物。李日宣就是这样一个不一般的人物。至此，李日宣的仕途达到了他人生的巅峰。但也是这个"廷推"，李日宣从此走向了灾难，崇祯皇帝朱由检认为李日宣主持的"廷推不公"，就是没有推荐符合"圣意"的官员，偏偏李日宣又上奏进行辩解，结果"忤罪"，被朱由检下了刑部大狱，判刑后发配边关。

甲申年，崇祯诏告各路兵马入京勤王，就赦免了李日宣，恢复他吏部尚书的职务，并派人催促、下手诏敦促他火速回京。这时，李日宣处在重病之中，无法亲身勤王。北京沦陷后，他忧愤交加，两年后去世，获"清惠"谥号，算是对他一生为官品德的公正评价。

谷村在外任职最为艰难曲折的，当属李邦华，几起几落，命运多舛。

李邦华是李振裕的曾祖辈，字孟暗，号懋明，是谷村人口头提起最多的历史人物，必称"忠肃公"。

他于万历三十二年中进士，被任命为泾县知县，是正七品的地方官，有政声。拟授御史，因替顾宪成说了几句话，被指斥为东林党人，两年之后才正式任命。万历四十四年，他找了个"有病"的借口回家养病。万历四十五年，受朝廷征召，出山担任山东参议。天启元年恢复御史原职，却担负整饬军事的责任，整顿易州兵备；转任光禄少卿，擢升为右佥都御史，巡抚天津。"军府新立，庶务草创，邦华至，极力振饬，津门军遂为诸镇冠。进兵部右侍郎，复还家省父"。崇祯元年四月，被朝廷重新起用，任工部右侍郎，不久就因得罪人而被免职赋闲；十二年四月，朝廷再次起用他，任兵部尚书，后因其父病忧再次离职；十五年冬，又被重新起用任南京兵部尚书，掌南京都察院事，代刘宗周任左都御史。

至此，五起五落的李邦华，仕途达到顶点。两年之后，李自成起义军攻陷北京，他逃难至文信国公祠，投缳自杀殉国。

死后，他被南明王朝追赠为太保、吏部尚书，谥号忠文。清王朝统治全国后，对李邦华事国忠君而死的行为大为赞许，特赐谥号忠肃。他的族人兴建了一座忠肃公祠纪念他，内号"乾坤正气之堂"，如今已修缮一新。

明清时期，除了上述几人之外，谷村李氏在外为官、且职务级别较高的，还有几个，不过相比上述几人，名气没有那么大。

一是明正统己未进士李茂，又名蕚茂，初授大理寺评事，"历官大理寺少卿"。

二是明成化甲辰进士李贡，中进士后被授予户部主事，升员外郎，后历任刑部员外郎、郎中、山东按察司副使、福建按察使、陕西右布政使、山西左布政使，后以右副都御史，巡抚辽东。正德五年八月，复官，受命整饬蓟州等处边备，兼巡抚顺天诸府，增修通州城，筑古北口诸处堡垒，是深受皇帝赞赏的官员。最后，

"仕至兵部侍郎，赠工部尚书，赐祭葬"，受到的恩宠也极荣耀。

三是明正德癸未进士李邦直，最初任直隶徽州府绩溪县知县，此后历任浙江金华府东阳县知县、工部都水清吏司主事、刑部山西清吏司主事、礼部清吏司署员外郎、吏部清吏署郎中，后至太仆寺正卿，会试同考官、钦差提督边关马政大臣；他的父亲因此而被封为奉政大夫，母亲被赠为太安人、大宜人，其妻子也被封为安人，全家极其荣耀。

还有明朝嘉靖丙辰进士李承芳，官至太常寺少卿。

他们是谷村李氏在外为官最具代表性的，职级都在正四品以上，尚书则达到了正二品的职级，因此代表了谷村李氏仕宦的最高级别，最高职务，从而也就代表了谷村李氏历朝历代"学而优则仕"的荣耀。

其实，早在宋元时期，谷村就已有着仕宦的荣耀。

北宋元祐辛未年进士李栐，被宋哲宗特旨拜为太学博士。这是谷村李氏有文字记载的最早的仕宦。官阶虽然不高，却是京官，而且是在国家最高学府任职，地位并不一般。

北宋元符庚辰年进士李賁，先后担任过兴国军永兴县尉、分宁知县、济阴知县、临江军清江知县，后升任朝散郎、韶州通判，累次受到皇帝嘉奖与赏赐，荣宠一时，其父李用干也因他而受封承祀郎。

北宋政和壬辰年进士李求，被宋徽宗特授太学博士。

北宋重和戊戌年进士李发，曾任靖州知州。

北宋宣和辛丑年进士李鼎，曾任建昌军南城知县。

北宋宣和甲辰年进士李㩁，先后任礼部架阁、翰林侍讲学士，成为皇帝的近臣。

北宋宣和甲辰年进士李尚义，先后任礼部架阁、翰林侍讲学士、施州户曹、襄阳通判、沅州通判摄南安军事。[1]

北宋还有李械以举人、特奏名进士授湘阴县主簿，李卓以举人授临武县主簿，李康侯以举人任真阳县尉，李同因"仕籍"任临贺县丞，李辑因"仕籍"任两浙运干。

南宋绍兴丁丑年进士李诵，先后任衡山县尉、德化知县、主管台州，先后被赐绯衣、紫金鱼袋。所谓赐绯、赐紫、赐金鱼袋，是皇帝荣宠的象征。宋时官员一、二、三品为紫色官服，四、五品为绯色官服，六、七、八品为绿色官服。低官阶者被赐高官阶的服饰，官职虽没提升，待遇和地位却有提高，表示皇帝对其看重与奖赏。李诵在着绿色官服（德化知县）时，被赐绯色官服；在着绯色官服（主管台州）时，又被赐紫色官服和金鱼袋，可见他在高宗皇帝眼中颇有影响、颇有地位，其父李康国因他而被赠宣教郎的身后哀荣。

南宋绍兴庚辰年进士李骥，被授迪功郎，任南安军上犹县主簿。

---

[1] 即代理知军——相当于知府。

南宋嘉定庚辰年进士李渠，登第后被授予衢州路教授、长沙通判，后调任湖广安抚使差遣，升宣议大夫、昭化军节度推官。

南宋嘉定壬午年恩赐释褐进士李奥，任象州教授，转从事郎，调湖北安抚使差遣，后改抚州军推官，升儒林郎、昭信军节度推官。

南宋时受到荣宠最高的，当属绍定壬辰年进士李晦之。登第后，官至缉熙殿侍讲；后授饶州教授、象州教授，终于任上。他在缉熙殿侍讲任上，就被宋理宗御赐衣带鞍马浮砚及御制砚铭。以区区七品官的身份，受到皇帝如此隆重的褒奖，的确荣耀之至。

南宋时期还有李次鱼以举人、特奏名进士任长沙酒正、迁金溪县丞；李概以两榜举人授武岗县主簿、调赣县主簿；李元瑞以两榜举人、特奏名进士授瑞州上高县尉；李必登以举人、特奏名进士授大理寺架阁；李公行以举人、特奏名进士授隆兴分宁县主簿；李炅登进士第后任龙兴分宁县主簿、改高州府教授；李郭以举人、特奏名进士任弋阳县丞；李应革登进士第授朝奉郎、袁州军知事；李炳翁登进士第后任广州增城县尉、宝庆府司理；李埈登进士第后任分宁县主簿、浔州教授、淮东总干转从政郎；李同卿登进士第后授修职郎、后任隆兴府南昌县尉、谭州宁乡县尉，转儒林郎、赣州府雩都县令；李晋之登进士第后授江陵监利县主簿、改县尉、兼制司制干；李大临登进士第后任台州黄岩县尉；李可方登进士第后任彭泽县尉、白鹭洲书院山长、吉州佥判；李允方登进士第后授德化主簿、改县尉、升吉州八县招讨使；李应纲登进士第后任赣县主簿；李敬德因荐辟任潮州路学教授；李文卿举秀才任兴化县令；李忞以举人出身授江西行省檄、新淦高峰书院山长；李克宽以举人出身任靖州知州、迁峡州知州；李尚礼以岳飞帐下军功奏补迪功郎、商州商洛县令；李尚智以岳飞帐下军功奏补承信郎、虢略县主簿；李千乘因"仕籍"任峡州知州；李天觉由太学任象州知州。

元朝时期：李恕由荐举任新州学正、迁摄新州判官；李孟淳荐授吉州学正；李万孙荐选昭明殿讲书；李起生以茂才举授通州学正、改桂平县尉；李珉以茂才举任会昌训导；李绚由监生任全州学正、庆远安抚司宜山县令、迁柳城县令；李务敏以贡生任衡州学录；李从心以贡生任筠州学正；李荧以贡生授瑞州知事、升江西行省照磨；李钊以明经儒士授邓州学正；李贞以贡士任开州学正；李毅以贡士任代州学正；李有开以礼部试授教谕、升开州学正；李本仁以举人授澧州学正；李务信以举人授融州通判；李以文以举人任湖广郴州学正；李彬因"仕籍"任江州路录事；李度因武功任永丰县尉；李文昭由监生任中书省瑞州学正；李以立因"仕籍"任西安宣诚将军；李谦以军功任象州知州；李期孙因"仕籍"任袁州库副使；李复由太学任桐城县丞。

这些先贤官职不算高，却为谷村后人开辟了仕宦之路。尤其是元朝汉人遭排挤，谷村竟然还有这么多先贤出仕为官，的确非同一般。这些榜样，使谷村一再掀起读书求学、热衷科举功名的热潮，为明朝时期达到仕宦巅峰奠定了坚实的基础。

第四章 ⋯

先辈的气节

气节，在有关工具书上的解释是：坚持正义，在敌人面前不屈服的品质。

而从更为广泛的角度来看，气节应当包括人的志向、气度、节操、性格、品德、涵养等优秀特征，是一个人身上各种优秀特征的总和；落实到某个人，具备了其中某些方面的优秀特征，那就是一个有气节的人。

　　"'朝闻道,夕死可矣',揭示的是气节的源泉;'鞠躬尽瘁,死而后已',归纳的是气节的拓展;'英雄生死路,却是壮游时',抽象的是气节的升华。"

　　气节,经过祖祖辈辈,世世代代的培育、弘扬和传承,成为一个地域、一个群体、一个民族乃至一个国家生生不息、弱而复强、衰而复兴的鲜活灵魂和钢铁脊梁。

　　吉水,作为自古以来就有些名气的文化大县,作为庐陵文化的主要发祥地,气节,几乎是所有文人学士、名臣显宦共同追求的品质。

　　历史上,吉水的先贤显达们,不仅弘扬、传承着这份共同的品质,而且培育、历练着这份共同的品质。如宋朝的欧阳修(他47岁以前是吉水人;47岁时,"仁宗至和元年即1054年,析吉水县之兴平、明德、永丰、龙云(含报恩镇)、云盖五乡置永丰县",其故里沙溪就是那时从吉水县划出)、杨万里、文天祥(明朝嘉靖末年,其故里富川从吉水县永昌乡划出,归当时的庐陵县淳化乡、后来的吉安县管辖,改名为富田,地方上习惯地称为"上富田",现又划入吉安市青原区),如元朝的宋信(元顺帝至正年间官至胶东行省丞相)、郭钰(元末诗人),如明朝的解缙、周延、罗洪先、邹元标、陈诚,如清朝的龙榜、罗遇春、李振裕,如民国时期的徐元浩、欧阳武、陈森,无一不是把气节看得比生命还重要的人物。在以他们为代表的士子名臣的引领下,吉水大地形成了崇尚气节的优良风气和传统。

所以，从吉水这方走出去的人们，多以品性刚直、骨头过硬为世人所称道。他们所表现出来的气节，几乎具有共同的特征，诸如好学上进、通明事理、孝悌忠信、仁义礼智、温良恭俭、虚心谦让、性格耿介、品行端方、为人正直、胸怀坦荡、忠君事国、勤政爱民、鄙薄奸佞、耻为小人、信奉真理、追求公平、持守正义、讲究礼仪、宁折不弯、舍生取义，体现出"富贵不能淫、贫贱不能移、威武不能屈"的士子品格。

吉水自古以来，多清官，无贪官，多忠臣，无奸臣。

一、气节鲜明的谷村先祖

——先祖、后辈，遗传、继承，历史就在这个过程中完成延续；谷村李氏的气节特征，不仅有着吉水这方土地上共同的因子，而且有着从其祖先身上继承来的传统。

端居于吉水西北的谷村，受吉水这方土地，尤其是水西地区社会风气的影响，自然也形成了这么一种地域性气节特征，成为谷村的文人学子、名臣显宦乃至稼夫樵子所共同追求的品质特征。这种特征，影响着一代又一代的谷村后裔，从而形成了谷村李氏古代独有的村庄气节、村庄风骨与村庄品格。

造就谷村先贤历史气节的，有他们所尊崇的先祖遗风。

据《谷村李氏族谱》记载，这种先祖遗风，首先追溯到西平忠武王李晟。李晟一生育有十五个儿子，谷村李氏系出其第十子李宪（一说为第七子，因其前三子均早夭）血脉。

《谷村仰承集·西平忠武王传》介绍，李晟本身就是一个颇有气节的人。

他出身于军人世家，"祖思恭，父钦，代居陇右，为裨将"，幼年时即成孤儿，因此"事母孝谨"。他也是军人出身，少年时期即武艺高强，"性雄烈，有才，善骑射，年十八从军，身长六尺，勇敢绝伦"。河西节度使王忠嗣出击吐蕃时，"吐蕃有骁将，乘城拒斗，颇伤士卒"，王忠嗣招募军中善射的人去射击吐蕃骁将，李晟应招，"引弓一发而毙"，王忠嗣因此非常高兴，抚着李晟的脊背，夸奖他是"万人敌"，可见李晟是个有本事的人。

对于李晟的气节，《西平忠武王传》中记载了几件事，颇能说明问题：

一是"义合三帅"。唐代宗建中二年，在平定魏博节度使田悦反叛时，因为李抱真分兵守其根据地的原因，差点散伙，幸得李晟从中周旋促和，三位平叛的大帅才又团结在一起，为朝廷建功立业。这件事，不仅体现出李晟的正直、清醒，更体现了他以国家、以朝廷为重的气节。

二是"以子为质"。唐德宗继位后，京师发生兵变，义武军主帅张孝忠不肯让李晟前往勤王，李晟为了让他相信自己不是分兵而是勤王，特地留下儿子给张孝忠为人质，这才得以勤王。由此可以看到一个舍私为公、忠君事国的良臣，看到一个以国事为重的名将。

三是"忠言进谏"。在与朔方节度使李怀光共同平叛过程中，李晟发现李怀光"阴怀异志"，数次上奏进谏未被采纳。李怀光后来果然反叛。在那个战乱频仍、政局动荡的时代，敢于如此进谏，若不是具备忠贞不渝的信念，而只是怀着苟全于乱世的态度，完全可以不这样做的。这，是气节的力量。

四是"孤军抗敌"。朱泚、李怀光先后发动叛乱，同期又有其他叛将割据，"是时，朱泚盗据京城，怀光图为反噬，河朔僭伪者三，李纳虎视于河南，希烈鸱张于汴郑"，李晟独力担当守卫德宗皇帝、鼎起唐朝帝国的大任，几乎陷于四面楚歌之中，"内无财货，外无转输，徒以孤军而抗剧贼"。唐德宗担心他平定不了叛乱，问大臣浑瑊"李晟可办事乎"，浑瑊回答他："李晟秉义执忠，临事不可夺，以臣计之，破贼必矣。"于是，"帝意始安"。孤军抗敌，表现的是赤胆忠心，是对朝廷、对帝王的忠贞不渝，正是因为这份忠贞与赤胆，才赢得了诸多将领的拥护与支持，最终成为了平定叛乱的中坚力量。这，还是气节的力量。

五是"市民安堵"。李晟率领诸多部将收复都城长安，即下令部队整肃军纪，退出长安，驻在城外，并发布安民告示，"居人安堵，秋毫无所犯"。对那些敢于违抗军令、擅自扰民的不法之将，当众处斩。德宗皇帝得到群臣的上奏之后，也忍不住流下了热泪。群臣奏道："李晟虔奉圣谟，荡涤凶丑，然古之树勋，力复京邑者，往往有之。至于不惊宗庙，不易市肆，长安人不识旗鼓，安堵如初，自三代以来，未之有也。"为此，德宗皇帝也不得不感叹："天生李晟，为社稷万人，不为朕也。"李晟的爱民之心，跃然纸上。

六是"相忍为国"。李晟晚年，遭到权臣张延赏的排挤，被不明真相的德宗皇帝罢免了兵权，虽然被册封为太尉、中书令，但只不过是具有象征意义的虚衔，享受相应待遇而已。对此，李晟隐忍不发，以国家社稷和百姓为重，忍受排挤与打击，不受他人挑拨与离间。这样的胸怀，何等宽阔，何等坦荡！

七是"进言忠君"。在李晟的信念里，事君即是事国，因此对于国事，他知无不言、言无不尽。即使在遭受排挤打击的时候，依然如此，真正达到了"家事国事天下事，事事关心"的境界，也达到了"容天下可容之事"的境界。

八是"遣女事姑"。李晟的家教很严厉，对子孙后代要求非常严格。女儿正月里回来看望父母，他这个做父亲的居然把她赶了回去，说是她有家，应当回去事奉婆婆（即姑）。看上去似乎很不通人情，却体现出他是个极为崇尚礼仪的人。

作为谷村李氏遥远的先祖，李晟的气节、品性、风骨等特征，无疑对其子孙后代产生过极大影响。在谷村李氏后来的那些名士良臣身上，不难看出李晟的气节特征。

首先接受李晟气节影响的，当然应该是他的儿辈孙辈。

二世祖李宪，即李晟的第十子。《谷村仰承集·陇西郡公传》写道："与弟愿于诸子中最仁孝，长好儒术，通经史，以礼法修整起家。"开篇即指明他具有仁义孝顺、好学上进、知识渊博、懂礼知法的气节特征。为官之后，多是"以治行称"，先后担任过洪州刺史、江西观察使、岭南节度使等要职。"虽勋阀之家，然历仕皆以吏能擢用，政绩流闻朝野。性本明恕，尤精律学，屡详决大理狱，活无罪者数千人。以能入官，官无败事，士君子多慕之"。明白无误地刻画出李宪的风骨气节：能力超群、政绩突出，聪明智慧、善良忠厚，通明事理、关心黎民。他所担任的多是文官职务，辗转多地为官，同样具有出类拔萃的能力与业绩，自然是缺少不了李晟的影响。

三世祖李游，即李宪之子、李晟之孙。《谷村仰承集·宜春侯传》的记载非常简短："光启间，祸乱仍，民愁盗起，兵兴扰攘。公选精练锐，保御有功，封宜春郡侯，郡人立祠祀之。"李游荫袭父职为官，传记中记载的事迹仅此一件，却显现了他的气节风骨：临危不乱，敢于担当，爱民保乡，能力突出。可见他是一个气度不凡的人，在那个兵灾盗祸频繁发生的时代，敢于明目张胆地选练精兵抵抗乱兵与强盗，没有非凡的胆识是难以做到的。由此可见，他身上还有几分李晟的风范与气度。

谷村开基祖李唐，字祖尧，李晟第七世孙。"生而歧嶷，有大志。年甫冠，即欲光绍先烈，建功天埌"。李祖尧少年英才，聪颖智慧，胸怀大志，才刚成年就想着要继承祖先的遗志，建功立业，做个顶天立地的汉子。"值吴杨溥割据，四方乱离，世事不可为，遂遁迹林泉，积善以贻后人"。这么一个胸怀大志的人，偏偏遇上一个战乱频仍的时代，许多事情不是自己想办到就能办到的，于是调整自己的人生目标与奋斗方向，转为做一个隐士，在民间多为百姓做些善事，积善积德。据此可以看出，李祖尧是一个头脑清醒的人，明知世事不可为就不做无谓的搏击，可谓通明事理；隐居民间，为百姓多做善事，可谓爱民爱乡。

家族环境熏陶，形成了共同的气节特征与品质特征，在子孙后代身上都能找到一些影子，或渊源使然，或遗传使然。

谷村元潭派祖李用期，李晟第十三世后裔。他是一个颇重气节的人，"敦行孝友，度量闳博"。他孝母悌弟，懂礼躬行；他抚孤析产，义薄云天；他保民安境，敢于担当；他解纷息讼，明白法理；他为民请命，敢于进言；他据实定税，秉持公正。这些事迹，非常鲜明地勾勒出他的气节、品德与风骨。

谷村月洲派二房祖李用干系李晟第十三世后裔。他的传记通篇都是溢美之辞，所记载的事迹不多，都是刻画他品格气度的内容。他非常旷达，天资警拔，豪迈无羁，不喜欢嬉戏，爱好书卷，物质生活要求不高，箪食瓢饮也无所谓，身处陋巷也能安心，颇有"竹林七贤"的风骨气度，特别喜欢结交朋友，听说有朋友来了，即使跑掉了鞋子也不管，只管喝酒。这倒是真正隐士的做派，继承了先人李祖尧的正宗衣钵。

鼓楼派四房祖李迁之，李晟第十三世后裔。作为担任过地方官职的人，他节操挺立，气度凛然："恪勤阙职"，忠于职守，勤政爱民，鞠躬尽瘁，亲力亲为；品行高洁，"行无愧怍"，"清廉守俭，自拔于流俗，终老不变"；性格刚毅，"斫削锋芒"，像刀砍斧削，锋芒毕现，"有古君子风"，十分鲜明。这样的气节，不能不令人肃然起敬。

这些人物，都是谷村由来已久的崇祀对象，他们的品德操守、风范气度和性格骨气，一代一代地传承下来，便形成了谷村人特有的内涵。从李晟，到李唐，再到李用期等三大派祖，无不有先人的影子和特征，或继承了绝大多数，或继承了某一方面，或在某一方面光大了先人的气节，或在众多方面汇集了先人的优点。这，就是一个村庄的文化血脉。

二、性格各异的谷村先贤

——理学、忠孝、名臣、循良、义士、文学、隐逸、忠义，八大类别就将谷村历代先贤归于不同的气节类型，篇篇传记刻画了他们各自不同的品质气节。

自古以来，最为注重气节的人士，多为饱学之士。诸如投江的屈原、牧羊的苏武、不为五斗米折腰的陶渊明、仰天大笑出门去的李谪仙、"先天下之忧而忧，后天下之乐而乐"的范仲淹、"出污泥而不染，濯青涟而不妖"的周敦颐、尽忠报国的岳武穆、金戈铁马的辛弃疾、"人生自古谁无死，留取丹心照汗青"的文天祥、"粉身碎骨浑不怕，要留清白在人间"的于谦、"苟利国家生死以，岂因祸福避趋之"的林则徐、"我自横刀向天笑，去留肝胆两昆仑"的谭嗣同等，无不以气节立身处世。

尤其是北宋周敦颐创立理学、南宋朱熹将其发扬光大以来，一代又一代的文人学士趋之若鹜，始终把气节看得比生命还重要，生命诚可贵，气节价更高，践行着孟子所说的"生我所欲，义亦我所欲也，舍生而取义者也"的理想道德境界，更践行着孟子所说的"富贵不能淫，贫贱不能移，威武不能屈"的理想气节境界。南宋王朝将朱熹学说纳入科举必考的范围后，更使经由科举踏入仕途的名人显宦将气节刻入了骨子里。诸如程颢、程颐兄弟，陆九韶、陆九渊兄弟，王阳明、聂豹、徐阶、罗洪先、邹元标等，都是崇尚气节的名家；及至近现代历史上的黄遵宪、章太炎、李大钊、陈独秀、鲁迅等，都以气节著称于世。

在崇尚耕读传家的谷村李氏，经由科举之路踏入仕途的饱学之士，同样崇尚气节，讲求品德。《谷村仰承集》分为《理学传》（七篇七人）、《忠孝传》（八篇九人）、《名臣传》（六篇六人）、《循良传》（31篇31人）、《义士传》（16篇16人）、《文学传》（16篇17人）、《隐逸传》（42篇42人）、《忠义录》（四篇四人）八类，记载了谷村先贤的鲜活事迹，刻画了他们鲜明的性格特征。这八类传记的名称，就是气节的直接反映："理学"，反映的是博学、明辨、审言、慎行的哲学追求与品格塑造；"忠孝"反映的是忠贞、孝敬、悌恤、友爱等优良品质；"名臣"反映的是臣子为政以勤、以直、以公、以德的优秀特点；"循良"反映的是官员奉公守法、为民请命的崇高节操；"义士"反映的是侠肝义胆、义薄云天的豪迈气概；"文学"反映的博学多才、勤于思考、品洁操正的清廉风骨；"隐逸"反映的是寄情山水、与世无争的独特人格；"忠义"反映的是护乡爱民、舍生取义的高尚情怀。他们用自己的言行举止与修身历练，共同诠释着气节的内涵。

气节，是人们共同的为人准则，立世标杆。

清廉高洁、刚直耿介，是谷村先贤的突出特征，几乎个个性格鲜明，气节浩然。

《实轩公传》所记的李奥，字幼蕴，号实轩，南宋嘉定壬午年恩授进士，曾任象州教授、抚州军推官、昭信节度推官等职。他的气节、品格体现在"以肮脏不阿媚，失太守"，秉持着高洁的品德为官，不做阿谀奉承献媚之举；"直道正言，不徇吏情"，是个堂堂正正的官员。尤为难能可贵的是，他去世时，"殓无完衣，瓶无余粟，归橐萧然，故书数箧而已"，寥寥数言，一个"两袖清风"、为政清廉的官员形象跃然纸上。

《庄介公传》所记的李中，字子庸，号谷平，明朝正德二年乡试第一，中解元，正德九年中进士，曾任刑部主事、广东佥事、广西提学副使、广东右布政使、浙江按察使、右佥都御史兼山东巡抚、右副都御史兼南京粮储总督。他"气刚而义，声吐震厉；终日危坐，身不倾倚，手容张拱，人惮其庄。然意态安舒，不甚求异。言有可采，虽田夫孺子，辄注耳倾听；意有不存，虽王公大人，未尝少假颜色"，这样的气节、品格，使得他常常得罪人，因此仕途多舛，屡遭贬谪。他刚刚担任刑部主事时，看不惯明武宗自称"大庆法王"并建祠让番僧居住的现象，上奏抗言："禁掖严邃，岂异教所居？今乃建寺西华门，内廷止番僧，异言日沃，忠言日远，政务废弛。职此之故，伏望陛下毁佛寺，出番僧，妙选儒臣，朝夕劝讲，揽大权以绝天下之奸，建储位以立天下之本，革义子以正天下之名，则振纪纲、厉风俗、进君子、退小人，诸事可次第举矣。"好个率性的李中，竟然敢捋老虎胡须，摸老虎屁股，真是吃了豹子胆！结果被发怒的武宗皇帝谪降为广东通衢驿丞。

《文源公传》记载的李廷谏，李邦华之父，字信卿，号文源，明朝万历举人，曾任德州学正、刑部浙江司郎中、南京刑部郎中，封兵部尚书，赠光禄大夫、太保、吏部尚书。为官之时，恪尽职守，在南京刑部郎中任上，"小大之狱，必以情平停冤滞；朝论，以平允明恕归之"。他"从善如登，须刻厉向上，若一息少懈，不知堕落何等"。当东林党人遭到排挤时，他"拂袖归，不见长吏，不通竿牍。惟日与邹忠介、罗匡湖大纮、曾全养辈切靡性道而已"，揭示出李廷谏的气节在于：恪尽职守，亲力亲为，尊重事实；忠直耿介，耻与阉党小人为伍；从善修德，为学积极刻苦；澹泊宁静，乐于乡间自在闲处。

《清惠公传》所记的李日宣，字本晦。年仅十五时，汤显祖就以"国士目之"，他自己则"励志性命之学"，是个很有性格与才气的人。刚刚被提拔为御史不久，他就向皇帝上了一道"请天潢圣裔加额开科"的奏疏,"所陈皆国家硕画",即国家大事,言辞犀利,切中时弊;后来又上了一道奏折,讲了三个内容:"免京商杂役,请帝时召大僚面决庶政,又请宥侯震旸以开言路,亲中官以肃名分。"结果撞了皇帝的软肋,把皇帝给得罪了。但他依然不改初衷,依然勤勉于政事,以宗庙社稷为重。出理河南盐政时,"猾吏奸商,不敢为虐";巡抚河南时,"剿平徊贼,清宗潢廪禄,剔奸蠹,审囚录,苏漕防",做这些事所节省出来的收入,"皆以助饷、修城、赡学,毫不入己";任太常寺正卿时,"编定郊社祀典为式";任兵部侍郎时,"镇昌平,修复城濠,防御有功";任兵部左侍郎时,"协理戎政,力清冒占,立操法,建营房,易器械,叙护陵";任吏部尚书时,"悉心甄别人材,诏称其'公清端慎',御书'修己以敬'赐之"。但后来因为"廷推"之事,被皇帝认为不公正,加上有人乘机诬告,被打入刑部大狱。御史王汉为此说了几句公道话:"日宣等无私,陛下怀疑,重其罪刑,官莫知所执。"道出了李日宣的气节,公正无私,忠心为国。然而,就是这么一位勤勉于政事,丹心为朝廷的忠臣,这么一位被皇帝自己称赞为"公清端慎"的忠臣,依然被皇帝判刑、流放,后虽被赦免并复原职,他却忧愤交加,"国变,日夕痛哭,不食而卒",完善了自己一生恪守的气节风骨。

谷村李氏这些优秀代表,鲜明地折射着"好学上进,精于钻研,学识渊博,品性刚直,是非分明"的气节特征。

为国尽忠,居家尽孝,是谷村李氏先贤秉持的基本思想,摆在气节首位的是"忠"。

《忠肃公传》所记的李邦华，字孟暗，号懋明，明朝末期人。他的气节，在谷村李氏先贤中最具代表性，也最为鲜明的。他的一生，几乎是在与魏忠贤阉党的斗争、与明朝的李自成起义军的战斗中度过的，因而显示出来的性格特征就是：刚硬、忠贞。他"性好别黑白"，有人就劝他"委蛇"，向阉党低一下头，他却说："宁为偏枯之学问，不作反复之小人。"也由于他的刚硬、忠贞，因此无论在什么职位上，他都以朝廷、国家和民族为重。任右佥都御史巡抚天津时，"军府新立，庶务草创，而妖贼起，山东景州贼应之"。对此，他选兵千人前往征讨，俘斩四千有余。任期内，"极力振饬"，"苦心筹划，先是预防，巨细咸备"，因此，仅过了一年多，天津的军队就成了"诸镇冠"。任兵部尚书时，向皇帝上奏"更拣法、慎简选、改战车、易火器、酌兑马、练大炮"等九件事情，同时又"绝京营占役虚冒及营马侵耗之敝"，一年就"省米二十四万有奇"。从此，"军鲜冒滥，人人思奋。帝知公忠，所奏无不从"。崇祯十二年被重新起用为兵部尚书后，"汰冗员，设分守营汛，乃由浦口历全椒，相形势，置敌台，立戍卒，建城垣，开府采石"，同时向朝廷上书请求"垦当涂闲田以资军储，宿重兵徐州以奠陵寝"。崇祯十五年再次出山担任左都御史，正值各路起义军风起云涌之际，驻守安徽的左良玉部队溃败，声称朝廷给予的军饷不够，要将军船统一放流于长江去拥塞南京，把南京给震惊了，"士民一夕数徙，大吏相顾愕贻"。

李邦华挺身而出，"草檄责良玉以大义"，并独自前往左良玉军中督军，"用便宜发九江帑银给之"，结果是"良玉感激，誓杀贼报国，一军遂安"。崇祯十七年二月，李自成起义军攻陷山西之后，李邦华上密疏，奏"请帝固守京师，仿永乐故事，太子监国南都"以防万一，但没有被最终采纳；二月十八日，李自成起义军攻入北京，外城陷落，李邦华"乃携册印移驻文丞相祠。是晚，滴酒告文山，作《矢志歌》，手书《别倪文正马文忠施忠介》，相期殉国，简册尽焚之，惟展《文山集》，秉烛相对，一灯青荧，与死为期"。至此，李邦华为明王朝尽责的历程也将结束，他要用自己的忠贞来展现他的伟大气节。十九日早晨，北京内城陷落，李邦华"肃朝服，行五拜三叩礼，更青衣，向文丞相三揖云：'邦华，先生里人，当国难，死无可报君，惟一死从先生。'"那些僮仆跪求他不要自杀，但他正襟危坐，大声说："吾以身殉国，复何言？"并在一幅白缣上，亲手写了一篇赞："堂堂丈夫兮，圣贤为徒。忠孝大节兮，矢死靡渝。遭国不造兮，空负良谟。临危授命兮，庶无愧吾。君恩莫报兮，鉴此痴愚。"将自杀殉国比为"痴愚"，其忠贞之心、浩然之气，天地可鉴。以至于看见他遗体的义军战士也赞叹不已："真忠臣也！"南明王朝赠他"太保、吏部尚书"，谥号"忠文"；后来清王朝也给他谥号"忠肃"。

体现谷村先贤"忠"的气节，早在宋朝就有出色的代表，李远、李邈兄弟。关于他们的事迹，谷村李氏族谱、文献都没有更多记载，仅有非常简略的两句话：李远，"昭庆军节度使，死金国难，谥忠毅"；李邈，"昭信军节度使，死金国难，谥忠壮"。他们是如何"死金国难"的呢？《家风》一书载李希朗"古代吉水谷村的几位名人"这样介绍李邈："宋宣和年间为霸州知州，李邈直言敢谏，因触犯了权臣童贯而被免官。复出，为严州知州，时金兵来犯，李邈起兵勤王，驻防真定，与金兵激战。相持四十余日，城被攻破而俘。金人威逼利诱，不为所动，遂坐牢三年。坐牢期间，金人不许他穿汉服，蓄长发，李邈不服，终日骂贼不绝。金主又令他为沧州知州，他更不予理睬。金人无奈，用铁杆猛击他的嘴巴，牙齿尽落，誓不属从，英勇就义。"可见其忠于国家、宁死不屈的精神气贯长虹。

将李邈的"忠"，与李邦华的"忠"联系起来，谷村李氏先贤崇高的品德与气节，有着悠久的历史传承。

至于孝，谷村李氏先贤同样用自己的行为，传承着这份不可泯灭的精神。

《处静无求二居士传》，写的是宋朝李用期的双胞胎儿子，"生而同乳，二岁丧母，十岁丧父。砥节厉行，卓然自奋，春露秋霜，感泣兴叹，每以不逮事亲为恨"。后来，他们改葬其母，孝行感动了朝廷，征召他们做官却不接受，于是，皇帝只好旌表他们，赐李筹号处静居士，赐李衡号无求居士，诏令让他们开馆教书。封建帝王用旌表的方式向天下人昭示：孝，乃是所有人都应该持有的基本品德、起码气节。

《忠三公传》所记的李仲，字忠三，月洲派三房，明朝时人。

早年丧父，与母亲欧阳氏住在一起，家庭非常贫穷。因为读过书，曾经当过老师，收取一点微薄的报酬，以保证母亲早晚能够吃饱。但天有不测风云，家里房子倒塌了，只好到舅舅家居住。他母亲曾经生病，患痢疾超过一年也没有钱去治疗。看着病中的母亲，他很难过，一刻也不敢离开母亲左右，千方百计地自己找药为母亲治疗痢疾，为此甚至品尝过茶毒，把自己弄得形体消瘦，面色墨黑，仍然坚持不懈。后来，他母亲"病剧，彷徨不知计所出。乃仰天悲泣，持刀自割股肉，烹粥饷母，疾遂愈"。这是孝的代表，也是孝的极致，剜肉孝母，足以感天地、泣鬼神！因此，状元罗洪先就写了一首诗赠给李仲，表达了十分赞赏敬慕之情："亦知母病已危哉，刲股还看病可回。股痛何如心痛苦，儿身原自母身来。"

《幼青公传》所记李次莲，康熙丙午年进士，朝廷任命他官职，但他"以母老不就，家居十载，清操自守"，看淡名利，以孝为重。

自宋到清，孝道的传承鲜明而执著，李氏家风确实值得世人学习。自古以来，"忠孝"就是我国传统文化所追求的道德核心，谷村李氏先贤都在践行这一核心，而这恰恰是一个人气节的基础。

其他名臣显宦都在他们的人生里程中，用各自的方式体现着共同的气节特征。

《梅翁公传》写李元鼎，字吉甫，号梅翁，明天启二年进士。

年轻时即出类拔萃，"迨冠有文名，慨然以生民休戚为己任"。当时，北京城有一所"吉安会馆"，是吉安进京的文人学子和绅士商客们"朝觐、计偕、宴息之所"，但权贵魏珰的干儿子想占为己有，有一天手持东厂证件，带着手下，气势汹汹地闯入会馆。其他人都躲开了，唯有李元鼎挺身而出，捆了一人送刑部，并要上诉朝廷，魏珰的干儿子这才带着随从离开了。当时，魏珰的气焰十分嚣张，其他人都人人自危，李元鼎却不顾这些，可见骨头很硬。后来，"（熊）廷弼以经略下狱，嫉者腾口交证，人莫敢近。公独悯其非罪死，经纪其丧"。"温公皋谟自吉令擢御史，宵人有以罗织狱属之上者，公力止之，宵小侧目，排构百端"。这两件事中李元鼎都挺身而出，品性气节昭然于世，不畏权贵、敢于担当、坚持公道、是非分明、威武不屈集于一身。"贼（指李自成起义军。——作者注）陷都城，族父忠肃公殉国难，公守其丧不去，为贼所劫，以刀环撞右臂，几折，终不屈"，忠君气节凛然。只是后来事于清朝，才让历史对他的人品气节有所诟病。然而，学者林漠在《康熙〈宝应县志〉乔可聘"为邑令所构"事考》一文中考证，李元鼎事于清朝，实为策反明朝故官以推动反清复明运动，真实身份竟是潜伏人员。如此，李元鼎的气节就更值得人们敬佩。

《醒斋公传》写的是李振裕，勤于政事，所作所为都成绩显著。督学江南时，他"缮疏厘正学官，从祀先贤位次，训群士以濂洛关闽之学。时新例选拔郡邑高才诸生入贡，成均公笃意遴取。

一时穷经积学之士搜罗殆尽，于是，天下翕然以拔贡为重，上自天子，下至山陬海隅，皆知其为，朝廷得人由此，公之望益隆"，体现的是他坚持公道、处事公平，公正地为国家选拔人才。"有豪强附势，欲专山陕北直诸路铁利，公力持执照不发，毁其印结"，体现的是他不畏豪强权贵、坚持秉公办事的原则。这既有其父遗风，也有自己的个性品格。

《渐斋公传》所记李存之，字处仁，号渐斋，宋政和辛卯年以恩授特奏名进士而出仕为官。他"恪勤阙职"，脚踏实地、亲力亲为地为民办事，"穷涉蛮溪，视原隰高下而均之"，品格刚直，锋芒毕露，"清廉自饬，拔于流俗"，令人敬仰不已。

《肯堂公传》所记李应革，字式夫，号肯堂，南宋末年，"吉州大侵。经筵罢，上从容问应革乡里，即以饥对，上恻然。取建隆、绍兴、乾道赈饥故事反复陈于前，上为动感，捐粟十万赈之，全活其众"，敢于为民上疏，关心民间疾苦。

《书隐公传》所记李绸，字尚文，号书隐，元朝末年荐为国学生而出仕为官，任宜山县尉期间，"屡却寇兵，全活良民，夺还据掠，悉令豪民归之"，是个有胆有识的官员，敢于硬碰硬地与敌人战斗，倾力维护百姓利益。

《怡轩公传》所记李凤，字子仪，号怡轩，明朝初年以秀才征辟而出仕为官，在河南陈州知州任上，"为政严明，所至辄有声称"。

《自牧公传》所记李扰，字伯谦，明朝洪武三年，"时凤阳升为中都，事繁甚，官吏几不能食息。公外静内敏，逐渐以平，僚属推服。颍川旱，公按灾救荒，令民自书亩分，植木于田，以俟官复核，即成册以闻上，蠲其租，颍民感泣"，"在凤阳九载，民爱戴如父母，号曰菩萨"，描绘的是一个沉稳老练、善于协调、关心民众疾苦、民众爱戴有加的清官形象。

谷村李氏在外为官的先贤，都具有奉公守法、清廉自持、爱民若子、克勤克俭的气节特征。

即使那些不曾外出为官，蜗居于乡间的士子，其气节、品性依然鲜明昭然。

《义士传》所载侠义之士，都有一副侠肝义胆，义薄云天。《恒寿公传》所记李恒寿，在国家经历变故，清兵进攻到家门口，兄长逃难中被杀的时候，他自己也被清兵抓住，"竖发瞋目，唾骂不绝"，敌人用刀砍他，他"引颈就戮，及收尸，英气凛然，尚自逼人"，何等的视死如归、大义凛然啊！不屈从于强敌，不苟活于刀丛的慷慨，振人胆魄。《康斋公传》所记李先蕃，字用锡，号康斋，清朝乾隆丙子乡试获荐，"生平刚方正直，举凡利益之事，独力肩任，弗辞劳瘁"，"族中大小事，立判，不徇私情，不畏势力，人皆倾服"，是个讲求公平正义、疾恶如仇的人。义者，气节最直接之体现；义士，气节最直接的秉持者！

《文学传》所载多是饱学之士，以文闻名，其气节尤其为人击节赞叹。《谦谦公传》所载李桂，字谦道，一字道山，号谦谦，明初人。"自幼力学，颖异超绝，博洽能文，摇笔脱稿，辄倾其侪。

耦及壮，慕朱家季心羊角左伯之为人，以刚明之资，挟迈往之气，修慷慨之行，赴乡里人士困厄急于己，既已存亡生死矣，而不自矜。其能儒而侠者也，盖远近诵义焉。"是个读书的侠客，儒学的壮士，字里行间体现出来的，是行侠仗义、顶天立地。新余明初学者梁寅在《谦谦斋记》中夸奖他说："仁义在躬，若被文绣，道德存心，如饱粱肉，无爵而荣人，孰逾之？固无羡于外物矣。"

《隐逸传》记载了隐居乡间的贤达之人，他们不追求仕途以觅官职，也不追求功名以求荣华，而是独居乡间，追求一份怡然自乐的人生情趣，品性中有一份恬淡，意态中有一份从容，骨子里有一份清高。四十二个隐者，人人都有自己独特的品格，高洁的气节。有的"天性醇粹"，如元朝至元时期的李以立；有的"庄重敦雅"，如元朝末年的李植；有的"性好梅"，如元朝末年的李彝；有的"为文有气节"，如明朝初年的李忠；有的"性耿介，不尚浮华"，如明朝正统年间的李复；有的"性严厉不苟，一言一动不蹈非礼"，如明朝的李福祺；有的"孝友公正"，如李邦华的祖父李秀；有的"慷慨豁达，不事小节"，如明朝洪武年间的李昌；有的"性简重，好读书"，如明朝景泰时期的李仁；有的"德器迥迈，天性孝友"，如明朝洪武年间的李珣；有的"为人宽厚"，如李瑚；有的"尚气节，居恒处己，动循矩蒦，临事变则介然有守"，如明朝初期的李瑾；有的"性介特豪爽，有超然高举之致"，如李制；有的"气度轩豁"、"性尤高洁"，如明孝宗、武宗时的李枢；有的"勤敏能干，性刚气豪"，如明嘉靖时期的李实；有的"守正循理"，如李斌；有的"豁然有大志"、"性至孝"，如李焘；有的"端正修洁"，如李板；有的"布服威仪，温恭有古君子淳朴之风"，如明正统时期的李匡；有的"沉静简嘿"，如李宏安；有的"性质醇谨"，如李贺；有的"敦行力学"，"孝行居恒"，如李英；有的"性最忠厚，恤邻睦族"，如李次运；有的"敦孝弟，重信义"，如李应敏，等等，构成了一幅气节人物的群雕画像，各具特点，各展风范，十分鲜明。

《忠义录》记载有四位义士，李淑豪、李城烛、李然、李扬谦，都是谷村李氏忠义的代表，殉难于战乱，为外敌所杀。他们都是清朝咸丰时人，书生身份，从小学习儒家经典，成为儒家弟子，后来都以教书、讲学、研文为业，可谓"手无缚鸡之力"的人。他们的社会地位不高，财富家产不多，竟然在社会动荡、盗寇频仍之时，以一介书生之肩，扛起抵抗贼寇、保卫家园的重任。这，就是气节！他们或沉迷于文字书籍之中，或"性习端静，不喜浮嚣"，或"生而沉毅，勤学植品"，"家居课子弟读书綦严"，或"性慷爽，重义轻财"，各有秉性，各具特质，但当外敌祸害家乡父老时，无一例外地挺身而出，"耻临难苟免"，"矢死不屈"，都被贼寇残忍地杀害；尤其是李城烛，敌人一再胁迫他投降，他"则切齿愤骂，贼砍之以刀，血流被体，终不少挫，竟以书纸拭血而瞑"，何其惨烈，何其悲壮！李然也"力竭被戕，尸杂众中，腐变不可辨"，只得以衣冠冢安葬，真正的令山河同悲、日月失色！

三、刚烈节孝的谷村巾帼

—— 自古以来，男人的气节主导着舆论，成为后世学习
与效仿的榜样；而在谷村李氏，女性的气节同样值得后
世景仰尊崇，她们身上所展现出来的气节品质，更令日
月含悲、山河变色。

谷村的女性同样具有高洁的品质、坚忍的意志、壮烈的气
概、不屈的气节。《谷村仰承集·人物列传》留下了令人景仰的
豪壮篇章，《烈妇》、《节妇》、《烈女》、《贞女》、《贤母》等篇目，
刻画了一群具有崇高品格和悲烈气节的女性形象，其中《烈妇》
四传五人，《节妇》17 传 20 人，《烈女》两传两人，《贞女》三
传三人，《贤母》九传十人；《谷村仰承集·衣冠表》"名录"中，
简记了"烈妇"35 人，"节妇"177 人，"烈女"七人。这些贞烈、
节孝、贤惠的女性，用生命与岁月谱写了一曲曲气节的赞歌。

《烈妇》篇所载，均为性格刚烈的女性，她们面对贼寇、强
盗与敌兵，"被执不屈"，"义不受辱"，从容蹈死，凛然大义，
令人赞叹。《酆氏周氏二烈传》记载，明朝建文壬午年，趁朱棣
起兵"靖难"，元末红巾军余孽也起兵"作乱，焚劫淫虏，凶惨
异常"，谷村楼屋下李文奎的元配妻子酆氏，与儿媳妇周氏都
被他们抓住，欲奸淫儿媳周氏，周氏假意答应，却趁乱兵松懈，
与婆婆一起跳入烈火之中。《烈母王氏传》记载，清朝顺治丙

午年正月，清兵攻入谷村，生员李搏的妻子王氏与十岁的弟弟一起被清兵抓住。王氏坚决不肯受清兵的污辱，多次寻死不成，后被清兵押到石濑小江边上，对弟弟说了一句"此吾死所也"，就奋身跳入江水之中。这种不肯屈从于乱兵敌寇的义烈行为与精神，可昭日月。

《节妇》篇所载，几乎都是守寡抚孤的女性。她们从小就受到"夫为妻纲"的思想禁锢与束缚，从未摆脱甚至根本就不知道要摆脱"从一而终"的封建礼教的桎梏。丈夫年纪轻轻就去世，她们无不悲痛欲绝，甚至再三寻死以求殉夫，但最终又无不忍痛含悲，或孝敬公公婆婆，侍奉他们颐养天年，或抚养儿女，使之长大成人，或抱养丈夫兄弟的儿子作为丈夫的子嗣，为丈夫延续身后的香火，活得委屈，却活得坦然。《节母周氏传》记载，谷村文园李邦振的元配妻子，21岁就失去丈夫，"闻讣欲自绝"，婆婆全力制止她寻短见，她"即屏铅华，躬绩纴以奉祭祀，待宾客宗族恐居人后"，奉养婆婆20年，"甘旨服用，无不如其志"。《节母邓氏传》记载，明朝末年，谷村大池李士齐的元配妻子邓氏，24岁就失去丈夫，此后独自一人抚养孤子李藐，"慈严兼施，凡出入交游，必使慎择端人。居恒疏食练服，数十年如一日"。这些女性用自己恭谨的态度，贤惠的品德对待公公婆婆，替自己的丈夫履行了人子之责，尽到了人子之礼。同时，她们又用自己良好的品性和言行，既教育子嗣勤于求学以成就功名，也教子嗣做人道理以立身处世。面对悲惨命运、坎坷生活，她们宁可委屈自己，忍辱负重，事奉公婆，抚养儿女，以坚忍的意志维持一个家庭的存在、传承与延续，事迹足以感天地、泣鬼神。

《烈女》篇所载，都是壮烈殉夫、还未出嫁的年轻女性。她们的思想同样受到"夫为妻纲"的限制，受到"从一而终"的桎梏，即使自己还未出嫁，但由于已经许配给对方，便毅然地舍弃自己的生命而为未婚夫殉葬，践行"生是夫家人，死是夫家鬼"的俗语，态度决绝、意志坚贞、义无反顾。《五妹传》记载，清朝乾隆己酉年，李怀芳之女李五妹，自幼许配给儒童彭家荣，正当谈婚论嫁时，未婚夫突然去世，"讣至，痛哭几死，绝而复苏者数次"。她要亲自去未婚夫家祭奠，被家人劝阻，于是剪下一缕头发交给前来报丧的人，让他把头发放到未婚夫的棺材里陪葬，自己则在家里一连几天粒米不沾。她的二嫂明白她要以死殉夫，百倍小心地守候她；她藏了一把剪刀在枕头下，也被家人发现而拿走。后来，她强装笑容骗家人说，要替丈夫抱养一个继子，不再寻死了。家人信以为真，放松了警惕，她却趁机跑到一棵桃树下上吊自杀了。《刘雪姑传》记载，康熙六十年闰六月，李映光的未婚妻刘雪姑，同乡路里村人，听到李映光不幸病故的噩耗，悲痛不已，决心以死殉夫，临死前一再嘱咐弟弟要"善事父，读书聆师训，毋取辱，衣食宜自巡省"，弟弟听了很害怕，不肯离开。她再三劝走弟弟后，毅然上吊自杀了。很年轻就轻率地舍弃自己宝贵的生命，实在令人扼腕。今天,在慨叹她们节烈义勇的同时,也不得不对她们舍弃自己生命、轻视家人痛苦的行为感到痛惜。

《贞女》篇所载,也是尚未出嫁的年轻女性,与《烈女》篇所载年轻女性不同的是,她们保留着自己的生命,却实践着为夫守节的纲常。未婚夫去世了,她们"缟素"入夫家,替未婚夫侍奉公婆,抚养嗣继以延续血脉。《王氏传》记载,清朝咸丰年间,李兴官的未婚妻王氏,官田村人,得知李兴官去世,便跑到坟地,纵身跳进墓穴,要以死殉夫。被人救起后,她一直为未婚夫守孝,并抱养李兴官兄长的第三子为后,替未婚夫延续后嗣。《生娘传》记载,清朝咸丰年间,大池李立庆之女,从小许配给泥田曾鸿霄为妻,不料曾鸿霄在"赭寇之乱"中被寇贼杀害,李生娘立志为未婚夫守孝,24 岁的时候把自己"嫁"到夫家,"贽榛粟以告虔,作羹汤而供职",尽心侍奉公婆,抚养曾鸿霄兄长的第三子为丈夫延续血脉。在以礼教道德为主流的社会环境与文化背景下,她们的行为甚为官方所称道,因此将她们的事迹载入《县志》,并拨款修建牌坊旌表她们的节义,牌坊上赫然镶嵌着"女贞表节"、"贞孝可风"、"抱淑守贞"等题额。

《贤母》篇所载,均是以自己贤能的品德、贤惠的操守相夫教子的女性。有的"录和庄靖",有的性情"柔嘉",有的"专静寡言",有的品行"庄重",有的"聪颖绝伦",有的"力机杼以奉舅姑",有的"篝火夜绩佐读相夫",有的"淡约一生,协上下，和内外，事夫君，皆能尽礼"，有的"端慧淑德，为乡族仪型"，或抚孤成立，或责子勤读，或慰助夫君，或操持家业，其中有堪与孟轲之母相比者，有堪与欧阳修母同提者，有堪与马本斋母齐论者，有堪与毛泽东母并肩者，都闪耀着母性的光辉。如《周夫人传》记载，李邦华的母亲有如孟子的母亲，"督忠肃公严爱兼施"，住处的隔壁有演新戏的，与李邦华一起玩耍的小伙伴都去看，李邦华也想去看，但她"止勿往，以机声佐读"，让他"一夜演姜诗"，然后才让他去看了一会儿，就不断地催他回家，李邦华进门的时候，"夫人织纴自如，其静正有如此"。这种默默无声的教导，对子女是何等的有力啊！又如《贤母程氏传》记载，乾隆年间，谷村李景暹的母亲程氏，对儿子的管教是很严格的，"训诫无少忽迫"，最终成就了儿子的学业。又如《程孺人传》记载，谷村李玉岩的妻子程德媛，一生颠沛流离，尝尽了人间的苦楚。结婚后，先是随父亲进入四川，十多年与丈夫不通音讯；后又被李玉岩几次抛弃，任其自生自灭。但她忍受了生活的折磨，带着未成年的女儿及自己眼盲的弟弟，"鬻衣饰，忍饥寒"，"凭半椽，勤针纫以活，历三年"，最终使丈夫了解了真相，被"亲迎归里"。这种基于自己艰难中的洁身自好、对丈夫满怀希望的信念与执著，实在令人动容。

这些女性，思想不一定深刻，认识不一定全面，所做的多是细小、琐碎之事，甚至是愚昧之事，但节烈的气概，刚直的品行，巾帼不让须眉，是许多男性都无法达到的境界。

四、历史传承的将军情怀

—— 无形无声的气节，通过文化的无形延续，就由先辈
传承给了后辈，后辈中的典型人物便突出地体现出传统
气节的光辉。李景瑞，一位共和国的将军，便是这样的
气节传承者。

具有文化传承性质的气节，无声无形地在人们的精神上潜
移默化地传承。作为谷村后裔，李景瑞将军无疑是一个优秀的
气节传承人。

李景瑞，1914 年出生于谷村太园。1930 年 9 月参加中国
工农红军，同年加入中国共产主义青年团，1933 年 5 月转入中
国共产党。土地革命战争时期，入中革军委无线电学校学习，
曾任红一方面军第 34 师无线电分队报务员、粤赣军区无线电
分队报务主任、红三军团无线电分队代理报务主任、红四方面
军司令部无线电台报务主任、红五军司令部无线电分队副分队
长、援西军无线电分队分队长，参加了中央苏区五次反"围剿"
战斗和二万五千里长征。抗日战争时期，历任八路军第 129 师
385 旅司令部无线电分队分队长、新四军第一支队无线电中队中
队长、苏北指挥部无线电部队政治委员、新四军第一师司令部
三科科长、苏浙军区司令部三科科长，参加了反"扫荡"斗争
和黄桥决战等战役。解放战争时期，历任华中军区司令部三科

科长、华东军区司令部通信局副局长兼华东野战军司令部三科科长和政治委员、第三野战军司令部通信联络处处长兼政治委员，参加了苏中、豫东、淮海和渡江等战役。中华人民共和国成立后，历任华东军区、第三野战军司令部通信处处长；1956年任中国人民解放军通信兵部副主任兼训练部部长，1957年至1964年任通信兵部副主任。1955年被授予少将军衔，荣获二级八一勋章、二级独立自由勋章和一级解放勋章。1969年4月6日，因病在上海逝世。

从这份简历中，人们可以看出将军几十年戎马生涯的风雨历程，枪林弹雨的生死考验。从整部谷村文化史来看，将军是继其先祖李晟之后，又一员叱咤风云的武将；尽管谷村历史上曾经有过以武举身份出仕为官、带兵卫国的武官，但没有人达到将军这样的高度。

李景瑞将军从"武"的方面，弘扬了谷村李氏先贤的精神，丹心为民，精忠报国，将其先贤传承下来的气节提升了一个新的高度，赋予了气节以新的时代特征和革命含义。

李景瑞将军去世过早，年仅55岁，来不及撰写自己的回忆录，解放军总参通信部编写的《李景瑞将军纪念文集》中，有他撰写的自传。这份自传简洁明了、惜字如金，语气从容平淡、干脆利落，没有修饰更没有夸张，透露出一种谦逊和低调。

将军回忆了自己苦难的少年生活：11岁时父亲惨死在地主的棍棒之下，12岁时母亲被骗改嫁不久就去世，靠着年迈的祖母拉扯，读过一年私塾和三年小学的他只好辍学，打柴、捕鱼、放牛、找零工、打短工，15岁外出学徒，16岁又回家种田，尝尽了阶级之苦，饱受了被欺之痛。作为家中长子的他，面对年幼的妹妹和弟弟，羸弱的身躯比别人承担了更多的责任、压力与苦楚。这份人生经历，成了将军参加革命的最初动力："由于地主阶级的欺凌，造成父亲去世，家况窘迫，贫苦受欺，生活无依无靠，饥寒交困。这样的遭遇使我从小就对地主阶级埋下了深深的仇恨，对旧社会十分不满，也养成了我自强好胜的性格，对革命有了发自内心的期盼。"

参加革命后，将军全身心地投入到为穷苦百姓争取翻身解放的伟大事业之中，积极工作，英勇战斗，作出了不可磨灭的贡献。然而，将军却很少提及自己的功劳，即便提及，也不突出自己、不夸大事实，"我是在伟大的革命大家庭里成长和进步起来的"，表现了一个革命者不居功、不表功的崇高品德。他总是把自己的成长与进步归功于党和部队的教育，"参加革命以来，长期在革命战争的环境里，经历了战争的锻炼和党的领导教育"。而对自己身上的缺点与不足，将军总是用谦虚的态度、检讨的口吻，自我批评，深入剖析，表现出一个无产阶级革命者的崇高品质。

这，就是气节，是谷村先贤自古传承下来的气节在他身上的鲜明体现。

在同事、战友与部下眼中，将军是慈祥的长者、温和的领导和可以依赖的朋友，享有崇高的威望、由衷的尊敬与深切的爱戴。他们与将军在战火纷飞、生死与共的岁月里，长期相处，对将军的评价，有着惊人的一致：

工作积极，认真负责，踏实肯干。红军强渡金沙江时，将军主动报名前往电台人员紧缺的三军团13团，保证了前卫部队与上级首长间的正常联络。作为新四军通信工作的领导者之一，他"积极培养报务、机务人员，设法收集采购电讯器材，亲自装配电台送到前线部队"，开设训练班，培养无线电通信干部，建立通信部队；解放战争时期，在著名的苏中"七战七捷"战役中，创造性地改进了电话通信方式，将以往的"自上而下"改为"自下而上"，为战斗的顺利进行提供了有力保障，此后成为历次战役战斗的"千里眼"、"顺风耳"；渡江战役时制定了《水上作战简语电码联络法》，保障了渡江作战的顺利进行；解放后担任通信兵部副主任时，主持编写了通信兵战斗条令，他的战友、总参通信部原政委张凯说："这一成果，是李景瑞副主任领导通信兵军事科学研究工作开创性的贡献。"

平易近人，关心同志，爱护部下。曾任第三野战军机务员的沈安熹说："（将军）很关心我的生活，为了解决饭食问题，他甚至连每天从司务长那里领粗、细粮票的事都想到了。"曾任新四军电台队长、南京军区通信兵部部长的陈顺焕回忆：1945年10月上旬，他"不幸得了伤寒病，发烧七天，处于昏迷状态，颗粒未食"，将军非常关心他的病情，"专门派通信员给我喂水，悉心照顾我，退烧后安排我随船到淮安"；老部下贺占魁回忆，将军关心属下未婚同志的婚事，"不仅到政治处和有关领导交谈，让该处搭桥牵线，自己也做红娘，陆续解决了一些同志的婚姻问题"，他亲自参加婚礼，"还用自己的津贴费买床单，买枕头，送给新婚夫妇"，让那些同志一生都感激不已。

清正廉明，克己奉公，大公无私。贺占魁在《通信战士的光辉旗帜》中说："（将军）从不多打饭菜给老婆、孩子吃。有时来客，自己掏腰包，给他们买饭菜……"张翼回忆："他从不请客送礼，召开野战军通信会议，不请各部门领导，按会议补助安排生活，不会餐。"1949年5月南京解放后，身为五人接收小组成员之一的将军，将所接收的物资全部按规定登记、分发至各个部门，自己一尘不染。1964年6月底，将军到重庆通信兵技术学校检查工作，顺便看望在那儿读书的二女儿，女儿的区队长想留她一起陪将军吃午饭，将军却说："领导的孩子，不要搞特殊，还是回到学员食堂，和学员们一起吃饭好。"配给他的公务用车，从来不让子女乘坐。

性格刚毅，品德高尚，方正不阿。"文革"初期，将军病重，七机部916造反兵团、四机部造反派、大连造船厂造反派分别找到将军，要他证明廖昌林、王净、黄子坤等老同志是叛徒、特务。将军强支病体，不顾个人安危，义正辞严地证明他们"忠心耿耿，是个好同志，不是叛徒"，将造反派顶了回去。由于他实事求是地大胆证明和极力保护，许多同志免遭造反派迫害。在301医院住院期间，一些医务人员被所谓的"革命派"说成"反革命"，不发毛主席像章，将军让夫人买来发给他们，让他们深受感动，得到鼓舞。

将军拥有这样优良的品德，于谷村李氏而言，正是先贤气节的发扬光大。

这样高尚的品德、刚直的气节，在将军的子女心中，更是化为山一般伟大、海一般深广的父爱。他对子女要求严格又不乏柔情，从不发脾气，总是用自己的语言和行动给子女树立良好的榜样，潜移默化地给子女们以思想上的引导、品德上的熏陶、行为上的塑造。他告诫子女"父辈的成绩和功劳，是永远不会记在子女的功劳簿上的，不能有依靠父母的思想，每个人要靠自己……成为一个对社会有用的人"。这就是传承，是品德的传承，气节的传承，是一切优良文化传统的不息传承。

比较将军与其先祖李晟的气节，何其相似！这种生生不息的崇高气节，不仅是谷村李氏的宗族文脉，同样是中华民族的文化血脉。这，就是国家的灵魂，民族的脊梁！

第五章 …

文献的承载

《谷村仰承集》,是谷村的历史文献。仰承,是其开基祖祠——新大祠仰承堂的堂名,以堂名为文献名,可见谷村李氏对祖先的敬仰和对文化的传承。

这部文献，收录了谷村李氏历代先贤以及与先贤往来密切的异地先贤的相关诗文作品。在这些诗文当中，谷村的文脉悄无声息却又激烈澎湃地流淌，谷村的文气不知不觉却又承前启后地氤氲。因此，它是一份历史文化的原始记载，一份传统文化的朴实传承；是连接谷村与外界的桥梁，是连接古代与未来的通道；是谷村科举荣耀的标榜，是谷村仕宦显达的宣示，更是谷村历史文化的承载。

延续文脉、集聚文气，站在今天的角度，已不仅仅是谷村自身的事情，更是历史发展的需要。

《谷村仰承集》始编于元朝天历元年（1328 年），初名《李氏文献纪略》。以后在元朝至正年间，明朝洪武、永乐、正统年间，清朝乾隆、道光、宣统年间七次重编，中间曾更名为《谷村记》、《仰承集》，宣统年间最后一次重编，定名为《谷村仰承集》；1993 年最后一次重印。文献共十二卷，体例完备，记载周详，族谱中限于体例成规不便记载的，或族谱中散见各处的，无不旁搜周纳，条分缕析。

文献将诗文称为"艺文"，分成四类编辑保留下来，成为一份历史的还原。四类"艺文"中，一类主要是"文"，目录中列为"艺文宸翰"、"奏疏"、"表"、"书启"、"上书"和"公呈"；二类主要是各类"序"，目录中列为"艺文"、"谱序"、"文献序"和"各序"；三类则以诗赋为主，目录中列为"艺文记诸记"、"诗"、"艺文记诗"、"赋"；四类主要是告祭行状等应用文体，目录中列为

"艺文记告文"、"艺文记祭文"、"艺文记行状"、"艺文"。此外还有墓志方面的文章，目录中列为"邱墓记""墓表""墓志铭"，并不归属于"艺文"。

阅读那些诗文，眼前不免浮现出谷村李氏先贤们于灯下秉烛勤读的身影，于仕途匆匆奔波的脚步，于朝廷慷慨谏言的声音，于座间默默深思的目光。

一、宸翰的辉煌

——皇帝的手书谓之宸翰，赏赐给臣子则为登峰造极的荣耀；谷村李氏先贤历史上所获得的这种荣耀，堪令世人美慕到嫉妒。

宸者，屋宇，深邃的房屋，北极星所在，后来借指帝王所居，引申为王位、帝王的代称，直接指代帝王。翰者，长而坚硬的羽毛，借指毛笔，后来又借指文字和书信。"宸翰"组合，指帝王的墨迹，是帝王亲手留下的墨宝或者字迹；《谷村仰承集》中指帝王的文章。

弄清了"宸翰"的意思，不难理解这个目录名称的用意了：皇帝赏赐给谷村先贤诸多墨宝与文章，是无尚的荣誉与辉煌。皇帝的荣宠主要集中在清朝康熙时期：

圣祖仁皇帝赐经筵讲官、工部尚书李振裕御书《天马赋》；

圣祖仁皇帝赐经筵讲官、刑部尚书李振裕御书"咸中有庆"匾额；

圣祖仁皇帝赐户部尚书李振裕御书五言排律、"树滋堂"匾额、"日色才临仙掌动，香烟欲傍衮龙浮"对联，及书集、松花砚等物；

圣祖仁皇帝赐礼部尚书李振裕御书对联及李白清平调、金扇等物；

圣祖仁皇帝赐广东道监察御史李景迪《古文渊鉴》、《周易》。

五份"宸翰"，全部是康熙皇帝钦赐，其中四次给李振裕，一次给李振裕的儿子李景迪（过继给兄长李振祺为后），万千恩宠竟然集于一家！

李振裕确实了得！经筵，古代专为帝王讲经论史而举行的御前讲席；讲官，自然是在御前讲席上给皇帝讲解经义的讲师。充任或兼任讲官的，多是翰林出身的大臣，实为饱学之士。能够亲自给皇帝讲解经书、经义，可见李振裕的确是一个饱读诗书、穷尽文字的士子，其文学造诣、为人品德都是受到皇帝认同乃至嘉许的。吉水民间学者杨巴金在他的研究文章《李振裕》一文中说："他知识渊博、才学深厚，康熙皇帝常召他'以儒术备顾问'。"李振裕将谷村李氏在历史上所得到的荣誉、所荣获的待遇、所享有的地位推到了最高境界，进入了历史的最大高峰期。

其实，谷村获得"宸翰"荣耀的，明朝末年就有人了。李日宣在崇祯庚辰年由兵部尚书改任吏部尚书时，荣获明思宗朱由检御书钦赏"公清端慎，朕素鉴知"的圣旨，见于《谷村李氏族谱》的记载中。《谷村仰承集》所载《创建·堂》记载："敬修堂，清惠公官吏部尚书时，崇祯御书'修己以敬'匾赐之，因以名堂；又赐'学宗濂洛'匾并联，云：'期王旦而调鼎鼐，四海想建太平；简毛玠以秉铨衡，一世咸推公正。'"仍是李日宣所获"宸翰"。李邦华兴建葆元堂时，崇祯皇帝御书"任事忠笃，才品具优"匾额以赐。这都是与李振裕后来所获"宸翰"完全一样的荣誉，却不记载于"宸翰"篇目。

而早在宋朝时期，绍定进士李晦之就荣获宋理宗御赐的衣带鞍马浮砚及御制砚铭，李晦之为此向宋理宗上了一份谢表："宫衣叠雪金，横围带之新；天骥嘶风玉，饰被鞍之美。宝砚光生而星河交涌，宸翰藻丽而云汉昭回。折腰有愧于服乘，拭目知荣于报谢。"深深表达了对皇恩浩荡的万分感激，表达了自此而后忠心报主的决心，言辞恳切，感情真挚，"臣俯尘枢极，遽登清还之班，仰佩琼琚，肆赉轻肥之渥。不忘褒锡以永，颂扬皇风期广……万寿无疆"。这应该是谷村李氏最早荣获的"宸翰"，可惜宋理宗的御制铭文未能流传下来。而宋高宗为"百桂堂"、"御书飞白"的匾额，更是谷村李氏全族的"宸翰"之荣。

其他享有"宸翰"之荣的，是李振裕应诏写的四篇"颂"，即《平滇颂》、《幸金山颂》、《南巡颂》、《万寿颂》，每篇都以"颂有序"的面目保存在文献里。"颂有序"，指每篇"颂"都带有"序言"，"序言"在"颂"的前面，篇幅颇长，只是到了"颂曰"

这个地方，真正的"颂"才出现，这个"曰"字后面的内容才是"颂"的正文。"序言"的内容，多是介绍这篇"颂"的写作背景、缘由、所颂事情的过程、目的与意义等。

如《平滇颂》一文中的"序言"，就介绍了康熙皇帝削藩、吴三桂叛乱以及平定吴三桂叛乱的前后经过，特别说明了康熙皇帝在平定这场叛乱过程中的作用与功勋，"皆赖我皇上智勇夙成，指授方略，决策于中，决胜于外，以保治之世，成戡乱之勋也。威德所至，岂特与殷高周宣比？烈哉！"极尽赞颂之能事。接下去，"颂"的正文就极具煽动力，颂扬这场"平滇"战事的辉煌，词藻华丽，句式工整，韵律整齐，适合于高声诵读，节奏感非常强，读来郎郎上口，很有感染力，"天眷有德，俾典万邦。悉主悉臣，来享来王。赫赫厥声，濯濯厥灵。无有内外，孰敢不庭？矧尔藩臣，我肘我腋；尔土我胙，尔爵我锡。假我版图，用怙尔擅；险我甲兵，用敢我犯？"

可见"颂"是一种文体，其格式中，"颂"的内容与"序言"的内容互为呼应，仿佛一场大合唱，"序言"只是这场合唱的过门与序曲，"颂"才是这场合唱的正调、高潮和主旋律，前后呼应，显得荡气回肠。这种格式，序前颂后，序长颂短，序杂颂整，序详颂精。

这四篇颂，颂扬了康熙皇帝的四件大事：平定吴三桂叛乱、驾幸京口金山、第三次南巡、五十岁寿诞。篇篇写得文采飞扬，句句颂得心花怒放。想必康熙皇帝阅后，一定龙颜大悦，赏赐丰厚。虽然不是皇帝自己写自己，却也是皇帝内心里的意思了。能够摸透皇帝的意思并表达出来，让皇帝读过之后喜笑颜开，功底着实深厚，功夫着实了得。

二、忠心的表达

—— 古代臣子向帝王表达忠心，在于敢言、直谏，其方式多为呈送奏疏、书启、表札等文件，谷村李氏先贤通过这样的方式表明自己忠君的心迹，同时也表明自己下情上传、为民请命的良臣情怀。

谷村文献借其保存下来的文章，向世人呈献了其先贤对朝廷、皇室、国家的耿耿忠心，浩浩丹心。从文字上看，谷村先贤的忠心通过奏疏、表、启、上书和公呈等奉献出来。

"奏疏"，是向皇帝呈送的报告、请示之类的文章，指望皇帝能够解决实际问题。《谷村仰承集》载录了 19 篇奏疏，其中李中一篇，李邦华九篇，李日宣三篇，李元鼎两篇，李振裕四篇，篇篇见其赤胆忠心、风骨气节，见其以天下为己任的忧国忧民情怀。

李中的奏疏名曰《辟异端以正君心疏》，这是他刚刚授官三个月就向明武宗呈送的奏疏。当时，明武宗自号"大庆法王"，在西华门修建佛寺，延请番僧居住传佛，并让番僧随意进入皇宫禁地。年轻气盛、知书识礼、忠正耿直、以国家社稷为重的李中看不下去了，愤而上疏，所言直指武宗的种种过错：

可以复见。夫何今日大权未收，储位未建，义儿未革，纲纪日弛，风俗日坏，小人日进，君子日退，士气日靡，言路日闭，名器日轻，贿赂日行，礼乐日废，刑罚日滥，民财日殚，军政日弊，天变于上，地变于下……臣以为陛下大有为之君，当逆瑾（指刘瑾。——作者注）既诛之后，又大有为之时，而善治亦无可举者，道之不行也。道之不行者，道之不明也；道之不明者，陛下之心惑于异端也。西华门内，豹房之地，建立护国寺，延住番僧，日与亲处，异言日沃，忠言日远，人欲日炽，天理日微。此所以用舍颠倒，举措乖方，百尔戏玩……臣待罪刑官以来，朝夕兴思及此，惶惧靡宁，固未当献纳谏诤之任，恐犯僭越不韪之罪，欲言而阴者屡矣。切思幼学壮行，义在以孔子之道事君，故敢昧死为陛下言之，伏望陛下远鉴汉唐中主之失……精选道德之儒，朝夕劝讲，务诚意正心之学，明二帝三王之道，使人欲退听、天理昭明，一心既正，万事攸明。必揽大权以绝天下之奸，建储位以立天下之本，革义子以正天下之名……则所谓振纪纲、励风俗、进君子、退小人、作士气、开言路、慎名器、禁贿赂、明礼乐、清刑罚、足民财、修军政可以次第举矣……斯道幸甚，宗社幸甚，天下幸甚。

真可谓义正辞严，直截了当，天下苍生，系于一己，忠肝义胆，天地可鉴。难怪明武宗看了之后勃然大怒，一气之下，险些将他杀头，幸得同道救援，才免一死，但也被贬到广东通衢做了个小小的驿丞。然而，李中并没有因为遭此厄运而改变初衷，后来依旧多次为国事民情而上疏奏请，表现出了一个忠贞之士的浩然正气。

李邦华的9篇奏疏，像李中这般耿直刚正、直言时弊的有《分别邪正疏》、《请法祖制用人疏》、《为邹元标请恤疏》等篇，字里行间同样透出一个忠贞之臣的忧国之心、济世之情。

如《分别邪正疏》，开篇即奔主题："邪正久淆，歧路酿乱……国家之大治大乱，外不关寇盗之盛衰，内不系国讣之盈缩。惟是朝廷之上，君子小人之消长……治日少，乱日多，君子少，小人多，岂鸥鹨倍产于鸾凤，麟驺间值于豹虎，数使然哉？"真是一针见血，不留情面。全疏洋洋洒洒，根据朝廷上下君子小人之间的矛盾，生发议论，眷眷之心、殷殷之情，如江河奔涌，似海浪激荡，充满了爱国忧思。"今四海之内虽称乏才，岂无二三大贤舆？望共属正人固推为领袖，邪人亦尊为斗山者哉。""起用先年触邪之人，乃以树今日正人之招，而欲潜变今日从邪之习端，不外当年秉正之人。""臣为世道人心，耿耿有怀，辄效款愚，伏惟圣明俯赐采纳。"恳切的态度、殷切的期望跃然纸上，实为正直之臣、忠贞之士的表现。

《请法祖制用人疏》，文法上与前疏如出一辙，也是开门见山："乞遵祖制，辨官方，以收真才，以杜幸门。事臣惟国家急务，莫先于用人。夫用人之法，如大冶之铸器。然器诚巨，则用物不得不宏也；器诚美，则炉锤不得不备也；器欲精，则取材不嫌于择也；器欲利，则淬砥不嫌于久也。"这篇长达四千多字的奏疏，回顾了明朝先帝在用人上的长处，对比了用人之制遵循与废弃的利弊，指出了当时在用人上的不足，"弹章无据而奸邪之胆不落，陈谟罔稽而朝政之失不闻，讦辨两亡而是非得失之林时渐远而益淆，圣明广厉耳目之司研，竟且成聋瞽之弊，则于国非福。"他希望崇祯皇帝能够重振纲常，恢复祖制，"臣甚惧焉，故敢于用人疏，末复毕其款款，仰乞皇上……以作敢言之风，而收用人之效，岂不休哉？"言辞恳切，丹心昭日。

至于其他几篇奏疏，都关涉到朝政与国事，那份欲解天下于倒悬、拯救生民于水火的赤子之心，都倾泻在每个文字的一笔一画之中。

李日宣的三篇奏疏，分别是《请宗室圣裔加额开科疏》、《请谥先贤疏略》、《请会试加额疏》，两篇是关于科举考试增加录取名额的，一篇是为先贤请求谥号的。

前者是为国家选拔人才，"窃惟人才之消长，阁国运之兴替，而贤路之宽隘，系世道之污隆，故虞由五人以治，周得八士而昌。圣人作而万物睹，云龙风虎之所以相从也；人文观而天下化，凤仪麟舞之所以相召也"，文字之中充满殷殷之情，要求明熹宗增加进士的录用名额，"以上佐天子开万年有道之长，而下率普海内振一代斯文之盛，使新进者乘风破浪，少宽龙门高峻之愁，久郁者轻车周行，不兴河水清涟之叹吁，以拯拔淹滞，广罗真才，风励儒术，翼扶泰运，所关不小"，到了开考之日，"殿上衮龙争夺日月之光耀，砚中笔影坐看龙蛇之飞腾，使真儒硕彦并得"，其求才心切之态，赫然可见。

后者则为解缙、罗洪先二人请求谥号。解缙"遭祸之酷"，居然沉冤二百五十多年未能昭雪，其后裔大都沦落为贫民；罗洪先虽有一个"文恭"的谥号，但他所受封赏还比不上他身后的学生，其后裔同样沦落为贫民，生活无依。如果给他们二人加封谥号，使他们的后裔能够重新焕发生机，则于国于民都是好事，"所请原合四方之公，极一时之选，万口无二。今兹之举犹当，从其远者，真者，俾人心允服，盛典重辉"。用意在于使正派人士能够得到正确而恰当的任用，为当世树立一种以国为重、以民为要、以德为先的良好风气。

李元鼎两疏为《酌陈事例蠹铨疏》和《敬循职守疏》，是上奏给明朝崇祯皇帝的。

前疏讲裁减冗员、减轻国家财政负担之事，出发点是为国家考量。"国用日黜，军储告匮，朝廷不得已悬鬻爵之令，启输纳之门，然其始也……比至今日，而事例蜂生，资援鹜走，不但如滥伤之不可遏，亦且乱丝之不可理"，花钱买官的人越来越多，以至于泛滥成灾，"恐内以滋铨法之蠹，而外以教吏治之贪"。为此，他请求"升任之加纳宜停也"，"三考全纳之例宜停也"，"即选径选之例宜停也","州同州判之例宜停也",因为这四个方面是买官最多、情形最乱的。这篇奏疏是他在明朝为官时的杰作,处于风雨飘摇之中的明朝帝国,靠卖官鬻爵是稳定不了政权的,因此它的垮台已成势所必然。

后疏所言,为官吏职守。明朝末年,盗贼四起,而各地官军却养寇自重,以图私利,职责、操守都被抛到九霄云外,"民之苦兵也,更甚于贼。良由盗寇藏匿山谷,兵将视为奇货,根株易尽,姑为存留。一闻窃发,则按兵徐进,迨其遁归而后,所过村庄,任意戕杀,妇女牲畜,洗掠一空,反报擒获",富有正义感的李元鼎请求皇帝严督各地官员忠于职守,为此拟六条建议,讲明了具体施行的办法,重点在于规范军官的行为,违者予以严惩;其中最后一条是直接给皇帝提的:"近者充军人犯已荷,旷恩释归原籍,独流徙关外人民未得沾一视之仁……倘蒙皇仁广布,咸与赦宥,则大造无复向隅,湛露等于覆载矣。"

但是,再好的建议,对于日益走向衰亡的大明王朝来说,已经不起作用。不过,他的奏疏,还是体现了一个忠贞之臣对国家社稷的拯救之情,尽管以一己之力已乏回天之术,但其耿直刚正的性格与风骨,昭然可见。

李振裕的四份奏疏,从礼仪的角度品读,更有意味,《拟陈情疏》、《奏进先人遗集疏》侧重于"孝",《请厘正学官从祀位次疏》侧重于"礼",《请汰冒滥疏》体现出"忠"。

《拟陈情疏》写得言辞恳切,感情深沉,催人泪下。开篇即达主旨，"父病垂危可虑，君恩罔极难酬，仰叩睿慈，俯久回籍，以彰孝道，以遂子情"，入情入理的表达，"五内寸裂，一恸仆地不起。切念臣父今年七十六岁，日薄西山，奄奄气息。虽勉臣移孝作忠，臣岂忍慕禄而忘父？况臣虽庸惊，而年未及壮，是区区犬马报主之心，政自为日甚长，臣父以衰年遘重疾，则事父之日甚短"，"伏乞皇上矜悯愚诚，听臣微志，庶获星驰还里，俾臣父子生得相见，臣陨身有余幸矣"，孝父之情急切而深厚，向皇帝、也向世人表达了一份至真至诚、感天动地的孝道。

《请厘正学官从祀位次疏》奏请的，是关于官方学官里古代先贤大儒们的位次排列问题。学官中的排列将古代先贤大儒所处时代的先后都搞错了，"以致西庑之儒躐出东庑贤儒之上，紊乱失次，不唯列之学官先儒之灵既有不安，亦且载之会典、传之千秋而有此草率之文，实非所以昭示大典也"，作为教化人伦礼仪的地方，乃斯文所在的神圣殿堂，竟然如此颠倒先后，实在有违礼仪，因此应该立即加以厘正，请求"两庑对叙，逐位递迁，而于先儒左丘明以下，皆详考其世，儒同则论代，代同则论年，依次定位，绘成图式"，作为定规，使各个学官永志遵守照办。阅读这篇奏疏，犹如上了一堂生动的礼仪课，令人信服。

《请汰冒滥疏》。"冒滥"，意思为不合格而滥予任用，借指不合格而被滥予任用的官员。"汰冒滥"，就是淘汰、革除、裁减不合格而被滥予任用的官员。他历数"冒滥"的种种劣迹，"唯有一等素无文学之人，假借赞礼孔社各项名色，登户籍则竟称生员，遇公事则居然衣顶，然而姓名不窜于学册，生世不知有考试，护身之符可以长保终身，以是毫无忌惮，任意横行，出入衙门，包揽讼词，有司征比则代应卯期，乡典交关则动行武断，游手好事，无所不为，败类之徒，多出于此"，这样的官员实"为地方之蠹而贻学校之羞者"，建议大力革除，"永行禁止，申饬凛遵……一体查革，为朝廷重名器，为学校立堤防，为地方除粮莠，澄清整饬"，真是在为朝廷、为国家、为社稷大声疾呼了。这份奏疏不知道要得罪多少"冒滥"呢，没有忠贞为国、丹心系民的胸襟，是难以做到如此忠言直谏的。

历史的事实是，李振裕也确实以体察民众生活、关心民间疾苦、处世通明练达、办事公平公正、躬行节俭、操守廉洁、性格刚直、秉公进言而闻名于当时，这几篇奏疏恰好印证了他的这些可贵品格。

"上书"也是臣子向皇帝进言的一种文件，谷村文献中仅存一篇，作者为布衣贤士李景春，是南宋绍兴戊寅年上高宗皇帝的万言书。

这篇上书令人感动，一介布衣之士，凭一己之微躯，竭三生之智慧，冒九死之风险，上万言之谏书，"徒步千里，归于陛下，昧死上苫茇八议：一曰议礼制，二曰议国体，三曰议命令，四曰议官吏，五曰议货财，六曰议国本，七曰议学校，八曰议刑辟"，八件大事，没有一件关乎自己个人与家庭、家族，全是关系国家生死存亡的大事，真正的"位卑未敢忘忧国"，"处江湖之远而忧其君"!

南宋末年，文天祥看到这篇上书，颇有感触，作了一篇"藁附"，盛赞他"累累万言，尽疏闾阎隐微之故，可谓知无不言矣"。

明朝，永乐进士刘球读了这篇上书，不仅感动万分，而且疑心它没有送到宋高宗手上，可能被朝中奸邪小人中途拦下，所以史册之中没有这篇上书的有关记载。为此，他特地作了一篇"后附"，发表自己的评述："爱其词直，真有裨于时政而疑其不著史册。""嗟乎！为人臣而食君之禄，遇事默不言者，有矣。景春以布衣而能尽疏一时民瘼于上，诚足以愧居官食禄两苟容者也。使遭其时，得行其所言，则名当不在董贾诸公下。惜乎，时之不遇而遂使忠直之言泯而无闻焉，犹幸获表章于丞相，足以发舒其忠君忧时之微意……"

三、交往的依据

——书信往来、文章交流、诗词唱和，谷村李氏先贤与村外先贤的关系在字里行间——显现，不论两宋时期，还是明清时期，互相之间感人至深的情谊令人难忘。

历史上，谷村李氏先贤与诸多异姓先贤交往颇深，往来唱和的艺文不少。艺文，即诗词文章。《谷村仰承集》收录了大量的谷村先贤之作和与谷村往来的异地先贤之作。

　　留有诗词文章的谷村先贤，均为显达之人，是经历了科举磨砺的诗文骄子。除前面提到的人外，还有李絅（元朝监生，柳城县尹）、李庄（明永乐戊戌进士辽王府长史）、李彦宣（明永乐以人才荐，礼科给事中）、李珏（号鹤田，南宋宝祐丁巳奏补承信郎，著名诗人）、李谦扐（号自牧，明洪武三年以明经荐，凤阳府同知）、李茂（字愿学，明洪武时以人才荐，永丰仓使）、李维标（明万历丙戌进士，礼部郎中）、李以谦（号筠雪，明初文人，有《筠雪集》）、李夔夫（明正统时人、隐士）、李怀永（谱名怀承，明正统时诸暨训导）、李尊茂（名茂，明正统己未进士，大理寺少卿）、李中（明甲戌进士，右副都御史）、李和鼎（明天启丁卯举人，高州知州）、李蕴（明隆庆庚午举人，贵州威清兵备副使）、李赞（明成化甲辰进士，浙江右布政使）、李芳（字于馨，明万历乙卯、戊午两榜武举人）、李教（明万历丙子举人，连州知州）、李一伟（字君奇，明万历积分贡士）、李一位（字奇庵，明万历国学生）、李长世（字闻孙，邦华之孙，恩荫，邑廪生）、李次莲（康熙庚戌进士，中书舍人）、李鹤鸣（康熙庚戌年进士，山西孟县县令）、李嗣莱（贡生）、李炜（乾隆时福建汀州知府）、李先蕃（乾隆乙亥年倡修《谷村李氏记》）、李蔚（乾隆己酉乡举，邯郸知县、遵化州同知）、李观（清嘉庆丙子乡魁，选贡，知县）等。他们是历史上谷村文化兴盛的象征，是谷村文脉流传、延续的忠实代表。

　　与谷村先贤往来的异地先贤，都是每个时代的名士显宦、达官贵人，如欧阳修、韩侂（北宋徽宗时诗文家）、罗大经（吉水人，南宋宝庆二年进士，抚州推官，著《鹤林玉露》）、杨邦乂（吉水人，南宋政和五年进士，溧阳知县，抗金民族英雄）、杨万里、杨长孺（一作长儒，杨万里长子）、朱熹、王子俊（字材臣，吉水人，金溪县尉、蜀王制置使属官，北宋史论家、文人）、聂淳（吉水人，字心远，宋朝文人）、胡份（浙江缙云人，北宋元丰乙丑进士，从政郎、袁州司户参军）、刘性之（樟树人，南宋绍兴四年进士，宣教郎、潭州通判）、罗椅（庐陵人，南宋宝祐四年进士，潭州教谕）、刘辰翁（庐陵灌溪人，南宋景定二年进士，文学家）、李炳（福塘人，字彦章，南宋御史）、王所贵（金塘人，李绲好友）、罗茂英（秀川人，李绲好友）、文天祥、文璧（文天祥之弟，进士）、林昉（黄岩人，宋末元初文学家）、赵文（庐陵人，宋末元初文人）、周密（浙江湖州人，宋末元初词人，杭州府判）、虞集（崇仁人，元代著名学者、诗人，奎章阁侍书学士）、柳贯（浙江兰溪人，元代文学家，翰林待制）、易景升（元朝诗文家，集贤学士）、阎宏（元初翰林，诗文家）、姚燧（河南洛阳人，元初文学家，江西参政）、张广微（第三十八代道教天师真人）、赵孟頫（浙江湖州人，元朝著名书画家）、揭傒斯（丰城人，元代著名文史学家，封豫章郡公）、袁桷（浙江鄞县人，元代学官、侍讲学士）、吴当（字伯尚，崇仁人，元代学者、诗人，江西廉访使偕行省参政）、梁寅（新喻人，元末明初诗文家、学者，集庆路训导）、郭钰（吉水人，元末明初诗人）、郑真（浙江四明人，号荥阳生，明初诗文家、江西广信府教授）、刘诜隐（名文敏，安福人，明朝教育家、姚江学派代表人物）、朱椿（蜀王，朱元璋庶十一子）、王偁（永泰人，明洪武举人，史官、《永乐大典》副总裁）、金幼孜（峡江人，明建文二年进士，翰林侍讲、太子少保）、赵良凯（上饶人，明朝进士）、侯宾于（明朝进士）、何淑（字伯善，临川人，进士）、萧受益（庐陵人，明洪武进士）、解缙、李贞（一作李祯，字昌祺，吉水人，明永乐二年进士，河南左布政使）、刘球（安福人，明永乐十九年进士、赠翰林学士）、罗汝敬（吉水人，明永乐二年进士，工部右侍郎）、吕原（浙江嘉兴人，明正统七年进士，翰林学士）、吴稷（上海人，明正德进士）、周启（字公明，吉水人，教谕，明朝诗文家）、周公广（明正德时吉水县令）、李时勉（安成人，明永乐二年进士，监察御史）、扬敏（杨敏，山东聊城人，明景泰举人，号南州颠道）、王鹤年（山东莱阳人，明万历贡生、东昌府训导）、邹元标（吉水人，明万历五年进士，太子少保、左都御史）、钱习礼（吉水人，明永乐九年进士，礼部右侍郎）、文震孟（苏州人，明天启四年进士，书法家，礼部左侍郎、经筵日讲官）、刘定之（永新人，明正统元年进士，礼部左侍郎）、朱世守（安福人，明万历二十九年进士，官至尚书）、胡伯清（庐陵人，明朝贡士，参修《大明太祖高皇帝实录》）、黄九皋（萧山人，明嘉靖十七年进士，鲁王府长史）、周叙（吉水人，明永乐十六年进士，掌南京翰林院事）、周述（吉水人，明永乐二年榜眼，左春坊左庶子）、王英（金溪人，明永乐二年进士，诗人、书法家）、尹昌（吉水人，宣德八年进士，行人）、郭季铽（万安人，明初文人）、郭循中（庐陵人，明初文人）、王艮（吉水人，建文二年榜眼，翰林修撰）、曾棨（永丰人，明永乐二年状元，《永乐大典》编纂）、张彻（新干人，明永乐二年进士，吏部考功郎中）、宋子环（庐陵人，明永乐二年进士，梁王府越府）、尹循（明永乐进士）、周孟简（吉水人，明永乐二年探花、襄王府长史）、尹凤歧（吉水人，明正统进士、诗人）、陈循（江西泰和人，明永乐十三年进士，户部右侍郎、华盖殿大学士）、万节（明永乐进士）、刘孟铎（永乐进士）、廖庄（吉水人，明宣德五年进士，刑部右侍郎）、周崇厚（吉水人，明永乐十三年进士）、朱植（辽王，朱元璋庶十五子）、刘广衡（万安人，明永乐二十二年进士，刑部尚书）、罗循（陕西白河吉水人，明弘治十二年进士，徐州兵备副使）、罗洪先（吉水人，明嘉靖八年状元，理学家、地理学家）、曾同亨（吉水人，明嘉靖三十八年进士，吏部尚书）、刘应秋（吉水人，明万历十一年探花，国子祭酒）、沈一贯（浙江宁波人，明隆庆二年进士，南京礼部尚书、协理詹事府）、侯峝曾（上海嘉定人，明天启五年进士，时任吉安府督学）、乔允升（洛阳人，明万历二十年进士，礼部尚书）、孙居相（山西沁水人，明万历二十年进士，户部尚书）、范景文（河北吴桥人，明万历三十一年进士，工部尚书兼东阁大学士）、罗献（明成化时建昌县令）、元伯常（临川人，明初户部主事）、贺贻孙（永新人，明末神童，顺治七年特贡不就）、钱谦益（常熟人，明万历三十八年进士，明朝官至礼部尚书，清朝官至礼部侍郎）、文德翼（九江德化人，崇祯七年进士，明官嘉兴推官，清朝隐士）、王荛（山东长山人，清顺治时寿州知州）、戴名世（安徽桐城人，清代文学家，别号艾实，世称潜虚先生）、黄峡（清朝举人）、魏祥（山东历城人，清朝著名工匠，孔庙建筑者）、魏礼（宁都人，清朝文学家、诗人、隐士，"易堂九子"之一）、施闰章（安徽宣城人，顺治六年进士，官至侍读，清初著名诗人）、冯泳（康熙进士）、吴云（安徽休宁人，乾隆庚戌中式癸丑补进士，官至彰德府知府）、徐瓒（乾隆时新繁县知县）、吴陈琰（清朝浙西词人）、龚鼎孳（合肥人，崇祯七年进士，康熙时刑部尚书）、周尚中（天台人，清朝诗人）、揄简在（沭阳人，顺治十年拔贡）、吴祚昌（寿阳人，清朝诗人）、刘宗汉（长安人，清朝康熙贡生）、查慎行（浙江海宁人，康熙四十二年进士，翰林院编修）、涂逢震（南昌涂石溪人，乾隆四年进士，通政司副使）、朱廷基（乾隆时吉水县令）、郭绥光（吉水人，乾隆辛卯进士）、郭缉光（吉水人，乾隆举人）、施明（苏州人，清朝文人）、徐元发（清初江西巡抚）、帅念祖（奉新人，清雍正进士，陕西布政使）、刘绎（永丰人，清道光十五年状元、山东学政）、扬占芳（吉水教谕、金川人，字瘦梅）、郭寿清（翰林院编修）、麻敬业（清朝吉安白鹭洲书院山长）等。

他们的诗文作品，体裁涉及书信、序言、记等各种文体，或盛赞谷村李氏源流，或夸耀李氏祖先功德与业绩，或彰显李氏族人仕途显赫、品行峻拔，溢美之情流于笔端。这些作品和谷村先贤的诗文作品相互呼应，仿佛汩汩流淌的血脉，流淌在谷村先贤的精神上，流淌在谷村历史的沟壑中，成为他们共同留给后人的宝贵财富，不可多得的精神文化遗产。

比如书信往来，互致问候，请求或答复事情，既体现谷村先贤之间情感的深厚，也反映出谷村先贤与异地先贤之间关系的密切。

李邦华的《恳王抚宪修复单陂书》，写给抚台王佐（崇祯四年进士，嘉兴人），请求拨款主持修复谷村防洪抗旱的水利工程单陂；《柬孙司寇求去书》，明天启二年写给时任刑部尚书孙玮（明万历五年进士，陕西临渭人），请辞兵部职务回乡省亲。

李元鼎的《致文折二乡书》，写给督台徐元发，为吉水文昌、折桂二乡遭受灾害请求减免税赋；李振裕的《与吉水王思绳明府书》二封及《与王思绳为本邑兵米改拨京口书》，写给时任吉水县令的王思绳（后升任吏部侍郎），请求为本县百姓减轻税赋。

这些书信体现出先贤们关心民间疾苦、敢于为民请命的忠直品格。

异地先贤回复的书信颇多，自宋到清都有，如朱熹《答宝之先生论议礼集释书》，写给进士李如圭（字宝之），交流他们对礼集研究的心得体会；陈仲微（高安人，南宋嘉熙二年进士、监三省枢密院）《复梅溪书》，写给进士、雩都县令李同卿，谈论出版书籍之事；文天祥一封《与肯堂先生书》，写给进士李应革，一封《与深斋书》，写给进士李应纲；文璧一封《与深斋先生书》，写给进士李应纲；徐元发《为文折两乡士民复李少司马梅翁夫子书》，回复李元鼎关于为文昌、折桂二乡减免税赋一事；刘绎《答李丈懋德翁书》，回复李懋德关于如何应对太平天国运动的事情。

书信往来，体现的是先贤们关心国事民生的人文情怀和忧国忧民的崇高品德。

序言达 29 篇，更多地体现异地先贤对谷村李氏的夸赞与评价。他们通过谱序（10 篇）、文献序（八篇）、祠序、集会序、书籍序、送别序等，表达对谷村李氏的敬仰与尊重。

书籍序中，有进士李奥（字幼蕴）的一篇《四书章旨通旨序》。《四书章旨通旨》一书，是李奥一生精研四书所得。他在自序中首先阐明了精研四书的用意，"义理无穷，愈求愈有，愈阐愈彰。孔子事功，贤于尧舜，孟子性善，养气等章，皆广前圣所未发。程朱气质之说，有功圣门，有补后学。自古论性，至此方明。备夫，非作者之未尽而述者之有加也，正以义理渊永，非作无以为述之地，非述无以究作之蕴也"；然后简述了研究的过程、目的，在于"敛会而欲其不差，遵承而欲其不悖……删改是正，脱藁数回，仅能成书。义理无穷，未知其可与，入道与否，因录而存之，以便观者且可藉手，以求正于当世之有道者，而非曰'屋下架屋，床上安床'也"，其执著的精神可见，谦虚的品行也彰。

对李奥这部《四书章旨通旨》，同乡罗大经倍加赞赏，作有

《四书章旨通旨序》，将李奥与孔孟程朱相提并论："孔子贤于尧舜，何贤于尧舜？以六经之作也；朱子贤于周程，何贤于周程？以四书之述也。六经管摄众理，四书发挥六经，培三才之根底，寿万古之气脉。赫赫明明，渊渊浩浩，盛矣哉！庐陵有硕儒，曰实轩先生，李君幼蕴，气醇而行方，心潜而志悫，视四书若衮裘饮食，手钞口讲，昼诵夜思，所谓造次必于是，须臾不可离者也。沉涵之久，纲领愈明，探讨之深，节目毕露。提挈维络，融会贯彻，于是乎作通旨；条分缕析，句研字辨，于是乎作章旨。历年滋久，始克成书，盖亦尽心焉耳。然则四书固有功于六经，而通旨章旨又岂不有功于四书也哉？呜呼，斯道之在两间，如阳精之在天也，日日升而光彩常新，犹水泉之在地也，人人汲而清甘不竭"，推崇之尊、评价之高，十分罕见。

送别序中，明朝进士吕原《赠太平府训导方亨先生之任序》，盛赞李益（字阳德，号方亨）不慕名利而专心于儒业的品行，"夫一府地方千里，士之俊彦，多生其间，聚而教之，相与讲明周孔之道，以成其材，以需世用。君子之道，孰大于是？宜乎阳德，乐司训之就而不辞也，视彼较名之崇卑、商利之厚薄，分毫得失，萦于心者，大相径庭哉！阳德其益励焉，倘能恒坚素志，则他日儒道大行，亦将基于斯矣"，正是因为有了像李益这样忠实于教书育人的事业，国家才有希望，才有未来。

这些序，凸显了历代先贤的品德、业绩以及由此而赢得的无数荣耀。

在古代先贤的诗文作品中,谷村的祠、堂、斋、舍、楼、寺、亭、轩、景、盘、碑、坊、阁、陂、屋、学等,都成为他们笔下描绘或抒写的对象,作有不少"记",文献中收录了40篇,以堂记居多,达13篇。这些"记",用赞美的词句,夸赞谷村的事、物、景,借以赞美谷村先贤的品行、学识。

杨万里的《复斋记》,即称赞李次鱼命名书房"复斋"的用意:"余曰:心无放,焉有复?复无说,焉有记?抑吾尝观物有感矣。客有吴于家而蜀于游者,盖其所见天下之奇观,未尝有也。见天下未曾有,亦足乐矣,而有不乐焉?霸离焉?愁思焉?身在蜀也,心未始不吴也,何也?居者思行,行者思居也。思故归,归故乐。士之于学有如吴之家者乎?士之言人不可以孔颜也。此心,吾之家也。家焉,而不家其家;客焉,而不归其归。又从而尤之,曰:家不可归,惑矣哉!归之近者心必觉,其中充然,其外愉然。先生之学,以复为主,先生其初,不知为官之乐,今乃不知古人之远,先生之复,其近乎?其远乎?吾将候其愉然,以贺其充然也。"借赞美书房赞美其主人,由实物而及虚旨,言近而意远,言浅而意深,小中见大,外而及内,真名家手笔!

梁寅所作《谦谦斋记》,从《易经》引出典故,极赞李谦道创建书斋的意义:"夫谦者,人之至德。故《易》言:谦、亨,而六爻皆吉。初居下卦之下,则谦而又谦者也。其众曰:君子以裒多益寡,称物平施。《象》亦曰:谦谦君子,利涉大川。又曰:卑以自牧,谦,尊而光,卑不可逾也。李君谦道,讳桂,居吉水之谷平。稳居教授，饬身慎行，与物无竞。年逾五十，恬然晦处，乃取《易》之义，名其燕息之斋曰谦谦。处下，岂人之所不能不为耳。孟子曰：徐行后长谓之悌。徐行亦岂人所不能不为耳。古人不云乎？江海之长百川者，以其能受众流也，益聚而益积也，益广而益深也；大而为蛟鼍，小而为虾鳝，靡不能容之。君子之谦谦，何以异于江海之下至下者乎？故能谦，则天地佑之，鬼神福之，人情好之，其受益宜矣。彼以满而招损者，其亦未之思乎？李君以谦自处，则无爵而荣，人孰逾之？仁义在躬，若被文绣，道德在心，如饱粱肉，固无羡于外物矣。君以勋臣之裔，而学行足以光其前。其宗人彦安（讳镇）称道之。而是，寅虽老疾，未能靓君子之容，而幸获知君子之德，故为书此，所以寓其敬向之意也。"梁寅仅听李镇说了李桂的品行，便写出这篇短小却精到的"记"，写出了李桂的特点：学识深厚、胸怀宽广，能容天下难容之人事，却不笑世间可笑之人。

四、诗歌的咏叹

—— "诗言志"，"言为心声"，谷村李氏先贤与外姓先贤往来唱和的诗作，表达了他们对于国家、时事、人生的感受与慨叹，以及彼此之间的关怀与抚慰。

《谷村仰承集》辑录了大约380首诗赋作品，涉及颂人、赞景、咏物、纪事、怀旧、唱和、题赠、离别、哀挽等诸多内容，用深情的笔触，赞颂了谷村先贤们的道德品行、学识声望、气节操守、信仰追求、为人处世等，展示了谷村千百年来厚重的历史文化。

文天祥是全中国人民景仰的伟大先贤，作为南宋末期的民族英雄，他的气节历来为世人所称赞，一首《正气歌》传颂千古，名垂青史。他与谷村先贤往来不断、交情不浅，《赠深斋》一首，表达了他与谷村李应纲（号深斋）交往的深情厚意："晚樽和月吸，早饭带星饮。鹏鷃从高下，螳蝉任黠痴。水澄神自定，云远意俱迟。门下谁车马，故人来讽诗。"这首诗另题《又用韵简李深之》，略有几个字不同，写出了他与李深斋非同一般的情谊。两人同桌喝酒，几乎喝了一个通宵，从前一日的晚餐时分喝到次日的早晨。为什么要这样喝酒？因为面对着风雨飘摇的国家，南宋朝廷的大臣们分化成了投降派与抵抗派，人的志向、品格各有高下，人的心思、观念各有贤愚，独木难支的文天祥怎么能够主宰得了？只好任由各人去表现了，他们只管喝酒，就用诗词下酒，谈了个通宵。

李珏（号鹤田）是宋末元初著名诗人，曾在南宋王朝任职，但元朝立国后，即居家归隐。他与当时许多著名诗词名家、名臣显宦交往甚密，如刘辰翁、周密、赵孟頫等。《谷村仰承集》收录的诗词，至少有21首是写给他的，每一首都情深意重，令人唏嘘。如赵孟頫的《寄李鹤田》："江西诗老地行仙，一别相望十五年。忽遣季方来问讯，因知诗法是家传。"分别十五年后才通音讯，别的烦心事就不问了，只问诗词收获有多少。

其实，当时与李鹤田相交相知的诗词名家，远不止谷村文献所记载的六位，颇负盛名的汪元量、赵希桐、张蕴等，都与李鹤田有诗词唱和互赠。人们敬重的，是李鹤田的人格品行、操守气节和才华诗艺。

谷村李氏与状元罗洪先的交往也是频繁而密切的，感情深厚而且牢固。《谷村仰承集》收录了罗洪先写给谷村李氏好友的八首诗作，分别写了李台冈、李松崖、李省庵、李海州、李汝思、李少舫、李子（谒选）、李伯实八人，有送别好友外出做官的，有拜访好友老家故宅的，有追挽好友不幸去世的，每首都表达了他对好友的深厚感情。《送李台冈应贡》："抱艺谈经旧有名，早看领袖县诸生。骅骝岂分泥涂辱，玑组终随贡筐行。帆下楚江春共远，月明燕市客常醒。惠连故侣今余几，谁向公车荐长青？"把李台冈比做柳下惠和少连，盛赞李台冈学问渊博。《挽松崖李先生》："忽闻歌薤露，欲废白驹诗。天道何为者，斯文每值之。人疑随鹤化，岁属在龙时。多少传经士，空悲梁木摧。"李松崖的突然去世，让罗洪先感到万分悲痛，痛惜国家少了栋梁之材，那是多少教书传经的人士都无法比拟的。这样的离情别愁、痛楚悲伤，写得沉郁、凄怆，证明了罗洪先对谷村李氏先贤的敬重与推崇。

　　值得注意的，是谷村李氏先贤自己创作的诗词作品，这最能体现他们的风骨气度、操守气节和才华学识。《谷村仰承集》收录了李邦华、李日宣、李元鼎、朱中楣、李鹤鸣、李振裕和李长世等人的诗作。

　　李邦华的诗作，体现了他贯穿一生的理念：忠孝。

　　先说忠，忠君爱国是他诗作最突出的主题。《癸未起南宪冒请勤王志感》："岂无一义士，而今铁骑横。塞将谁飞箭，老孺漫请缨。身因报国小，胆以匡时宏。勋集不期赏，鲁连慰此生。"表达了自己要请缨出战、为国尽忠的心迹，尽管年纪已老，但报国的心志却极坚定。当李自成义军攻占昌平抵达通州之后，他又写下了《作家书》："蓟北归鸿信，天涯托残生。铜驼泣燧色，铁马送春声。欲了明儿事，都无妻子情。君恩惭未报，魂绕古燕城。"表达了自己将以身殉国的决心。农民起义军攻占北京外城后，他逃入吉安会馆，面对南宋名臣、著名乡贤、民族英雄文天祥，写下了《告文文山丞相矢志》："空将热血洒燕京，死事何如成事人。帝陋唐元真圣主，谁为伯纪泣孤臣。忠良雪涕难分任，婴白伤心共一身。信国斯文谁领取，仁山千载协嶙峋。"充分表达了他矢志为国殉难的态度与决心。农民起义军攻破北京内城之后，面对文天祥的塑像，他挥毫写下了《殉国绝笔》："人生自古谁无死，留取丹心照汗青。今日骑箕天上去，忠魂千载佑皇明。"活着的时候无法为国尽心尽力了，只有到了天上，再用自己的忠魂来护佑自己深深眷恋的国家、君主与人民。

再说孝。李邦华一生为官耿直，却屡遭奸臣陷害，因此罢官归乡的时间不少。居家期间，他尽心侍奉父母，极尽孝子之道。而每当朝廷重新启用他之后，他又全身心地投入到尽忠的事业当中去。于是，对家乡父母的挂念，就只有用书信与诗作来表达了。且看《赵枢贰任过九江作家书》："津门牙毒愧平生，又向中枢佐典兵。岂有寸长堪借箸，祇惭尺组未缳鲸。三韩怜火烽烟急，万国涕航血泪横。寄语慈亲勿远念，时平早晚便归耕。"这首诗是托过九江赴任的朋友转交给父母的，他告诉父母：自己在外奔波，为国操劳，尽最大的努力为朝廷分忧，尽力去平息各地的叛乱，只是心有余而力不足；同时非常记挂父母，希望父母在家劳作时，不要太累，早点歇息。人子之念，殷殷之情，自然流露于字里行间。再看他在60岁写的《甲戌元日呈家大人》："六甲周回又戌年，我生再值亦良缘。箕裘四世粗无替，礼乐一门幸未愆。漫道鼎钟惊俗眼，且躬耕凿乐尧天。高堂白发春方昼，愿共来衣亘大千。"此时的李邦华正罢官居家奉养父母，让父母享受着天伦之乐，诗中表达了自己与父母相处的快乐，并期盼这样快乐的日子能够长久，孝敬之心怦然跳动。

李邦华最后是在农民起义军攻进北京内城时自缢殉国的，其忠义之心气壮山河，堪比南宋末年的信国公文天祥。"自古忠孝不能两全"，而他却忠孝两者都达到了一定高度：罢官居家时，侍奉父母，极力尽孝；启用任职时，报效国家，竭力尽忠。移忠作孝，移孝作忠，忠孝两全，诗作之中尽显，足堪后世仰慕与学习。

李日宣是李邦华的族侄，他的诗作同样体现了忠孝本色。先看他的孝道。《南安与家司理衷寅叔词东山之任阻雨》之三："闻诏送竹林，分袂忆同衾。叹山峨眉远，羡君肺石嵌。时危仗正论，民望属甘霖。何以酬知己，平生一片心。"这是他在福建南安写给远在云南担任司理（即推事）的族叔李衷寅的诗，当时作者正在前往福建东山任职的途中，诗中表达了仕途艰辛的心理，对族叔满怀尊敬与钦佩之情，抒写了自己要做一个民望所归的好官的愿望，既有亲人之情，也有官宦之志。《曲江停舟怀先叔维阳》："相江先叔此鸣琴，不下堂阶独赏音。灯火廿年深吏事，桑麻两地任孺心。无言李下今谁在？犹忆楹间梦可寻。寂寂江舟人不到，欲将一语附榕岑。"他的先叔李维阳曾在曲江任职，自己恰好来到这里，不禁忆起先叔在此独自赏琴的情形，内心的寂寞凄凉油然涌起，只好将内心的话语寄附给江边寂寞的榕树，让它将自己的心意带到先叔的面前。这是怎样的一种伤感悲凉啊，写得如此揪心裂肺，对先叔的缅怀之情山高水长。再看他的忠心。《南安与家司理衷寅叔词东山之任阻雨》之二："吾家多正直，所遇尽刑名。明允尊廷慰，沉宏德总卿。南华佳气霭，曲靖颂声庚。分手惟交勉，期无忝所生。"赞颂其族叔在云南任职时赢得了良好声誉和口碑，表达了自己做一个有良好口碑官员的愿望，期望任内不让自己出现愧疚于民的事。最能体现他忠心的，是他生命的最后咏叹《绝命诗》："孤臣不死竟何为？

四十年来心许之。当此枕戈待旦日，尚容病骨卧薪时。成仁取义只完我，信国忠文且取师。挥手不堪回首处，燕山闽水自相唏。"这首诗写得气壮山河、气冲霄汉。面对山河破碎的国家、民众乱离的疆土，从流放地回到家中的李日宣，内心的痛楚无以言表，决意以身殉国，最终饿极而亡，以生命践行了忠君报国的气节。

作为仕从三朝的人物，李元鼎内心有着更加无法言说的凄凉。他经历了明朝、大顺、清朝三个政权，而且地位均不在低，这种曲折的经历，在其诗中有反映。《谷村仰承集》所收录的，多为他仕清之后的诗作，内容对自己的人生履历多有回避，或者根本不愿意提起，转而抒写其他一些题材，表达出一种看似旷达洒脱的心境，却隐隐地透露出"往事不堪回首"的痛楚。如《戊子元日留家兄紫函中丞署中》："辛盘交替荐觥筹，又见束风欻敝裘。世业新从儿子课，天涯却为老兄留。清衙积雪晴光转，画战凝寒海气浮。独有乡园频入梦，闲身今已付沧州。"此诗写于清朝顺治六年即公元1648年，他从大顺政权转投清朝政权仅五年光景，政权的交替、仕途的转折、世事的起伏，内心生出了一种漂泊感，因此便有对故乡的思恋，对未来的茫然，只有六岁的儿子让他内心还保存着一丝希望。又如《庚戌闰月望前三日得裕儿南宫捷报并闻幼青叔子和侄同登甲第喜志》："御袍春风蹋锦鞯，捷音忽到晓窗前。成名又喜逢庚岁，接武还看是戌年。六世承恩天浩荡，三人同榜泽绵延。梅崖更有奇先兆，伫听胪声第一传。"此诗写于清朝康熙九年即1670年，28岁的李振裕考取进士，同科登榜的还有李元鼎的族叔李次莲、族侄李鹤鸣，忽然传来的喜讯，让暮年的他喜形于色，历受恩宠的荣耀在他胸中激荡，晚年不幸遭遇的挫折也暂时被抛于脑后了。

李长世是李邦华的孙子，深厚的家学底蕴，在他身上得到继承，矢志于著述，留有《南音名山藏》诗文集百卷行世。也许是祖父李邦华以身殉国的壮烈，也许是父亲投水殉弟的从容，也许是明朝国破世乱的动荡，也许是叔父蒙冤被杀的痛楚，使他的心灵受到严重的创伤，因而诗作之中充满了伤感与悲怆。如《题鳌山钓鱼台先忠文谕茔在焉》："时清不见汉宫诏，夜静频闻皋羽哭。今古空名相反处，一坏青草半江绿。"阴阳两隔的痛苦尽在字里行间。又如《旅寓再逢寒食不得登先垅感怀》："寂寥谁与此身同，几处移家逐转蓬。两度梨花归不得，为将双泪问春风。"离家的愁思、思亲的悲苦、旅途的颠沛、仕途的坎坷一时涌上心头，自己孤身在外，只有"将泪问春风"了。再如《感念素庵太令侄羁候孟县》："思君月落每沾裳，羽翼庐罗岂暂忘。百里旄倪饱雨露，经年妻子卧风霜。悬识忧患必诠易，为语逍遥且注庄。可惜汉朝卓异手，如今那得咏明良。"旅途羁绊，更是心绪难解，寂寥之中想起诸多往事，心中自然难免惆怅。这就是李长世诗作的风格，集中体现了他在家庭遭遇大难变故后的痛苦心境。

在谷村先贤的诗作当中，不能忽视女性诗人。《谷村仰承集》收录了三位谷村女性的诗作，一位是朱中楣，李元鼎之妻、李振裕之母；二是朱氏，李长世之妻；三是李懿则，李长世之女。她们的诗作虽然不多，却也代表了当时女性对国家、宗族和家庭命运的关注，体现了他们与男子一般心寄国家、情在家人的胸怀，既豪迈又缠绻。

朱中楣是明末清初有名的女诗人，有《随园诗草》留行于世，谷村文献中收录了她的三首诗作，分别是《闻孙曹弟妇寄扇索书》、《卜居南浦送梅君之文江》、《示儿公车北上》，重点表现的是家庭亲情给自己带来的些许快慰。如第一首："偶读新编世泽隆，一门忠孝最池东。克家自有名人业，举案还归女士功。奏疏三章传汉史，砚留千载泣宗风。何年返舍瞻闺范，一笑相逢娣姒同。"她跟随丈夫长期在外，难得与家族中人相聚，因此得到老家来信，内心自然充满喜悦，回信中自然期待着相逢的那一刻了。又如第二首："孺子亭边且卜居，新怀为喜咏关雎。池边嫩柳含红雨，梅外繁花映碧蕖。乍得怡情还脉脉，却看判诀且徐徐。归期未定知何日，雁度文江早寄书。"丈夫要外出，她亲自送离家门，却不知道丈夫何时回归，满腹的牵挂难以排遣，希望丈夫能够经常寄送书信回来，以解内心的挂念与惆怅。再如第三首："吾门事业始唐开，几世天教付汝才。已喜故园新折桂，行看上苑早探梅。家传经史精研索，策对轩墀谨体裁。驿路风霜当自摄，春深应报锦衣回。"儿子要出门进京赶考了，她满怀希望地送儿子上路，相信儿子的才学能够取得好的功名，因此期待着他的喜报。三首诗，让我们清晰地看到了一个贤妻良母的崇高形象。

李长世之妻姓朱，安福朱世守（万历二十九年进士、官至尚书）之女，没有留下名字，这是古代妇女的悲哀。朱氏的诗作是与丈夫的应和之作，也是给丈夫的送行之作。当时李长世奉命入卫京师，写了一首《戊子入卫别内人朱氏》与妻子赠别："靡监尊王事，与君手再挥。倘怜游子泪，蚤寄旧春衣。兜糜勤调食，家贫多掩扉。好看江头路，红尽一骑归。"劝慰妻子勤俭持家、待夫回返。朱氏即依韵和了一首，给丈夫送行："君自重王事，妾心未敢违。好随莺一出，记与雁同归。妻子伫偕隐，君亲望不微。此身关俯仰，珍摄向斜晖。"朱氏知书识礼，相夫教子，贤妻良母形象跃然纸上；值此夫妻离别之际，千言万语、难舍难分、牵挂期待，一并涌上心头，全都融注于短短八言之中。

李懿则是李长世的女儿，自幼随父母学习诗词，颇有文采，文献收录了她的两首诗，全是集句诗，集自明朝《香奁集》。第一首名《寒夜礼大悲》："梨花香遍雪为裯（沙宛在），欲向空门净六尘（王司元）。处处普门频示见（屠湘灵），此生愿脱女儿身（屠七襄）。"次首名《病起卷绣》："画楼春晚燕归迟（朱静庵），鹊镜容消只自知（沈宜修）。彩线罢拈肠欲断（于素娥），一声啼鸟过花枝（夏英）。"两首诗的心境都显得很凄凉，尤其第一首，大有恨为女儿身、欲向空门投的冲动。

女性诗词为谷村诗词长廊增添了一抹亮色，使谷村先贤的诗词构成了一幅完整的画卷。

五、告祭的威仪

——天地、山川、神灵、祖先、考妣，都是人们内心尊崇、景仰、追念的对象，谷村李氏先贤用不同文体表达了这样的情感，体现出他们特有的威仪。

《谷村仰承集》所辑录的艺文中，有些被称为"告文"、"祭文"、"行状"和"像赞"。还有一些文章并不收集在"艺文"的篇目之中，另外编为一卷，有"丘墓记"、"墓表"、"墓志铭"三种，且将它们统称为"墓文"。这二类文章，多与仙逝的先人有关，祷告、祭祀、追忆、赞颂和伤悼。

告、祭两种要表达于口头，朗声高诵或悲吟。在高诵或悲吟的过程中，需要一个隆重的仪式。这种隆重的仪式往往是一种身份与地位的象征，体现出一种特有的威仪。

这些文章载入谷村李氏文献，能够凸显谷村李氏先贤的身份与地位，让读者从一个侧面了解谷村李氏的文化底蕴与特征。

告文，也称作祷告文、祭告文，是我国古代官方和民间举行重大活动，尤其是重大祭祀活动时，由主持仪式的司仪大声诵读的文体。比如祭祀先祖、祭祀神灵（诸如功德显著的祖先、英烈，菩萨、龙王等各路神仙），再比如学堂开学祭孔、木匠开工祭鲁班等活动，由本族或本次重大活动组织者中博学多才的人撰写告文。

告文内容多为赞颂受祭者的品德、声望、勋业等，篇幅不长，多为骈体文，四言体格式，少数也有五言、七言体，或四六言体的，便于诵读。诵读时，节奏强烈，抑扬顿挫，朗朗上口。其时，诵读者一定要庄严肃穆，崇敬仰慕之情形之于色。李邦华在崇祯十六年写的《勤王祀江文》即是这样："浩浩江流，惟神是司。厥有攸往，必祷必祠。华愤寇逆，讧我中夏。倡义除凶，天威罔赦。诹吉解维，饱帆东指。江神相我，一意千里。我武维扬，鸣镝控弦。愿借江水，荡涤腥膻。"这篇告文，令人想象李邦华当时的情绪该有多么激烈，语言该有多么高亢，神色该有多么愤慨，感天动地，激荡人心！

这样的祭告仪式，如今恐怕是难以见到了，以后的人们恐怕难以相信，以前曾经有过此类仪式的存在。谷村李氏用历史文献的形式，为后人保留了这种仪式的告文内容，让后人可以从这些告文当中领略、感受到古时祭告仪式的威仪。

《谷村仰承集》保存下来的告文共有22篇，多为谷村先贤所撰写，如李子仪、李相、李邦华、李日宣、李长世等，少数为外姓的名家显达所撰写，如清朝初年吉安知府杨鼎熙所撰《吉安府学乡贤祠祀李忠肃公告文》、湖西道台施闰章所撰《建旌忠祠核祭田告李忠肃公文》、清朝乾隆甲寅年湖北长阳邑侯彭淑所撰《旌忠祠祭李忠肃公文》等，都是祭告李邦华以身殉国的，由此可见：李邦华在当时南明王朝治下的官民、清朝初年的官民当中享有相当高的名望，其气节风骨受到人们的普遍尊敬与崇仰。

《谷村仰承集》收录的祭文有 20 篇,撰写者有谷村李氏先贤,也有他姓先贤,如印山涧谷罗椅、状元罗洪先、建德知县张大力等,更有来自皇室的,如元朝皇帝赐祭孝子处静居士、明朝蜀王朱椿遣使祭李子仪、明朝嘉靖皇帝谕祭太宜欧氏、谕祭右副都御史李中、崇祯皇帝谕祭诰封兵部尚书李廷谏、清朝顺治皇帝遣使祭李邦华等。致祭人的身份、地位如此之高,可见受祭者的身份、地位也不低,祭文所用语言也是颂扬不已。

明朝嘉靖皇帝《谕祭都察院右副都御史李中文》,篇首文字介绍代替皇帝前来致祭的人物身份、地位,后面才是祭文正文:"维嘉靖二十六年,岁次丁未十月朔,戊申越初十日丁巳,皇帝遣本布政司左参议张明永,谕祭都察院右副都御史李中,曰:惟尔颖敏之资,醇实之学。甲第蜚英,郎曹建议。谪居驿丞,操节益坚。讨逆预功,奉诏叙录。再擢宪司,督理学政,宽敷为教,淑正士心。继参大藩,历长藩臬。抚巡东鲁,德泽旁敷。治盗捕蝗,民命攸赖。留都督饷,夙弊划除。绩著两朝,官逾二纪。大施未竟,遽尔沦亡。讣音来闻,良用悼惜。特颁葬祭,庸示褒恤,九原有知,歆承殊渥。"这个做官才三个月就得罪了皇帝的李中,在殡葬祭灵的礼仪上,竟然得到了皇帝本人的褒奖颂扬,十分难能可贵。皇帝借钦差之口,回顾了李中的一生,突出颂扬了他的功绩与劳苦,作出了令李中家人、后裔感激涕零的盖棺定论,是令李中家人及后裔荣耀万分、享誉万代的事情。

由此可见，祭文，就是祭祀或祭奠时表示哀悼或祷祝的文章，与上述告文类似，但它的使用是有限制的，一般用于殡葬祭灵、清明扫墓、冬至祭祖、祖坟修葺等特定场合，内容主要为哀悼、祷祝、追念死者生前主要经历，颂扬他的品德业绩，寄托哀思，激励生者。体裁有韵文和散文两种，祭祀时也要诵读，但祭文的诵读却不似告文那么高亢、激越，而是采取悲吟的腔调，将哀哀之情、切切之意充分表达于语言与腔调之中，让哀者号啕，让听者动容，让观者揪心。史上，清朝袁枚的《祭妹文》、近代毛泽东的《祭母文》，都是有名的，堪为祭文的典范。

有一类艺文，称为行状，也叫"行述"，还叫"事略"，是叙述死者世系、生平、生卒年月、籍贯、事迹的文章，现在通常叫作"生平事迹"或"人物传略"，常由死者门生、故吏或亲友撰述，其作用主要是留作撰写墓志或为史官提供立传的依据。

从这个解释，我们就可以看出，行状并不是随便哪个人都可以用得上的，必须得是具有一定威望、有过一番业绩、具备一定条件的人，才有资格被人写进"行状"里。纵观谷村历史文献，被写入"行状"的人物，都是一些颇有声望的先贤，或达官贵人，或忠烈节孝，如李应中（宋朝太学博士）、李彦实（宋朝朝散郎、韶州通判）之妻周安人、李彦国（宋朝朝请郎、峡州使君）、李应革（号肯堂，宋朝袁州使君）、李桂（明朝处士、字谦道）、李枢（明朝贞士、字伯机）、李固（明朝处士、字民本）、李廷谏（明朝刑部浙江司郎中、李邦华之父）、李鸿勋（清朝处士、字功成）等。而为他们作"行状"的，不论门生故吏，还是亲友子婿，同样都是有名望、有地位的人，如李尚义（北宋宣和甲辰进士、翰林侍讲学士）、胡份（宋朝从政郎、袁州司户参军）、刘性之（宋朝宣教郎、潭州军通判）、李绹（宋朝宜山县尉）、李彦宣（明朝徵仕郎、礼科给事中）、扬敏（明朝南州颠道）、罗汝敬（明朝进士、嘉议大夫、工部右侍郎）、李邦华（明朝进士、兵部尚书）、汤撰（明朝进士、吉水县儒学教谕）等，或享誉一方，或名冠天下，并不是随便哪个人都能够给有名望的逝者作"行状"的，如果要做，恐怕得先问问自己：有没有资格？

李振裕为其父李元鼎所作的《先府君行述》，却不见于《谷村仰承集》，不知何故。姑且选录部分于此，供读者品鉴：

府君讳元鼎，字吉甫，号梅公。天启二年举进士第，授行人司行人，升吏部稽勋司主事，调验封、考功、文选。左迁，里居十年。庚辰起补光禄寺良醖署正，升大理右寺正、太仆寺丞、光禄寺少卿。流寇之陷京师也，以闲曹获免榜掠。贼既败走，升太仆少卿、太常寺卿，乙酉擢兵部右侍郎，后坐荐人事落职。紫函世父填抚津门，遂往就焉。世父以事被逮，府君以同居牵连颠踬，卒无怨言。及蝶被南还，江西烽火未靖，遂止鼍社湖。湖属宝应县，为府君乡试房师李淮南先生茂英故里也，先生第三子藻先与府君世好，遂分宅而居。顺治八年，被特召起田间，仍补兵部右侍郎，九年转本部左侍郎。有宣大总兵任珍者，复坐法，珍惧，辇金求行赂于京师者，于是一部两议，而拟珍重辟者，府君手笔也。未几，辇金事闻，同日并逮枢部满汉堂司。上曰："安有受人之金而拟人大辟者？"旨下，悉究罔诬，仍切责刑部，比拟徇私，显有情弊，著申饬行。有劝府君申辩者，府君谢曰："吾岂复求再入中枢堂耶！"信宿，介行李次淮阳，感里老攀卧诚切，复休于泾水之上。府君日与二、三老友游衍荡漾其中，赋诗命酒，陶然自得。居五年，忽兴思丘垅，遂挈家归，时丁酉冬十月。

这篇行状，简要叙述了李元鼎的生平经历，事迹大体真实，但亦有一些隐晦之处，可能与李元鼎的人生经历的曲折颇有关系。

由此观之，行状中所记载的事迹，多半比较真实。但作行状的人，对自己所要记载的人，往往怀有崇敬、仰慕的感情，因此在文字上难免文过饰非，甚至会有言过其实的地方，往往使原本客观真实的东西变得不可捉摸，乃至令人不敢采信。

而像赞就全是溢美之词了，往往是对着一个人的相貌或者画像，通过对他的相貌、画像或者人生业绩的赞美，把一个人写得美轮美奂，几乎无可挑剔。文字虽然不多，却高度概括到精练得无以复加。

如唐德宗亲自为西平忠武王李晟所作的像赞："朱泚肆奸，中原紊错。奋以孤军，殄除凶恶。纪列翠岷，图形凌阁。持危扶颠，伊公大略。"借赞像以赞美业绩。

又如解缙为西平忠武王李晟所作的像赞："伟天地之忠烈，犁唐家之日月，俨遗像之流传，启云来之肖贤。晚学瞻帷，泰山巍巍。金石匪坚，何千万年！"从后唐到明初已经四百多年，解缙对着李晟的画像，赞美的何止是画像？赞美李晟的功绩，真是极尽词藻修饰，唯恐夸赞不够。当时谷村李氏看了这篇像赞，一定激动不已、荣耀不已。这，恐怕就是像赞的奥妙之处！

像赞的应用相对宽松一些，不仅有对逝者的夸赞，也有对生者的夸赞，既有赞别人的，也有赞自己的。自赞者，一般都用谦虚的口吻，或者用词上尽量贬低自己，让阅读像赞的人从中感受自赞者的美德，在手法上其实是欲扬故抑。

如《康斋公五十自题》："衣冠不尚豪华，忠心只自检点。凡有益于民生，寤寐几费钻研。修举半在公家，随吾力之可展。阅境备尝艰虞，手足不辞阻险。于今五十越年，功过判然不掩。猥云老将及之，终朝隳吾黾勉。守此方寸良田，培厥儿孙根本。"用一种不表功、不掩过的态度自评，谦虚的精神立显。又如《康斋公六十续题》："穿破蓝衫，戴老银顶。庸庸一生，碌碌无等。花甲既周，醉后方醒。豪气雄心，付之沧溟。后见此翁，勿效勿并。"这话简直就是一种自嘲了，极用贬损之言，把自己的一生说得一无是处，宛然不是五十岁的风范，判若两人，正应了欲扬而抑的手法。

看来，这像赞是适用于任何人的，只要有人原意给别人写这样的像赞。问题在于，古时候，读书人一般不会给一个没有任何声望与地位的人写像赞的。要写，也是写给读过书、有知识、有名望、有地位的人。而没有读过书，又不认识字的人，既无名望，又无地位，想自己写，写不成，请别人写，不够格。所以，尽管这种像赞适用于任何人，但并非任何人都能写入像赞之中。

谷村先贤中，被人写入像赞的，除上述已列出的几位外，其他都是身份、地位、名望颇高的人，如李彝（号梅圃）、李凤（字子仪）、李通（字子载，号盘隐）、李励（字克勉）、李庄（字居正，明辽王府长史）、李涣（字沂浴，明辽王赐号怡晚）、李懋（字恒勉，号恒轩）、李邦华、李蓬（字胜卿，八十寿像赞）、李鸿才（清朝孝廉，字月江）、李康斋及夫人周孺人、李深源及夫人罗孺人、李文澜等。而给他们作像赞的，除了自赞者外，也都是身份、地位和名望颇高的人，如苏轼、艾实（元朝进士，字潜虚）、解缙、朱椿（明初蜀王）、周述、李时勉、朱植（明初辽王，朱元璋庶十五子）、周纪（明朝浙江参议）、朱与言（明朝都察院副都御史）、刘日杲（李邦华门生）、黎士恺（云岭人，八十寿翁）、李蔚（号赤城）、李邦翰等，而唐德宗更是以九五之尊为自己的臣子写像赞，可见谷村先祖李晟的声望与地位。

墓文包括了墓碑记、墓表、墓志铭等，是《谷村仰承集》

很重要的一卷，凸显了谷村的历史荣耀与现实自豪，凸显了他们久远的血脉传承与家族绵延。尤其对于逝者，盖棺定论并不是最后的褒奖与赞颂，历代后世子孙都可以褒奖与赞颂自己的祖先，从而彰显家族的非凡历史与高贵血脉。

如李晟，这位谷村最为久远的先祖，给谷村李氏带来无尽的荣耀，是谷村历代后裔都传颂不已的骄傲。《重修忠武王墓碑记》再一次赞颂他，"夫忠义之气，奋若雷霆，光若日月，其耿耿不靡，与乾坤悠久哉"，这种与日月同光的声望与地位，有几个能够拥有呢？再看《又重修祠墓记》，"王之赫声，濯灵于昭，在上犹若隐隐呵护焉"。李晟的赫赫声望一再被后裔提及，已经成为后裔一种隐隐的庇佑，成了谷村李氏堂皇的夸赞与炫耀。

这里没有必要一篇一篇地介绍或品读那些墓文，姑且将墓主人的身份，以及墓文撰写者的身份录列于下，让读者去领略其威仪与声望：

重修忠武王墓碑记　李蕴（明朝万历十六年进士，陕西参议，李晟三十世孙）撰

又重修祠墓记　李日宣（　）撰

先君李公伯信府君阡表　李衡（宋朝绍兴甲寅年，谷村元潭派八房祖）撰

故元瑞州路学正李公克懋墓表　罗汝敬（明朝嘉议大夫、工部右侍郎、前翰林侍讲兼修国史）撰

汀州府通判李公彦庸墓表　周述（明朝进士、翰林侍读）撰

明左都御史忠肃公墓表　贺世寿（明三十八年进士，兵部侍郎兼佥都御史，丹阳人）撰

明旌孝友李公士开墓表　顾其国（明天启二年进士、文林郎、知吉水县事）撰

宋赠通直郎李公用干墓志铭　张植（礼部员外郎）撰

宋故朝散郎通判韶州军州事赐绯鱼袋李公彦实墓志铭路允迪（兵部尚书、修国史、开国男、食邑三百户、赐紫金鱼袋）撰

宋赠朝大夫李公汝明安人彭氏墓志铭　刘才邵（左朝请大夫、提举江州太平兴国军、赐紫金鱼袋）撰

宋故朝散大夫靖州使君李公秀实墓志铭　周必大（翰林学士、朝议大夫、知制诰、兼侍读、兼太子詹事、兼修国史、开国子、食邑五百户、赐紫金鱼袋）撰

宋故昭信军节度推官李公幼蕴墓志铭　罗懋良（宣教郎、临江军事判官、赐绯鱼袋、致政）撰

宋故赣州赣县主簿承务郎李公仲承墓志铭　杨万里（通议大夫、宝谟阁待制、开国男、食邑七百户）撰

宋故乡荐李公仲石墓志铭　谢谔（朝奉大夫、焕章阁学士、开国男、赐紫金鱼袋、食邑三百户）撰

宋故平安居士李公仲权墓志铭　欧阳守道（奉议郎、

通判建昌军、兼管勾劝农事、赐绯鱼袋、李仲权表弟）撰

宋故潭州醴陵县尉李公毅斋墓志铭　胡寝虎（奉议郎、通判南雄州军、兼管勾劝农事、赐绯鱼袋）撰

元故李隐君可泉墓志铭　胡行简（奉训大夫、江西湖广道肃政廉访使经历、前国子助教）、曾得之（进士）撰

故元处士李心源先生墓志铭　李祁（元朝进士、翰林、国史院编修官）撰

故元柳城尹李书隐先生墓志铭　解缙（翰林学士、知制诰、兼春坊大学士、朝列大夫、兼修国史总裁）撰并书

故元新州判官李公尚忠墓志铭　解缙撰

明故奉训大夫凤阳府同知李公伯谦墓志铭

明故处士李菊径先生墓志铭　解缙撰

明故隐士李君迪恂墓志铭　邹幼亨（修职佐郎、国子博士，临江人）撰

明故沁州知州李公仁民墓志铭　陈琏（嘉议大夫、礼部左侍郎，羊城人）

明故处士李公仲让墓志铭　曾棨（赐进士及第、翰林院侍讲）撰并书

明故贞士李公伯瑜墓志铭　胡俨（朝列大夫、国子祭酒、兼翰林侍读学士）撰

明故蜀府纪善李公子仪墓志铭　黎让（吉安府教授，同郡人）撰

明故巫山县尹李公子太墓志铭　周述（奉政大夫、左春坊左庶子、兼翰林侍读）撰

明故处士李公盘隐墓志铭　周述（赐进士及第、左春坊左庶子、翰林侍读）撰

明故保宁府学教授李公西湖墓志铭　毛伯温（进士、太子保、兵部尚书、兼都察院右都御史、姻生）撰

明故处士李公鼎庵墓志铭　周南巽（奉议大夫、刑部郎中、致仕，邑人）撰

明故处士李五载墓志铭　曾棨（奉训大夫、翰林侍读、兼修国史）撰

明故宜山教谕李公永禧墓志铭　陈琏（进士、监察御史，进贤人）撰

明故都察院右副都御史总督南京粮储李庄介公墓志铭　邹守益（赐进士及第、南京国子监祭酒、归耕石屋二洞、兼复古真书院事，安成人）撰

明故昌乐宰李公株山墓志铭　沈一贯（赐同进士出身、翰林院庶吉士）撰

明故都察院左都御史李忠肃公墓志铭　刘同升（赐进士及和、前翰林院修撰）撰

清故礼部尚书李醒斋公墓志铭　许汝霖（赐进士出身、光禄大夫、礼部尚书加一级、年家眷、侍生，海宁人）顿首拜撰

清故李母姜安人墓志铭　张廷玉（赐进士及第、光禄大夫、太子太保、经筵席讲官、户部尚书加五级、桐城门人）顿首拜撰

尚资公筋竺峰墓志铭　吴其彦（钦命丙子科江西大主考、内阁学士、兼礼部侍郎、恩师、字美存、自号老夫子）撰、杜宏泰（特授广信府弋阳鼎正堂、恩师、号东轩老夫子）填

这份目录与名册，从宋朝至清朝，甚是详细。每个撰写墓文的人，都将自己的官职、爵位、禄位、名号等，尽可能详细地列出来。或许，是他们自己有意列出来的，或许是谷村李氏替他们列出来的，其目的不外乎彰显其身份、地位、名望等，突出他们已经获得的所有荣耀，从而使谷村李氏提升自己的身份、地位乃至社会价值。

第六章 …

宗法的光环

宗法，是调整家族关系的制度，源于氏族社会末期的家长制，以血缘关系为基础，核心是嫡长子继承制，是借血缘关系对族人进行管辖和处置的制度。

说到这个"嫡"字，就不能不提"庶"字，两个字仿佛一对孪生兄弟，相依相存。这两个字及其意义的产生，源于我国旧时的一夫多妻制，一个丈夫娶上三四房妻子是常有的事。老婆多了，就得确立老婆之间的名分和地位，于是就有正房与偏房之分，正妻与小妾之别。无论妻与妾，都要生孩子，正妻所生即为嫡，小妾所生即为庶。《红楼梦》里，贾宝玉是正妻所生，他就是贾政的嫡子；贾环乃是小妾赵姨娘所生，他就是贾政的庶子。庶长子是没有资格继承家族管理权的。

宗法制度与宗族组织相配合，是统治阶级或统治集团维护政治、社会和家族秩序的重要手段。于国家而言，在于保持贵族集团或统治集团的政治特权、爵位和财产权不致分散或受到削弱，维系统治阶级内部的秩序，加强对奴隶和平民百姓的统治；于家族而言，在于维护族长权威，保证他所代表的宗族管理集团对宗族公权力和宗族公财产的支配权力，维系家族成员之间的关系，增强一致对外的抵御能力。到目前为止，这一制度在我国民众当中仍有极大影响。

谷村李氏，作为上万人口的单一姓氏村庄，宗法制度的影响更是深刻。他们正是靠着宗法制度，才将村庄的人际联系得紧密，血脉维系得牢靠，才得以繁衍成为庞大的单一姓氏村庄，一个让他们祖祖辈辈都引以为豪的村庄。

一、族谱的维系

——族谱，是一个宗族的根系所在，它用文字记载着宗族血脉的起源、发展、繁衍、迁徙，记载着历史上宗族之人曾经的存在，这是我们中国人特有的文化现象，任何姓氏都有族谱，谷村李氏更不例外。

族谱，或叫宗谱，也叫家谱。但细细区分，二者仍有不同。随着人丁的不断增加，派系的分支不断增多，尤其是外迁人口和支系的增加后，一些家庭自行修谱，以区别于更大家族的大谱，这种小家庭修订的谱，一般就叫作家谱，而大家族修订的谱，就被称作族谱。但不论大谱小谱，都载有古代先贤所作序言、自古以来的血脉源流、著名先贤的历史功绩，以及宗族管理与血脉维系的相关制度。它是使人们知晓宗系、血脉起源的依据，可使家族分支、后衍不散落，不失传。

血脉源流图，是族谱的核心内容，记录着宗族血脉的延续与传承，宗族势力的壮大与拓展，宗族发展的期待与愿望。不论居住于本村的子孙后代，还是外迁远徙的同宗后裔，都能从这个源流图中找到他们的源头与根基。

《谷村仰承集·分徙远近各地考》说："昔忠肃公族谱序云：枝不藉干，干宁借枝以自大乎？兹惟有确凿可据者，虽寥落数户，亦不忍遗之，否则，即富豪冠乡曲，亦不能增入也。从前，先祖所修之谷村记，于某派某房某公之下，注明某公分居某处，似犹难于查阅。今则先列各县各村，系某公所居，庶可一见了然。抑或有本系嫡脉，而道远未能通知者，姑候补入。若明知已在修理，而知观望不前者，是恐措费也。自后再不宜向人说共谷村，说来恐被旁人齿笑矣。"

这段文字鲜明地说明了几个问题：一者族谱是宗族血脉维系的依据，是否一公子孙，完全是依靠族谱的记载。二者族谱是寻根问祖的重要依据。同宗血脉，原籍地为主干，其他外迁地均为分枝，作为分枝的外迁子孙要主动与作为主干的原籍地加强联系沟通，主干不会借助枝叶来自大。三者族谱是宗族灵魂寄居的港湾。族谱修订时，凡外迁宗亲血脉，必须参修。如果因为未能通知到而未参修的，以后可以补入，而明知道在修订族谱却故意不参与的，从此就被开除"族籍"。

这是老祖宗的规矩，同宗子孙，不论迁徙出去有多远，分别时间有多久，平时联系有多疏，一遇宗谱修订，就必须参与，共同载入这一宗族典籍或史册。否则，就会失去与原籍地的联系，血脉就会中断。脱离了宗族血脉的人，就像失去了家园故土的人一样，是真正的游子，漂泊于人世之间，找不到根系，找不到归属，找不到自己精神皈依的港湾。

这就是宗法的力量，制约作用至高无上。它就是权杖，虽然没有打在任何人的躯体上，却打在所有族人与宗亲的心灵上。

《谷村李氏族谱》始修于北宋庆历三年（1043年），距离李唐谷村开基时间116年。据有关资料介绍，后来重修了15次，重修时间分别是南宋绍兴、宝祐、咸淳、德祐年间，元朝泰定、天历、元统、至正年间，明朝洪武、永乐、正统、崇祯年间，清朝康熙、乾隆、道光、宣统年间，平均每54年重修一次，符合"三世修谱"的传统要求。

乾隆戊戌年（1778年）版《谷村李氏族谱》是谷村全族的通谱，共印54本，字号编为"天地玄黄宇宙洪荒日月盈昃辰宿列张寒来暑往秋收冬藏闰余成岁律吕调阳云腾致雨露结为霜金生丽水玉出昆冈剑号巨阙珠称夜光"，取自《千字文》，分别由不同的李氏村庄保存。这是谷村最后一次统修族谱，至今已有二百三十多年。期间虽然没修通谱，但各房、各支或各堂有的重修了支谱或堂谱，延续了"三世修谱"的传统。

如《谷村元潭四房三德堂支谱》，始修于民国十年（1922年），重修于2002年。该谱以乾隆戊戌年版《谷村李氏族谱》为依据，接续了血脉源流。倡修者之一李修竹撰序，明确指出了其支谱重修的目的意义，在于"明矣谱牒之修，所以联之而昭信守"，在于"保护文物，缅怀先祖"，在于"承前启后，继往开来"，在于使"吾堂裔孙能知道血缘来源"。

谷村李氏还加强了宗族文献的编辑、保存，是族谱的重要补充。

对于《谷村仰承集》这部文献编订的目的和作用，清朝乾隆乙亥年的倡订者李先蕃说："若乃吊遗绪之茫茫，徒旁搜而远揽，悲散轶之莫集，惧参考之无稽，虽不敢当笔削之任，而一见一闻，姑且存记，以俟将来。得之则后贤有所据依，失之则往迹渐至湮没……往行奇踪异迹之不可枚举，若徒恃家谱，则但记生殁而不载事实，但纪坟墓而不载庐舍，是家谱有不能悉事；若徒恃县志，则事迹或舛讹而不详名号，或缺略而不登，是县（志）有不能尽事。则综其本末，列其纲目，亦安可无记以存之？"

族谱中限于体例、成规不便记载的，县志限于篇幅、粗略不会记载的，都可以记载到宗族文献中来，这样就有助于子孙后代在文献当中找到以往的依据，知道自己的血脉、根系的源头起始。

宣统元年重修序也强调："窃尝考之礼，子孙于祖父，有善而弗知为不明，知而弗传为不仁。又闻语有云：莫为之前，虽美弗彰；莫为之后，虽盛弗传。今是集之编，虽未敢谓祖宗之盛尽传于兹，然存此数册，用使千百年来，忠孝节义、事业交易，得昭布于风。微人往之，余以俟后人之踵而加增者，取为依据，用资藉手，则不明不仁之耻，亦庶几其稍释乎？"

宗族文献不仅保存祖先的事迹资料，而且表达着对祖先的敬畏尊崇之心，具有教化族风民风的功效，恐怕族谱都难以达到。

二、家规的约束

—— 家规，是宗族的法律或法规，是宗族管理的重要法理依据，宗法权力的体现，得益于家规的神圣，在不同的姓氏当中，它会以不同的名义出现，有的直接叫作家规，有的叫作敦子孙条约，有的叫作家训，谷村李氏叫作家规、家约。

家规，也叫族规，还可叫宗规，也被称为家法、家训，是家族、宗族必须遵从的规章，是同村、同宗族人必须共同遵守的日常行为准则和伦理道德准则，是不可逾越或打破的界限，如著名的《颜氏家训》、《朱子家训》、《曾国藩家训》等。

族规的作用主要有三：第一是强制性的尊祖，祖宗至高无上；第二是维护等级制度，严格区分嫡庶、房分、辈分、年龄、地位的不同，唯长唯大唯贵唯富是尊；第三是强制性实行儒家伦理道德，必须尊礼奉孝，落实"三纲五常"。这也是家规的特点，推崇忠孝节义，教导礼义廉耻。

由于家规融入了儒家伦理道德的要求，甚至强制要求族人遵从"三纲五常"，因而在宗族社会里，家法族规成了国法的重要补充，尤其在漫长的封建社会里，家法族规甚至发挥了比国法大得多的社会管理作用。家规与国法相互犄角、互为补充，共同维护宗族社会的伦理道德和公共秩序。

《谷村仰承集》赫然记载着《家规》、《忠肃公家约》。两份家规，前者在清朝乾隆时期制订；后者在明朝末期，由李邦华某次罢官居家时制订。二者相距有一百三十多年。

《家规》共有11条，内容涉及祠祭、祭礼、借利、义仓、寿庆、丧葬、童考、待客、课税、店肆、衅讼等，规定了祠祭仪式、祭拜程序、祭费筹措、祭田收益、义仓收支、寿庆规矩、丧葬礼仪、童考方式、待客行为、课税交验、经商行为、衅讼办理等，有些规定很细，非常利于执行。

祠祭，是谷村李氏最为重要也最为重视的礼仪，因而规定也显得极为详尽。一是明确了祠祭的日期，分春冬两祭，春祭在正月初二、初五，冬祭在冬至、冬至之第三日，老大祠即开基祖祠在前，新大祠即始祖祠在后。二是规定了祭礼的办理，"每年公举绅士四人经管办理"。三是明确了祭费的筹措，"始祖祠之祭费，出于祠内公项"，"基祖祠冬祭原有会胙"，各房派按规定出肉出酒，不出肉酒者以钱作抵；鹅价、羊价、塘价可以作抵众谷，用以放借，"每年收利办祭"，原归六大房派轮流收利的，后"归总祠仰承堂收"，"故每年承祭者在众支"。四是明确了参与祠祭者的待遇，"值祭者预发传帖"，不同房派帖有多寡，"行高齿高之绅士收帖，其余则进士、举人、恩拔副岁优贡各用专帖，捐纳绅士惟已出仕者有帖"。五是明确了祠祭的程序和注意事项，"临祭之先晚，通村鸣锣三阵，诸绅士、主祭、分献赴祠，用习仪饭，点烛上席"，"看过命祝告文等项，错写即令更改。次早不得说话。五鼓以后，又鸣锣三阵，主祭、分献、房长及各房绅士齐集来祠，向上三揖，左右向先到者交拜一揖。各立两廊，低言细语，毋许喧哗，并不许上堂。俟绅士齐后，首士方请上堂，点礼生十六人，着公服，照科分，尽新不尽旧。其余以次序两廊，跪拜。黎明行礼，祭毕各归本家"。六是明确了祠祭酒席安排及礼仪，"至午后，仍鸣锣三阵，催集破胙酒二十席。中排四席，主祭、分献、房长序坐；两廊十六席，绅士分宾主排行论齿，五人一席或四人一席。饮毕，照本桌分胙，出门一揖而别。始祖祠则无习仪饭，无宾主"。这么详尽地规定祠祭礼仪，正体现了家规的首要内容，即强制性尊祖。

其余八项条款，对所约事项都有明确的硬性规定，族人只须遵照执行。这些条款，明显地突出了族中掌权者的权力与威严，凸显出他们在族中的身份和地位，而对于绝大多数族人而言，只有服从与遵守的分儿。条款中除"义仓"一条主要用于公益之外，其他都在凸显族中掌权者的身份、地位与权威。这恰恰就是国法与家法并行于乡间的结果，家法发挥了替国法管理社会的作用。

对于"绅士"、"首事"、"首士"，是指谷村的掌权者，是族长、房长或进士、举人、贡士等人。旧时被称为"绅士"的人，都是有身份、有地位、有财富的人，有时也被称为"士绅"；"首事"，指为首主持事务、出头主管事务的人或头面人物；"首士"，指为首的绅士，出头管事的绅士，绅士当中的头面人物。他们身份高、地位尊、经济富，因而能够主宰全族之事，支配全族之人。

《家规》的条文看起来似在约束他们的权力，实际上更突出他们的权力。如寿庆礼仪，"己身顶戴，或子孙顶戴者，方准纳族贺。有力之家"可以大操大办，而身份卑微、地位低下、经济窘迫的族人则"杯酒不设亦可"。如丧葬礼仪，"绅士及绅士父母、祖父母物故者，准纳祭奠祭文，请众做祭仪，或自办"，仪式隆重。如书院童生考试，"先期，首事出具传单，扁贴各门"以告知族人，"黎明赴祠堂，当堂命题"，并"请族中科分高者一人阅定等次"。如待客行为，"我族绅士，及与考诸生，朋友往来，衣冠相见，虽盛暑亦着长衫，不戴草帽，不肩挑，不背负"，"绅士进祠，必衣冠整肃，马褂不许入祠，便帽不许入祠"。许多用词非常严厉，限制性十分强烈。

而衅讼办理一项，更加鲜明地区别了"绅士"与"白丁"，拉开了他们之间身份与地位的差距，也拉开了他们之间统治与被统治的差距。《家规》明确，请求解决纠纷、提起诉讼的族人，须"于先一日整肃衣冠，带领祠丁上各绅士门，跪诉情由。次日，绅士各肃衣冠，齐集祠内。申诉人跪堂下，进茶一杯。然后开寝堂门，发香烛，仍跪堂下，手捧呈词，一纸钱一千文，为果茶之敬"。老百姓打个这么小的官司，不仅要跪，还要一跪再跪三跪，要敬钱，美其名曰"果茶之敬"，一张讼纸就要一千文钱。阅读着这些文字，不仅看到了一份家规的严词峻法，也看到了一出人间的悲酸戏剧。这条家规写得生动形象，充满了戏剧情节的起伏跌宕，"祠丁接呈辞，上众共阅看，不遽断，喝令暂回。吩咐祠丁，告知某人要于三五日即来复状"。"被告人亦照原告样"，"上门跪请"，"进茶发烛呈辞茶果礼均照原告样"。这也是一种礼仪，姑且将它称为"官司礼"，直到官司结束。"两造已齐，绅士等从公判断，重则板责，轻则喝令跪谢。另，合约二纸，各执存据，约尾书'如有不遵者，任从鸣诸官长，合族共证'，尾后另书在祠绅士各名，画押而散。"至此，一场民间官司才告结束，一出人间悲酸戏剧才告落幕。原被告双方所献的官司钱："所收茶敬钱二千文，照数均分，再不多索酒食。"

至此，家规在那个时代的权威性和不可替代性昭然若揭，不仅村庄、宗族需要它，而且朝廷、官府也需要它。

《忠肃公家约》由李邦华主持制订，是在其旧家约的基础上经过增减删改之后，与族人共同订立的，分为序言和条款两部分。序言部分强调了家约制订的缘起、原因、理由、要求、目的、期望、意义和作用；条款部分有十项和一个附则，涉及课税、防盗、择业、端风、兴市、保牛、护鱼、禁殴、护渡和履约等内容。

家约措辞相当严正，鲜明地突出了"族"与"官"的地位。立约的族长及其他长者握有村庄和宗族管理的大权，而官府则是族长背后的靠山，是族长实施家族管理的有力支持者，族长是官府权力在基层的延伸。"官"、"族"一体，共同构成了封建社会村庄与宗族管理的强大体系，恰如铜墙铁壁一般的牢固。

家约在订立理由上，指出了族人的种种不良现象，以及由此造成的不良后果，明确了订约的规范与要求、执约的标准与准则、履约的意义与作用。在措辞上，"严谕"、"严行禁谕"、"严禁"、"不许"、"不得"、"罚以惩之"、"详核根因"、"登簿"、"报官以便拿究"、"报官究治"、"送官究治"、"送官严究"、"报官缉拿"、"送官重究"等语，显得冰冷生硬，没有丝毫退让与回旋余地。在条款上，要求族人遵循礼教，禁止乡外流民在村里停留，禁止族人从事贩牛卖马、唱戏打拳等不正之业，禁止族人斗殴滋事、扰乱市场、酗酒作乱等不良现象，禁止私宰耕牛、侵犯鱼塘偷抢滥捕、霸渡敛财等不法行为。在履约规定上，明确了履约的时限和日期、履约的程序与手续、履约的责任和义务、违背履约责任的告诫和处罚。在方法上，各项条款都很直接明了，非常便于操作执行。

从这份家约可以看出李邦华的用心良苦。他清楚地看到了族人的不良习气，"卑逾尊，少犯长，上不畏官法，下不顾名义。借羊羹而起衅，恣鲸吸以嚼物。甚则绿林豪客，结为肠心，而横行于闾闬，白眼赤棍，假托衣冠，而哄吓乎乡愚，使被害者敢怒而不敢言"。原本已经订有家约，但由于这些不良现象的存在甚至横行，导致旧家约无法遵守执行，"扦网罹宪之徒，接踵递见"，因此不得不重新订立一份家约。在李邦华的内心里，非常希望族人和后裔，能够始终在正道上行走，抛弃所有的恶风陋习、痞气习行，让所有的言行举止都符合儒家的伦理道德和社会规范。重新订立新家约时，他依然忧心忡忡，担心新家约也难以得到遵守执行，因此谆谆告诫参与订约者和全体族人，"顾有一言不得不白之约内者：天下事成于公而败于私。藉令人心不同，有如其面。每逢一事，甲见可而乙见否，众见可而独见否；本乎己，有所曲获则可，而人顾否，出于德，有所独归则可，而怨顾否。此虽不过一时一念之偏颇，然而掣当局之肘，灰任事之心，约之废格，恒必由之。吾辈有一，于是乎，但虑之，不能不豫。尚相与剖藩篱而撤柴棚，廓然无我，则主约者不私，行约者自不得私。约内之人不以约济私，约外之人不以私尝约。"他认为，只要全村族人，能以公心替代私心，能用道德的力量去维护家族的威望，恪守这份家约，就能够成为诚实守信的人，品德高尚的人。这样的话，"约下如流水之源，其维持风声、裨益世道，岂顾问哉？愿我同事，永肩一心，言归于好。"何等的拳拳之心、切切之意啊！

谷村家规的传承性很强，如今仍然保留着家约的执行力，虽然执行不一定到位，或者不一定执行得了，但族约族规还在，在一些重大问题和事情上，提起族规族约，村民们还得认真遵守、执行或者服从。

他们习惯于把族规族约称作"约里"，指宗族中成立了族规执行组织，负责人叫作约长，直到今天依然保留，全村共有六个约长。约长的权力独立于行政村之外，不受行政权力干涉，却又依附于行政权力；依照宗族规矩行使职权，对村庄资产进行管理；按照族规族约，对违约者进行处罚，罚款依照权属，分别纳入祖祠、房祠、堂祠、支祠集体所有。这是一种十分奇特的体制，不可思议却又实实在在，不合法规却又与法并存。

有一点可以肯定，如今谷村族规族约的执行，对内较少，对外较多。镇里干部提及一位约长就头大，"说到罚约，他就起得劲"。这位约长是县直某单位一负责人的叔叔，六十多岁，周边小姓小村的牲畜不慎损坏了谷村李氏的庄稼、菜园或其他什么财产、设施，他就上门去找人家罚约。小姓小村慑于谷村偌大的村庄，只有认罚。近年来，经过教育引导，这位约长的这类行为有所收敛。

但族规执约行为的存在，表明宗族权力依然在影响谷村民众的生活，村民服从族约的宗法要求依然盛行于谷村李氏。

三、宗祠的归属

——宗祠，是家族集体精神的居所、共同灵魂的家园，它用空间来承载时间，是行使家族权力的场所，当人们面对历代祖先牌位的时候，精神的皈依、灵魂的寄托便豁然体现。

宗祠，习惯上称作祠堂，是供奉祖先神主、进行祭祀活动的场所，是宗族的象征，是祖先崇拜的产物，是人们在阳间为亡灵建立的住所。

用现代的眼光去看在祠堂里进行的活动，有生产劳动等物质性活动，有祭祀供奉等精神性活动。

劳动，生产队时期，许多室内的生产劳动在祠堂里进行，诸如纽麻绳、编箩筐、补晒簟、打蒲团、修犁耙等；开会，"文革"时期的批斗会、生产队时的工作会（夏天也会移到祠堂门前的晒场上）、大包干以后的协调会等。

赴宴，添丁宴（正月初一，往年有男孩出生的人家，办好酒席，送到祠堂里供全村男丁享用，称作添丁酒）、结婚宴（祠堂周边人家堂屋摆不下的酒席，安放到祠堂里摆放）、莳田酒（生产队时期，每年春插结束，全村集中置办酒席庆贺）、洗桶酒（生产队时期，夏秋时节的"双抢"结束后，全村大摆宴席，既庆贺丰收，也庆贺栽种。那时是用木制禾桶收割稻子，稻子收割好了，禾桶也得洗净收好了，谓之"洗桶"）等。

迎亲送嫁。迎新队伍吹吹打打从祠堂，前往女家迎娶新娘；迎回村后，先进祠堂再迎回自家厅堂；拜堂时再到祠堂里叩拜。送新娘出嫁时，也是新娘的弟弟挑着"油担"，到祠堂里叩谢后，把姐姐送到姐夫家去。

送别亡灵，村中亡故者都在祠堂里停灵、办丧、出殡、享位（供奉牌位）。

祭祖敬神，每逢重大节日，诸如除夕、元宵、清明、端午、中元（亦称鬼节）、中秋等，或重大活动如游梁、舞龙等，都要备好鸡、肉、鱼、豆腐、米饭或包子、水果等供品，到祠堂里装上香烛、燃放鞭炮以祭祀祖先，叩拜祈福。

这些都是传统农耕文明留下来的现代记忆。在这些记忆当中，可以看出祠堂的作用与功能，主要就是敬奉祖先神灵，凝聚族众。

在宗子制度时代，祠堂是族权与神权交织的中心，也是族权、神权与王权交织的中心。祠堂中的主祭——宗子或者族长，就相当于天子；管理全族事务的宗长或者房长，就相当于丞相；宗正、宗直或者族长、房长的助手，相当于礼部尚书与刑部尚书，这种权力结构集中体现了宗法制社会"家国一体"的特征。

谷村《家规》所约定的宗祠祭祀礼仪，就是最好的证明。不仅祖先祭祀在宗祠里举行，其他如婚丧嫁娶、寿庆待客、童考议事、诉讼调解等，都在祠堂甚至总祠内进行；就连赋税课纳、放借收利等，也都以总祠或房祠的名义征缴或收取。《忠肃公家约》更是规定将各种违反家约的不良行为，在祠堂里"登簿报官究治"，集中凸显了王权与族权的统一。

作为一个有着上万人口的单一姓氏村庄，谷村拥有的祠堂之多，恐怕在全国都是绝无仅有的。其三派16房，不仅有基祖祠仰承堂、始祖祠忠武堂两个总祠，还有派祠、房祠几十处，各派各房各支不仅有派祖祠、房祖祠，还有纪念性、表彰性的专享祠堂若干。截至清朝宣统年间，谷村全村共有各类祠堂50

座。近年来，谷村掀起了一个修缮祠堂的风潮，不仅修缮原有的祠堂，而且修建新的祠堂，吉水县人民政府原县长助理李庭瑞所在堂派，全体族人集资兴建了一座崭新的祠堂"馨德堂"。

这么多祠堂，分布在谷村方圆五公里的村庄内，高低错落地散立在民居之中，成为民居的中心，民居成了祠堂的拱卫，也成了祠堂的辐射和延伸。民居围绕着祠堂，凸显着祠堂的权势，代表着祠堂、族长的号令。正如其《家规》里所明确的：祠堂里一鸣锣，村民、族人就得齐集于祠堂，听候族长的吩咐与布置。

2013年4月中旬，在盘谷全镇农村违法占用土地的清理活动中，谷村几个村的干部们聚集于太园村委会办公大楼，统一行动。活动由村干部组织，但号令的名义却是"大祠下"。"大祠下"，指的是谷村祖祠仰承堂。社会体制发展到今天，谷村依然凭借祖祠的名义，号令村民纠正自己违法占用土地的行为，主动接受政府处理。虽然不是在祖祠里进行，也没有族长的威权，但祖祠的影响力依然发挥作用，村民依然臣服于祖祠的威信，祖祠依然是干部号召村民的有效工具和手段。

可见，祠堂在人们心目的地位依然至高无上、至尊至崇，它那无形的威严与权势，依然是村民臣服的思想根源。

四、族长的威权

> ——族长，是家族的统领，族权的象征；家规赋予他权力的世俗性，祭祖赋予他权力的神圣性，当王权延伸到他的身上，他的权力便又拥有了强制性，于是他便成为家族中独一无二的王者。

族长，一个颇具传统意味的名词，一个很口头却很正统的称呼，也是一个职务，是一个以宗族和族人为管理对象的职务。

在现代社会，宗族观念虽然淡了许多，但意识依然残存于人们的脑际，这是一种与生俱来、潜移默化的意识留存，是传统文化挥之不去的无声传承。因此，民间依然有着对族长的尊崇，虽然尊崇的礼仪已经消退，但尊崇的意义与价值没有多大改变。在某些方面，族长对于宗族内部的事务，依然有着一言九鼎的权威。

2013 年 2 月 22 日，《吉安晚报》刊登的一则与谷村李氏有关的报道，颇能证明这一点，虽然是一个反面教材式的报道，却颇能说明问题。报道标题是《聚众阻扰工程施工　七个男子分别获刑》：国家重点建设项目峡江水利枢纽工程的配套工程建设，按照规划设计，该配套工程需要占用谷村老屋村"麻坑"山的土地，政府配合该工程建设方经与该村协商，征用了该处土地，且已将征地补偿款补偿到了老屋村。但该村李甲、李乙、李丙、李丁、李戊、李己、李庚七人于 2011 年初得知情况后，对将补偿款补偿到村的方式与渠道存在异议，要政府部门将补偿款直接补偿到他们家族的恭默堂。报道介绍："2012 年 10 月 3 日，李甲举办八十寿宴，邀请本堂六十岁以上部分李姓村民参加，在寿宴上，李甲、李乙与前来贺寿的村民商议，通过现场阻扰施工方式向政府施压，要求将部分补偿款直接用于'恭默堂'维修。为此，2012 年 10 月 8 日至 12 日，七人策划组织数十人李姓村民到'麻坑'山工地，采取村民站在施工现场路上，将摩托车、树枝横放在施工道上等方式阻挠施工，政府工作人员多次规劝无效，致使中国水利水电五局五队、六队、八队的工程车、铲车、挖机等机械设备无法施工，造成直接经济损失三十五万余元，严重影响了该国家重点水利工程进度。"事情的最后结果是，李甲等七人严重触犯了国家法律，分别被判处有期徒刑缓刑和有期徒刑。

这一案件告诉人们，现代社会中，人们潜意识里的宗族观念依然存在，族长的威信与权威依然有效。该报道中的李甲虽然不是族长，但他以八十高龄，在村民当中享有威望，成为村民心目中无须任命的族长。他的威信能够影响村民，村民也乐意听取他的号令或召唤，故而在他的策划组织下，为了本房恭默堂的利益而实施了对国家重点建设工程的阻工行为。

由此可以推想，在长达几千年的宗族社会里，族长们拥有的权力相当大，影响也相当广。谷村《家规》就很清楚：当族人要求调解诉讼纠纷时，族长对原被告双方的"喝令"，便是对族长权力最好的诠释。

族长怎么会有那样大的权力呢？首先，在宗族当中，族长通常是由族中辈分大、身份高、地位尊、名望重的人担任，无形中就在族众当中享有权威。其次，族长往往会一面借助族规、家法对族人的约束力来行使族权，一面借托祖先的名义来行使族权，使族权与神权达到统一。再次，族长背后有官府的支持，王权与官府借助家族这样的社会单元，来治理国家，从而使族长权力的背后有着官府权力的影子。第四，儒学名家对族权的推崇，朱熹就是最为突出的例证，他在王权治理国家的理论当中融入了儒家的伦理要求，也在族权治理家族的理论当中融入了儒家的伦理要求，特别是他对祖先崇拜与祭祀的强调，将主持祖先祭祀者的权力与地位推崇到了家族管理的极致，从而使族权之上闪耀着神权的光芒。当王权、神权都集中到族权之上，族长自然就拥有如此之大的权力、如此之高的权威了！

历史上，族长制有过长期的发展、演变过程。族长作为一个职务，首先出现在周朝。后来随着社会的发展进步，宗族也在不断发展繁衍，族长在宗族内的权威不断增加并得到强化，成为这个职务所固有的权威。

族长最初的权力，大概只限于打理宗族内部的一般性事务，诸如防火防盗、劝和解纷、管理水源、支配族财等。后来，随着官府治国理政的需要，原本属于官府承担的一些职责下放给了族长，诸如赋税收缴、徭役差遣、缉盗捕贼、一般性诉讼调解等，使族长正式成为官府权力在基层的延伸，逐渐加大了族长权力的公权性。再后来，随着儒家思想成为帝王治国的统治思想，官府又将教化乡民、惩戒刁顽的职责转移给了族长，就又增加了族长权力的思想引导性、道德劝诚性和法纪惩处性。再后来，随着家庙演变成宗祠，家祭演变成族祭，族长拥有了主持祖先祭祀的权力，从而使族权与神权直通，增强了族长权力的神圣性。至此，族长的权力达到了巅峰，在宗族之内至高无上、不可撼动。

谷村《家规》关于祠祭的条款，十分明确地突出了"主祭"的地位："先晚鸣锣三通，诸绅士、主祭、分献赴祠，用习仪饭"，"五鼓以后，又鸣锣三通，主祭、分献、房长及各房绅士齐集来祠，向上三揖"，"午后仍鸣锣三通……中排四席，主祭、分献、房长序坐"。进入祭祀仪式之时，"主祭"的地位就列在最前，由他来主持整个祭祀活动；祭祀结束后，破胙宴席位的排位又是"主祭"列在最前。这个"主祭"就是族长，即使不是族长本人，那也代表了族长的权力。在长幼有序、尊卑有别的封建时代，不是族长，谁敢坐在首席？这就是规矩，就是法度，它所凸显的就是主祭或族长的权威与地位，族长权力神圣不可侵犯。

作为封建社会残留的一种制度，经过现代历史上的历次革命，族长制已经被废除了。五四运动时期，陈独秀喊出"打倒孔家店"、批判儒家学说，族长制在中国社会的根基就开始动摇，后来经过土地革命、土地改革、"破四旧、立四新"和文化大革命的历次冲击，族长制便没有了生存的土壤，只留下一个族长的概念残存在人们怀旧的思想和惯性的意识里，成为一个曾经存在的符号。

族长制的没落，从清朝就开始了，"绅士"这个群体的出现就是标志。谷村《家规》中找不到"族长"一词，只有"首事"、"首士"、"主祭"等称谓，这就表明：《家规》修订时，谷村已由族长管理制转化为绅士管理制。

绅士，又称乡绅，原指地方上有势力的地主或退职官僚。他们聚集在族长周围，协助族长共同执掌宗族的权力。清朝后期，一些身份偏低、但经济实力较强的人，主要是那些既无土地（不是地主），又没当官（不是官僚），但却通过经商等方式发达起来的人，向朝廷或官府缴钱，捐得绅士身份（叫作捐纳绅士），从而挤入宗族势力集团，参与宗族管理和决策，硬是从地主官僚手中分走一部分权力。村庄当中，出现一个两个捐纳绅士，倒无大碍，但当这个群体不断增大时，原有的族长集权制，就变成绅士共和制或绅士民主制了。族长制没落至此，又经历了 20 世纪前半期各种革命的冲击，便彻底退出了权力的历史舞台。

族长制虽然不复存在，但在一些具体事务上，仍然通过族长制来落实。比如修订宗谱，人们基于落后的宿命论意识，忌讳自己冲撞那莫名其妙的"煞气"。所谓"煞气"，是命运论中人们忌讳且回避的凶神恶煞。民间谚语说"有福者当之，无福者失之"，即指：如果辈分偏低、年龄偏小的人主动担当起修订宗谱之类的大事，会因为自己福力轻而冲撞煞气，造成命薄的结局。谷村李氏三德堂支谱的修订，就是由堂中辈分高、年龄大的长者倡头实施。再如起龙灯、修祠堂、建牌坊、祭祖宗等需要全族人共同参与、带有神圣色彩的重大活动，必须由族长制来落实。1980 年春节，谷村小祠下起鳌鱼灯即是如此。这样一来，现实中就形成了一种隐形族长制，在这个隐形的制度里，非命名、选举、继承而产生的族长，往往都年纪偏高，非耋即耄，健康、体力等因素使他不可能担当具体事务，只能担当精神责任，真正任事的是年轻人。于是，老祖宗留下来的规矩里有安排：长辈牵头，晚辈出力。潜意识即是：长辈出头挡煞气，晚辈出力干事情。谷村 2006 年翻印乾隆版族谱时，倡头的便是李树国等长者，而具体做事的便是李泉水等村干部。

五、族民的咸服

　　——族民是家族的大多数，却是家族的弱势群体，在家
　　规族约的禁锢下，他们长期受到族长和以族长为首的家

庭统治集团的统治，无力反抗也不懂反抗，于是他们只有服从。

任何一个宗族，90% 以上族人是被管理者或被统治者。在漫长的宗法制社会里，90% 以上的族人，受 10% 以下的族人管理或统治。以族长为首的宗族统治者，统治工具除了王权的庇护之外，就是家规、家法；而 90% 以上的族人接受统治，除了王权的桎梏之外，就是家规、家法的约束。这家规、家法，一般出自以族长为首的宗族统治者之手，他们是掌握宗族话语权的人。因此，家规家法的条款怎么确定，普通族人是没有发言权的。

谷村《家规》未写明立规者及倡立者名字，《忠肃公家约》写明了："吉水县同水乡六十一都下区，李东泰众名，为申饬家约事，照得本家。"没有普通族人的影子，只有宗族管理者。在家约的修订过程中，普通族人恐怕难以对重修家约发表意见和看法。

因为普通族人对家规、家法的订立缺少知情权和发言权，以族长为首的宗族管理者可以依照自己的意愿确定家规的条款，确定族人执行的行为规范。《忠肃公家约》规定："贩牛卖马、唱戏打拳，原非正经生理，一入此套，渐与盗交，此必然之势也，岂惟失身？且累地方。世间多少活法，何为偏寻死路？各约长严行禁谕，子弟僮仆，有一于此，报约罚惩，责令徙业。如仍不改，登簿送官究治。"

这一条款，显然是普通族人没有发言权和知情权的结果。贩牛卖马、唱戏打拳怎么就不是正经生理、正经职业呢？在今天，贩牛卖马，属于商业贸易，唱戏打拳，属于文化产业，只要合理合法、遵规守法，就属于正当生意、正经职业。普通族人为着自己及一家人的生计，从事这些行业，好歹也能解决吃喝问题。而在此项条款中，竟被宗族统治者一句话禁止，打入"渐与盗交"、"偏寻死路"的行列。孰不知，即使读书为官者，也有许多违规犯法之徒，难道因为有违规犯法的读书人、为官者，读书、为官的道路就不是"与盗交"？就不是"死路"？

这一条款体现了立约者的清高与自大。"万般皆下品，唯有读书高"，于此得到了淋漓尽致的宣泄，赤裸裸的表现，看不起从事"低贱"行业的族人，骨子里透露出来的，是对贫民的一种歧视、蔑视甚至敌视。

至于其他九个条款，内容虽然多是为了禁止歪风陋习、整肃村风民俗、惩治刁顽奸猾，却充满着对族人的不信任，始终用怀疑的眼光看待族众，似乎族众之中时刻都隐藏着刻意作奸犯科的人。尤其对外来流动人口的怀疑更重，第三条说："每年秋后，即有唱船打卦、舞猴弄蛇、铺毡卖药、抄化僧尼，百般流民，混扰地方，甚为可虑。"甚至在此一条款开初就断定，"盗贼窃劫，必先鬻货弄术为由，熟徇门路。"似乎外来流动人口都是罪犯。说到底，这还是对普通民众缺乏信任、充满怀疑乃至敌意的结果。既然对普通族人怀疑如此之重，因此在约定的处罚条款上，同样很重，动辄"登簿报官严究"，似乎不加严厉处置，族中百姓就不能安居乐业，就不会正道直行。

谷村《家规》同样对普通族民实行严规重禁。其第八条有约："至绅士进祠，必衣冠整肃。马褂不许入祠，便帽不许入祠。"宗族之内，祠堂重地，祖先灵魂的寄居之所，族人进入祠堂，衣着干净整洁是必要的，以示对祖先的尊崇和敬畏。但禁止马褂和便帽入祠，对于有些权势和财物的绅士来说，要做到是容易的，但对于普通族人，特别是家境贫寒的人家，恐怕连马褂都置办不起，岂不是终生不得入祠？依今天的话来讲，不叫衣着歧视，也叫阶级歧视了。

《家规》第十一条更见这种歧视。由于"口角起衅"，"受祸人"向族中管理者（绅士）请求调解，要一而再再而三地"上各绅士门跪诉情由"，"跪堂下进茶"，"仍跪堂下手捧呈辞，一纸钱一千文"。而主持纠纷调解的绅士，对原被告动辄"喝令暂回"、"喝令跪谢"。这一"跪"一"喝"，宗族管理者与被管理者的地位高下、尊卑悬殊立见。

这样的家规，族人既无订立知情权，又无解释发言权，只有服从遵守权，否则要被宗族管理者"登簿报官重究"。在那个神秘力量主宰世界、同时也主宰人们思想的时代里，族人对族长和宗族管理者的权力只能怀有敬畏之心而咸服之。

六、髯芜的意义

——络腮胡、村支书，显赫的身世、坎坷的人生，可20
年的权力掌管，便成就了一个现代族长。

髯芜，是个称呼，是个外号。长着满脸络腮胡子、又很久
不刮的人，通常会落得这么一个外号。这里所提的髯芜，是谷
村一个人的外号，大名李泉水。

李泉水，长着一部浓密的络腮胡，刮过之后使脸色显得青黑，
这就是他外号得名的依据。镇党委、政府的工作人员都不称呼
他的名字，也不称呼他的职务，甚至也不称呼他"髯芜"，而是
以"老髯"称呼他。今年65岁的髯芜李泉水，看上去瘦削，却
显得精干，眼睛澄亮有神，一看便知是个精明的人。

他担任了20年党支部书记，在谷村乃至整个盘谷，赢得了
许多人的尊重与敬畏，也赢得了许多人的肯定与赞誉。

从其家族史看，李泉水出身于名门望族。据《谷村李氏元
潭四房三德堂支族》记载，李泉水系出李元鼎、李振裕血脉，
李元鼎、李振裕分别系其32世祖、33世祖，往下都是有功名
的祖先：李景迪，进士、监察御史；李日璋，国学通判；李铨，
国学生；李廷熙，邑庠生；李思信，过继李城烛，世袭云骑尉；
其祖父李嘉勋，38世，清末世袭云骑尉，大学生，民国辛酉
年（1921年）由大总统徐世昌授予"敬宗睦祖"匾额、紫绶奖

章。其祖父四兄弟，都有名望：二祖父李嘉林，清末被授登仕郎；三祖父李嘉德，民国时大学生；四祖父李嘉璜，清末邑庠生、优附生，民国时曾任吉水县财政局课员、同水区保卫团团总、亦园国民学校校长，被当时江西省戚省长（戚扬，山阴安昌才子）授予查禁烟苗银质奖章、江西省教育厅许厅长（许寿裳，绍兴人，民国教育家）授予一等二级褒奖。其父李霓虹，民国北京警官学校毕业，曾任阜田国立小学校长，吉水县民国政府想请他担任阜田警察所所长，他不干。

从髦芜李泉水的家世，可看出其家族在历史上的经济实力与社会地位，看出他个人威势的背景、富贵的身份与优裕的地位。然而，也是这份家世，使他的人生充满了坎坷沉浮，饱受了痛苦折磨：家庭成分为"地主"，一出生就成了"地主崽子"；童年上学，经常遭受欺侮、殴打。12岁弃学回家，一年后下田劳作，随着壮劳力们，走东奔西地参与各大工程的修建。22岁被抽调到吉水县螺滩电站（现已划归吉安市供电局）从事专业队劳动整整一年，经常赤裸上身跳入寒冷刺骨的江水中施工，多次荣立一等功，深受当时电站建设总指挥刘家照的喜爱与嘉许。尽管这么能干，表现突出，但因为家庭成分问题，婚姻问题难以解决，于是背井离乡，外出做零工、打短工。这样的人生经历，养成了他为人卑微低调却豪爽仗义的性格，结交了许多朋友、同道。党的十一届三中全会后，他家"摘了帽"，社会地位有所提升，生存环境有所改善，32岁时结了婚。

党和国家政策的改变，给李泉水的人生带来了转机，乡党委在1987年提议他担任老屋村委会副主任，1992年被提拔担任支部书记。他是放弃在外打工的丰厚收入回村任职的。当时，他经常领着四五百民工，为江西省送变电公司深入深山老林、险沟悬崖架设电线，每月收入都在一千元以上。因为村里工作需要，乡党委拍电报，把他从赣州兴国的作业现场请回村担任支部书记。

对于自己突然担任村党支部书记，髦芜很有顾虑，一来自己读书很少，字也不认识几个，二来毕竟过去头上有着"地主"成分，长期被别人看低看贬，如今要带领一个村的党员、群众，说话有作用吗？决定有人执行吗？他提出来担任二把手，即村主任，但乡党委不同意：谷村老屋村支部书记非他莫属！有乡党委的支持，他才卸下思想包袱，坚定了担任支部书记的信心，从而正式成了谷村李氏的领头人，甚至成了掌门人。

1992年到2012年，20年，髦芜成了谷村的标志性人物。

髦芜接手的老屋村，是谷村六个行政村中最乱的一个，前一届的乡党委、政府都感到头痛。髦芜接手后，首要的是在村上树立威信，打开局面。对他担任支部书记，村里的党员和群众很不服气，思想感情上转不过弯：一个过去经常受人欺负的"地主崽子"，现在竟然成了自己的顶头上司！于是，拖后腿的、讲怪话的、放乜手的、看热闹的、等笑话的、桌上喝酒桌下伸手的、煽阴风点鬼火的，都有。对此，髦芜心知肚明，于是他要寻找一个契机，一个令众人信服的契机。

不久，这个契机来了：当时的老屋村，由于人丁繁衍，年轻人结婚成家后与父母分家另过，很多家庭需要宅基地建新房子。但村里一些人口多、势力大的人家，却凭空占着宅基地，又不建房，一些急需建房的村民却没有宅基地。这造成了村庄管理的混乱，也造成了宗族内部矛盾重重。针对这一情况，髦芜大刀阔斧地进行了整治：先从自己所在的三德堂开始，以身作则，按需供地；然后召集党员会、长辈会，进行充分讨论，统一思想。针对既得利益者不肯放弃凭空占有宅基地的思想，他在会上说：

"我家过去是地主。你们都说这块地基是你的，那块地基是你的，大家都晓得，村上那些16个垛子的房屋，都是我家里的！现在不都是你们在里面住吗？现在一块空地，你都有权利霸？如今的政策你们都不懂得？土改土改，改什么东西？专门改地主家里？你们如今凭空占有的空地，就不可以改你的？"

众人无话可说，拖了好几年的乱占宅基地的问题迅速解决，一气审批了几百栋宅基地。村民拥护了，党员、干部服气了，他的威信树起来了。时任盘谷乡党委书记的焦贱阳十分感叹地说："髦芜确实是个人才！"时任盘谷镇乡长的周喜生说："髦芜这个人有点本事。"

突破口打开了，工作局面一下子就生动起来了，往后的工作顺畅得很。用髦芜自己的话说："这下我就知道了，这个支部书记好当。批了几百栋房屋的地基，村上有钱了，几十万，怎么不好当呢？"于是，他用这些钱做村庄的公益事业，大搞农田基本建设，整理田块、清理水圳、购置抽水机等灌溉设备，规范村规民约。于是，威信进一步加强、提高，丑小鸭变成了白天鹅，灰姑娘成了白雪公主。髦芜完成了一次童话般的华丽转身：这个昔日的"地主崽子"，竟然成了村庄的领袖、宗族的"王者"。

此后，他还有几件"得意之作"。一是兴建老屋村委会大楼。建设于 2009 年，建筑面积约 400 平方米，共三层。按照当时造价，一般都要三十万元以上，最后花费二十四万元左右，加上购置家具、办公用品等，才花费三十万元左右。二是翻印《谷村李氏族谱》。利用大祠下一座荒山，审批了六家砖厂，每家砖厂每年上缴管理费七八千或上万元，解决了翻印族谱所需的费用，翻印结束后，还有十多万元资金的节余，顺便把大祠下的经济也搞活了。三是造林。在"消灭荒山，积极造林"的政策引导下，带领谷村群众将所有荒山与适宜林地都造了林，为子孙后代留下了一笔不可估量的财富。

这些"得意之作"进一步提高并巩固了髦芜在谷村的威信与地位。作为老屋村的支部书记，不仅领导着老屋村的党员干部和群众，也领导着谷村全体党员和群众，成了谷村六个村党支部、村委会的总牵头人。当时，几个村的支部书记、主任和党员们开会，共同推举他为整个谷村的"总"支部书记。髦芜，成了整个谷村的首领！谷村的现代族长！

2012 年，髦芜从支部书记的岗位上退下来，县人事劳动部门给他颁发了《光荣退休证书》。如今的髦芜在家颐养天年，没事打打牌，喝喝茶，四处走动走动，散散心，访访友，日子过得自有其乐。

髦芜退下来之后，上万人口的谷村，目前让人感觉竟是一盘散沙。镇党委、政府需要一个能够"镇得住"的人，来带领这个村庄、这个宗族，正确地走在健康发展、顺利前进的道路上，然而、现有的支部书记、村主任，竟然无人能够担当起这个角色。

对于髦芜，村民存在两种评价：有人说他过得硬，有人说他"吃冤枉"。所谓"吃冤枉"，是对干部不廉洁的一种方言性说法，意思是比较贪。镇政府一位领导说：那些过去说髦芜"吃冤枉"的人，现在又说，髦芜虽然"吃冤枉"，但人家做了那么多事。这话其实代表了一种矛盾的观点：心里认定髦芜"吃冤枉"，但没有证据，凭空乱叫而已；可这个被自己认定为"吃冤枉"的人，却是个有作为的人，在村庄上做了很多有益的事情，只有他镇得住全村，内心对他又是一种敬佩与服气。

镇里领导与干部的评价是：髦芜这个人还是过得硬。

在现代多元社会里，那么大的村庄，一个人能够坐镇 20 年，如果不是自身正，怎么可能拥有那么高的威信与地位呢？古语说：己不正焉能正人？如果真是"吃冤枉"的人，20 年，恐怕早就身败名裂了。至于"吃冤枉"一说，有着村民思想意识深处的劣根性，是劣根性的直接反映。农村常有的一种现象是：

一个村民，今天在台下，嘴里不干不净地骂村干部"吃冤枉"，明天他一上台担任村干部，马上就被其他村民骂"吃冤枉"了；一个村干部，今天在台上被骂"吃冤枉"，明天一下台成为村民，他就开始骂别人"吃冤枉"了。这是典型的"仇官"心理。髦芜所遭遇的辱骂，不过是村民内心一种恐慌的发泄，一种莫名的不满，一种无特定对象的不满的转嫁。

髦芜，不容易！

髦芜之后，谁是谷村的"族长"？

第七章 …

建筑的秘密

　　有人的地方就一定有建筑。建筑，是人类生存的需要，智慧的结晶，共同的财富。

　　建筑的类别、形式、格局、式样和用途多种多样，其中寄寓着人类各种主观意图、愿望和目的，是人类世界观、价值观和人生观的客观记载和形象反映。

谷村古代建筑相当多,《谷村仰承集》分为"祠宇祀典"(18座)、"茔禁"(37座)、"创建"(126座、处)、"寺观庙社"(29座)、"陂桥洲渡"(除洲外53处),共263座(处),其中"创建"类别中有"堂"(50座)、"别业"(21处)、"楼"(7座)、"亭"(6座)、"阁"(3座)、"第"(8座)、"坊"(19座)、"书院"(11座)。如今,由于时间推移、世事变迁等原因,许多建筑在岁月的风烟中被废弃、损毁、坍塌、拆除乃至消失,保留下来不及古代建筑的1/20。

那些古代建筑,纯粹出于物质文明建设需要的,就是"陂桥洲渡",这与生产生活密切相关,是人们生产生活的基础与保障。而其他建筑,既有物质文明建设的需要,更有精神文明建设的需要,它反映了人们的主观意愿。即:人们把自己的某种精神追求、内心向往,寄托于相应的建筑之上。

一、祖魂神灵的敬奉追祀

—— 祖坟、祠宇、庙堂,祭祀祖先,敬奉神灵,传递家族精神,延展家族文明,仿佛是它们的最大功能。

谷村李氏把"祠宇祀典"、"茔禁"、"寺观庙社",全用历史文献记载下来,不仅表达自己对祖先神灵有着一份虔诚的敬奉之心、追祀之意,而且告诉子孙后代:要像他们那样,对祖宗先贤与神明菩萨，怀有虔诚的敬奉之心、追祀之意，要感激于心、奉祀于行。

那些古建筑，是他们祭祀祖宗先贤与神明菩萨的必要场所。

可惜的是，保留至今的建筑委实不多，使其子孙后代对祖宗先贤和神明菩萨的敬奉大打折扣。

最为基础的敬奉追祀，首先表现在对祖坟的敬奉之上。

过去，人们对待祖先的生、殁、葬，态度是神圣、严肃而庄重的，必须郑重其事地载入族谱之中。任何一个人，族谱上可以不记载他的生平事迹，可以忽略他的丰功伟绩，可以抹去他的缺点短处，但却不可以忘记他的生殁葬，不仅注明卒的年月日时，而且注明葬地及坟墓座向，诸如"壬山艮向"、"甲山巽向"、"辛山乙向"、"丙向"、"壬向"、"仁坤向"之类。有的族谱可能连生、殁、生平事迹都不记载，单单记载"葬"。族谱这么固执地记住祖先的"葬"，就是为了让后人、让后人的后人、让后人的后人的后人，代代相传，永世不忘祖宗先贤。祖先，血缘之所起、根脉之所源。没有祖先就没有自己，所以尊宗敬祖，首先必须固执地记住祖先的坟墓。

这个问题表现得鲜明而直接，毫不含糊，正是儒家所倡导的伦理纲常与社会道德之所在，已经成为我们中华民族所特有的墓葬文化。这种墓葬文化所代表的，乃是延续了几千年的血脉文化。上下五千年的中华文明，墓葬是它的主要表现方式，也是它的主要延续方式。黄帝陵、炎帝陵，每天不知道有多少炎黄子孙前去祭奠叩拜。

谷村李氏村庄庞大、人口众多，安葬逝者的地方更加分散。近者，于村庄之中；远者，在百千里之外。谷村族众心中，有几座祖坟是铭刻不忘的。

先说谷村三大派的派祖墓。据《谷村李氏族谱》记载，李宗元葬在"本里上凹月冈牌月形"，后依其葬地称其族派为"月冈派"；李宗应葬在"新淦县扬名乡六十都乌口上弦大月洲，丙向"，后依其葬地称其族派为"月洲派"；李宗舜葬在"六十二都鹧鸪鼓楼洲后大山上，巳向，飞凤形"，后依其葬地称其族派为"鼓楼派"。以祖坟所在地命名族派，非常明确地告诉子孙后代，不能忘记开派之祖，要按族规为派祖常行大祭之礼。

本书第一章《最大的村庄》中"拓展的村庄"一节，已经提到谷村族派衍生的情况。月冈派祖李宗元生有五子，只有次子李用期在谷村延续了派系血脉。李用期葬地为"仁寿乡五都元潭湾桂家坑，坤山申向"，于是他就成了月冈派之下的二代开派祖，后依其葬地命名其派曰"元潭派"。如今在谷村，一提"元潭派"都很清楚，而提"月冈派"却没几人知道，儿子的名望超过了老子，原因在于儿子李用期育有八子，分别繁衍了各自的大房血脉，又成了开房之祖，所以李用期的名望超过了其老子李宗元，"元潭"的名气盖过了"月冈"。

谷村村民都清楚自己是何派，派名因何而起，这是墓葬文化潜移默化的结果。

祖先葬地名称，成了子孙后裔宗派名称，这是墓葬文化的典型体现。因此，元潭、月洲、鼓楼这三个派祖葬地，是谷村三派历代子孙后裔念念不忘的精神皈依。

最让谷村李氏铭刻于怀的，当属其开基祖李唐之墓。

这座墓葬位于谷村李氏祖祠后面，其族谱记载为"葬谷村村心松山，巳山亥向"，至今保护得很好，形制非常完整。占地大约 150 平方米，座西向东。墓前左右各载一棵柏树，方言谐音"百岁"；墓前有一小块空地，供行礼祭拜用；墓的两侧及后面，有砖砌围挡，呈弧形。墓丘隆起，墓前垒有墓碑，呈坊式造型，"吞口"规制；墓碑中部抬眉，顶上镶有二龙戏珠，两侧歇肩，呈翘檐状，略向前呈扇形摊开；抬眉正文横书"谷村"二字为碑额，两头分别小字书有"盛脉"、"无涯"；碑额下方立有碑石，碑石中间直书"故显始祖李氏讳唐公字祖尧之墓"，右侧直书三行字以介绍李唐开基谷村的时间源起，左侧直书"仰承堂祖孙立"。碑的两侧歇肩下方，直书一副嵌名墓联："祖训绵先泽；尧典裕后昆。"整座墓重修于 2007 年，碑石、对联、碑额为黑色大理石板材质，碑檐为白色，碑墙正面贴有猩红色釉面砖，碑顶盖有猩红色琉璃瓦，呈现代风格，少了久远的古色古香，也没有改造之前的朴拙风格。墓后立有一块望碑，砖石垒成，中间镶有黑色大理石板，上头横书"谷村"，往下中间直书"李四承事郎神道碑"，右侧直书"二〇〇七年丁亥冬月"，左侧直书"宪公居分宜裔孙立"。

墓联的意义非常明了："祖训"即是李唐留给子孙后裔的家训家规，将开基祖创立的血脉和事业，永续地绵延下去，让李氏家族光耀千秋；"尧典"本指记载尧帝贤明事迹的典籍，这里指祖先贤明的教诲，也就是家规家训，依照家规家训去教导子孙后代，让子孙后代都做贤明的人，都做通晓事理、建功立业的人，做顶天立地、无愧于世的人。这是谷村李氏先祖留给子孙后代的精神财富，是李氏历代子孙所应维系的精神支柱。

李唐墓前仍然留着香烛爆竹的残迹。这是外地子孙赶来扫墓、祭拜的标记。祭拜仪式如今已很简单，压钱烧纸，上香点烛，燃放鞭炮，再用祭品做三次供享而已；祭品也极简单，一般就是一只鸡、一刀肉、一条鱼、两块豆腐、五个鸡蛋、一碗斋饭、一壶米酒，多的另加几个苹果之类的水果而已，远没有古代祭拜的隆重庄严。

《谷村李氏族谱》和《谷村仰承集》的记载中，没有关于祖坟祭祀礼仪的详细记载，只在一些篇章当中有"祭葬"、"葬祭如礼"、"赐祭葬"的简略记载。

但有这份记载就足够了，至少表明了谷村后世子孙对开基祖、对所有先祖的缅怀与敬仰。开基祖安葬在村庄中心，是很有意味的：祖先位于村庄中心，意味着祖先就是中心；他是村庄的中心，也是宗族的中心，更是子孙后代精神的中心。

祖坟，寄托着子孙后代对祖先的缅怀与敬仰，寄托着子孙后代对宗族未来的期待与向往。

祠堂里的灵魂供奉，更显示出谷村李氏精神上的寄托所在。

谷村诸多祠堂里供奉着祖先牌位，祖先的灵魂依附其上，有的还供奉神明的塑像。这些神明，连谷村李氏也搞不清楚具体是谁，只说：这是菩萨。

谷村祠堂众多，文献记载有50座，目前实际保留二十多座，大多关门吊锁，就连开基祖祠也难以进去。祠堂里供奉着祖先的牌位，原先也供奉着菩萨与神仙的塑像，祖先与神灵、菩萨的地位同等，共同享受供奉、敬仰与祭祀，但塑像大多已毁于"文革"、"破四旧"。

谷村太园天授堂内，供奉着谷村历代祖先的画像，不仅有开基祖李祖尧的画像，还有文园开基祖李槩及其先祖李次鱼的画像，主要是明清两朝的达官显宦，共有近三十位先贤的画像。谷村李氏以画像代替牌位，能够直面祖先，在精神上更能与祖先交流，更加贴近祖先的灵魂。

忠肃公祠，是纪念、祭祀李邦华殉国的专祠，祠内悬挂着"乾坤正气之堂"牌匾。里面供奉着李邦华的神主牌位，黑底金字，竖行书写"皇清赐谥明殉国都察院左都御史特赠光禄大夫柱国太保吏部尚书谥忠文李公邦华忠肃先生神主"。这个神主牌位，就是李邦华的灵魂所在。供奉神主的神龛正面，木板门扇上红底金字书写着李邦华慷慨殉国时的"殉节衣带铭":"堂堂丈夫兮,圣贤为徒;忠孝大节兮,誓死靡渝;临危受命兮,吾无愧吾。"铭文与牌匾互相呼应,更显浩然正气。

村民李质文家,香案上供奉的,乃是清朝康熙皇帝钦赐给李振裕的木刻御书对联"日色才临仙掌动;香烟欲傍衮龙浮"的原物。这副对联,首先代表的是李振裕,因为是他得到的最高奖赏,是他带给了全族无上光荣,供奉这副对联,比供奉李振裕本人的画像、牌位显得还有意义。

在谷村许多人家,香案上都供奉着祖先的画像,以李祖尧的画像居多,如氂芜李泉水家,供放在香案的右侧即上位。在家里供奉祖先,表明祖先在他们内心深处的地位,也表明他们对祖先虔诚的敬仰和推崇。从用意上看,恐怕不仅是请祖先保佑一家平安吉祥,还希望祖先赐给自己力量,以便在这个世界上取得更加辉煌的成就。

谷村护吉大庙的享堂上供奉着神仙、菩萨的塑像,色彩很现代,没了古色古香的味道,是近些年安放的。塑像前有供香客上香点烛的神台,残留的香棒和烛泪,有的很新鲜,有的很久了,都沾染了灰尘,但都体现了谷村李氏对神仙与菩萨的恭敬、景仰。

护吉大庙的名称很有意思,"吉"乃指吉穴,即阴宅中的最佳墓穴,有德者得之,无德者或德不足者失之;这样的吉穴有土地神灵守护,故言"护吉"。谷村李氏为守护他们祖先吉穴的神灵，专门建了这座大庙。由此可见，祖先、神灵在谷村李氏心中，地位至高无上。大庙门额"盘谷福地"，"福"与"吉"是相通的，有福者吉祥；吉祥者有福。这个门额与"护吉大庙"匾额，里外呼应，营造出一份完整的神妙氛围。《谷村仰承集》记载：大庙的"神最灵感。明冢宰清惠公镇昌平，有御赐黄蟒玉带之奉；总宪忠肃公抚天津，有'是吾卫垒'之额。庙前有古井，源出万华山"，表明谷村李氏对祖先、神灵至淳至诚的信仰、奉祀，以及这种信奉给谷村带来的吉祥与福气。

同样供奉神仙的建筑，还有福庆古庙。这座古庙就是大禹庙，它的对面是已经倒塌的古戏台。既然是大禹庙，里面供奉的就应当是大禹了，但实际上不是。神龛上，正龛被红花布帘给遮了，龛上没有安放大禹或其他神仙的塑像；左侧神龛也被红色布帘遮了，龛上同样缺少供奉的对象。那些塑像于"破四旧"时代，被"天不怕地不怕"的革命者抬到金瓯塘东侧的一块空地上烧了。右侧神龛里供着几尊塑像，近年安放的，显得有些小，似是武将，具体不知是哪位尊神。整个供厅的左右两侧，供奉着站立的神明塑像，都是武官打扮，同样不知他们是谁。神龛前备有燃烛点香的供台，残留着香棒与烛泪，那是村民祭祀神灵、祈求平安吉祥的结果。整个古庙以红色为主基调，营造着一种看似热烈却很深沉的氛围。

二、宗族血脉的延续拓展

——大祠、派祠、房祠、支祠、专祠，构成了谷村李氏的宗祠群，祠各有名，亦各有主即崇祀对象，更各有序，血脉源流便流动在这些祠堂的瓦楞与墙缝里。

这是隐藏在谷村古建筑里的秘密，首先反映在祠堂建筑上。

以谷村大祠为源头，新大祠崇祀的是西平忠武王李晟及以下六世祖先，老大祠崇祀的是谷村七世祖，即开基祖李唐字祖尧，及以下五世祖先。

往下即派祖祠：月冈—元潭派，无派祖祠，但派下有房祖祠。元潭长房祖祠又名元善堂，“中祀房祖兆公，左右祀昭穆列祖”；四房祖祠又名敦本堂，“中祀房祖安善公”；五房祖寝庙，“祀房祖衜公及合房列祖”；六房祖寝庙，祀房祖李衢，已废；七房祖祠又名经训堂，“中祀房祖孝子处静公，以十五世祖文度公、文炳公，十六世祖汝弼公、汝谐公出席，配享昭穆二龛，祀合房列祖”；八房祖寝庙又名孝德堂，“祀房祖孝子无求公”。

月洲派祖祠，又称崇应堂，“祀派祖宗应公以下列祖”。

鼓楼派祖祠，“祀派祖仁昌公以下列祖”。这里稍微说明一下：鼓楼派的开派之祖为李宗舜，是以他的葬地鼓楼作为派名；仁昌，乃其父名，《谷村仰承集》这一记载，将李仁昌也尊奉为派祖了。

这些祖祠注明了所崇祀的祖先，源头清楚，源流清晰；二祖三派十六房，血脉的延续、宗族的拓展，在这些祖祠的建筑上，得到十分明确的体现。

谷村李氏太不善于保护自己的本原依据了。以其月洲派祖祠为例，目前已经看不出它当初的规模，剩余的正面墙体告诉人们，它在日益圮废；想来建祠之时的财力有限，该祠除大门正面墙体为"斗砖"外，其余竟用土砖垒砌而成，门楼显得简陋粗糙，缺少祖祠应有的威严与庄重。除大门正面墙体仍在苦苦支撑外，其正厅正堂和后厅部分全部倒塌，部分地基已沦为稻田或菜园；大门正面，左侧建有一座泥坯垒砌的附属平房，阻挡了祖祠的正面视线，破坏了整体观瞻，而右侧墙壁上则爬满了青藤。整个月洲祖祠，仿佛受尽欺凌的老者，怯怯地立在那儿，失神地望着南来北往的子孙后代。只有门楣上白底映衬的"月洲祖祠"四个黑色大字清晰了然，显得古朴苍劲、力道道正。可能是因为月洲派的后裔繁衍发达了，居然把派祖祠给忘了，任由风吹雨打，任其衰败圮毁。

鼓楼派祖祠已然没有踪影，只有一个遗址位于金瓯塘北面，如今屹立其上的竟是一间低矮平房，乱石结构，大约是用于养猪或者存放农具的地方。

最能体现宗族血脉延续与拓展的建筑，还是堂。50 座堂的建筑，除了古代先贤的专享堂外，都是谷村宗族壮大之后，一些小宗族分支而建的。古时候，小支小房开建支祠或家祠的，多是子孙众多，而且子孙后代中出了颇有名望、地位的人物，建堂彰显荣耀。

如今，谷村李氏子孙似乎不太重视派祖祠与房祖祠的修缮与保护，重点着力于堂祠或堂下支祠的修缮与保护，一座座修缮得富丽堂皇、气派壮观，赋予了浓郁的现代气息。而其派祖祠与房祖祠，像是被抛弃了一般。如元潭派长房祖祠元善堂，过去非常气派、美观，如今却已坍塌，仅靠残留的断墙朽木在向世人昭示它过去的显赫与荣耀。

新大祠，即祀奉李晟的忠武堂，竟然已经倒塌了。

三、声名地位的彰显传颂

——门第、堂号、官厅、楼阁、坊旌，都是体现声名、地位的实物，其用料、造型、图案、花饰等，都反映出主人当时的声誉与威望。

谷村历史上，科举的盛况，仕宦的辉煌，成就了显赫声名。在其建筑当中，今天的人们便可感知或窥探这么一份秘密。

宋朝时的百桂堂，是为旌表谷村李氏近百学子荣登科第而建，高宗皇帝"御书飞白"，荣耀至尊；元朝初年，李伯原重建，著名书法家赵孟頫承旨书写匾额，居然改名为"千桂"堂，比"百桂"更胜一筹。

彰显谷村先贤科举盛况、仕途辉煌的建筑，不仅遍及谷村内外，甚至遍及县城内外。仅谷村内部，这类建筑就琳琅满目：宋朝时为李可方、李允方兄弟进士而建的"双桂第"，为李炅、李晋之及晋之子李可方、李允方而建的"父子兄弟进士坊"，李晦之建的"学士第"，为李伯圭、李忞、李梦简而建的"父子兄弟科第坊"，明朝时李楷、李栋兄弟建的"双凤第"，李赞、李贡兄弟建的"双进士第"，为李相而建的"金榜题名坊"，为李中建的"解元坊"，李一德建的"醯使第"，为李邦华、李日宣而建的"百步两尚书坊"，为李蕴建的"诰敕坊"，李廷谏作记的"文昌阁"，李邦华建的"朝元阁"，清朝时为李次莲、李振裕、李鹤鸣而建的"一门三进士坊"，李振裕建的"御书楼"、"翰林第"，李次莲建的"进士第"，李景迪建的"柱史第"，无一不是显赫声名、隆崇地位的彰显与传颂。

可惜的是，这些古建筑大多已经消失，只在《谷村仰承集》中保留了一个简单记载。李振裕建的"翰林第"尚在，位于谷村李氏祖祠的左侧，已经非常陈旧；扁砖砌的正门，不是青砖，呈混色，乱石与砖块砌就的墙体，已剥落不堪；门额上白底黑字的"翰林第"三个大字已不清晰，看上去不像原物，外观上很普通，与周围民居没什么区别，只有门顶与门坎的红石，才能让人看出它与周围房屋的区别，显出一点身份的尊贵来。这是彰显谷村先贤声名与地位不多的实物之一，再不加以维护修缮，恐怕难逃坍塌的命运。到那时，人们还怎么去谷村寻找那份历史荣耀的见证呢？

更为彰显谷村先贤声名与地位的建筑，还有几座先后建成的同名建筑：

一是两座敕书阁，一座建于明朝中期，为万历丙子年乡试举人李教而建；一座建于清初，为李邦华恩封四世而建。

二是三座尚书坊，前两座建于明朝，一为李邦华而建，一为李日宣而建，后一座建于清朝，为李振裕而建。

三是两座四世一品坊，一座为李邦华恩封四世而建，一座为李振裕恩封四世而建。另有县志记载的一座，为李日宣恩封四世而建。

同样可惜的是，这些建筑早已毁弃于岁月深处，无处寻觅了。

官厅，是谷村人对古代先贤建筑群的通俗称呼，是大臣得帝王恩赐而建的宅院。明朝的李邦华、李日宣建有官厅，清朝的李振裕、李景迪建有官厅。这是他们入仕为官的象征，是他们身份高贵、地位显赫的体现。

李振裕、李景迪的官厅，均位于老屋村，过去地名叫石园，各呈三排单栋院落格局，即前中后三栋房屋用围墙连接成一体。这些房屋的建筑手法比较讲究，全是马头墙风格（俗称十六个垛子），前低后高，依次递升，扁砖到栋，骑线割缝，飞檐翘角。最富艺术特色的，是檐下和垛上的绘画或雕塑，人物、花鸟、山水、盆景，大小相配，动静相谐，很富观赏性和感染力。房屋保存比较完好，但也失于修缮与维护，开始呈现破损、坍塌迹象，围墙已经不见，使原本拥有院落的官厅，变成了单栋的民居，房前屋后杂草丛生。围墙是土改时期拆除的，当时已经将这些地主的财产，分给了贫雇农和下中农。两座官厅的第一栋前面，竟然搭有现代建筑，与原有房屋连成一体，显得不伦不类，破坏了官厅整体的艺术美感。

有村民说，官厅是按照皇宫建筑的形制建的，皇帝特赐他们按皇宫形制兴建。这事实上不可能，帝王绝不可能允许官员在民间兴建与皇宫类似的建筑，村民的说法恐怕是一种误解。准确的表达应该是：官厅乃皇帝敕建，是奉旨而建，但敕建并不代表按皇宫形制兴建。

四、忠孝节义的推崇弘扬

——物质的砖瓦、石块、泥灰、木料，记载着精神的礼仪、纲常、传统、追求，起到文化负载与传承的桥梁作用。

仁义礼智信，君臣、父子、夫妻，三纲五常的儒家伦理要求，是中国几千年来"修身齐家治国平天下"的指导思想。因此，作为历史文化大村的谷村，当然不可能脱离这个背景。他们的古建筑，大多彰显着忠孝节义的推崇；他们通过这些建筑，向世人弘扬传统的道德诉求，表明谷村李氏历来讲究礼义廉耻，讲究孝悌忠信。

《谷村仰承集》记载的堂、祠、坊，名称就体现忠孝节义的道德追求，如孝友堂、慈乐堂、一乐堂、贞节堂、孝恭堂、希任堂、大节堂、友烈祠、贞烈坊、双节坊、贞节坊、友烈坊、节孝坊、烈女坊等。

孝友堂，南宋孝子李筹之孙李彦从兴建，原位于谌溪，明嘉靖辛酉年（1561年）移建于上谷，为纪念李筹、李衡兄弟改葬其母并守墓、兄弟相处和睦而建；慈乐堂，原位于书院下，明初李谦扐（字伯谦）为奉养其母而建；贞节堂，明永乐时李涣（字沂浴）为奉养其母而建；孝恭堂，原位于书院下，是宋孝子无求处士李衡的后裔为纪念李衡的孝行而建。堂的名称，乃是孝行的突出体现，彰显了谷村的孝道传统和文化。

友烈祠、友烈坊，都是为旌表、纪念李邦华的长子李士开（字必先）而建。李士开与其异母弟李士国一同乘船前往县城，李士国不慎途中落水身亡。李士开伤心不已，深为自己未能照顾好年幼的弟弟、无法向父母交代并惹父母伤心而自责，于是整理衣冠，投水自尽以殉弟。此举震动朝野，谷村族人、县乡士绅与地方官员，纷纷上奏朝廷，请求皇帝嘉勉，得到特赐旌表，兴建祠、坊以彰其友悌之情、壮烈之举。因此，这类建筑上，蕴含着中华民族最为传统的悌、友、义等品行特征。友烈坊早已毁弃，友烈祠依然保存。这是农村里很常见的建筑，类似于民居但比民居显得大一些，祠内堆放着村民们闲置的农具，大门门额上悬挂的"友烈公祠"，红底金字显示着旌表的用意，门前两个柱子上端的雕花斜撑与饰衬，略微表现出一点艺术的特征。倒是门上那已经褪色的春联，让人感觉还有点意思：门楹联为"盘谷发祥开甲第；鹿峰挹秀起人文"，门扇联为"孝友士族传世道；节义科名振尧声"。不过，那是谷村最为常见的通用联，与李士开的友爱之举似无很多关联。

其他旌表节孝贞烈的牌坊，都为旌表谷村女性的。贞烈坊旌表明嘉靖进士李联芳之妻谢氏，李联芳在嘉靖己丑年中进士后不久即去世，谢氏得噩耗，两次上吊自杀被救，后忍悲含苦，孤身一人抚养儿子长大成人；双节坊旌表李士开的两位妻子欧阳氏和宋氏，得知李士开投水殉弟噩耗，宋氏两次上吊自杀被救，欧阳氏劝她与自己一同抚养幼子，两人遂形影相依，共同抚养幼子长大成人；贞节坊旌表李邦华四子李士齐之妻邓氏，李士齐早逝，邓氏独自抚养儿女长大成人，四十年守寡守节；节孝坊旌表李桂芳之妻刘氏，刘氏从18岁开始守寡，上事婆婆，"十指之劳，供养无间"，下抚兄弟之子为嗣，"教养成立"；烈女坊旌表李怀芳之女李五妹，幼年父母双亡，不久又闻未婚夫病故，悲痛之余，自杀殉夫，多次被兄嫂救活，最终于未婚夫去世十多天的时候，趁兄嫂不备而自缢身亡。

这些牌坊所昭示的，不仅是那些女性的节烈忠贞，更多的是她们命运的苦涩、生活的艰辛与思想的桎梏，所弘扬的是她们传统的贞节道德，体现的是传统礼教中"夫为妻纲"。这些牌坊如今难以知其本来面目，仅存的一座被称为"四婆婆曾氏贞节坊"，位于谷村东面出村的道路边，被灌木簇拥、青藤缠绕，几乎看不出它的本来面目。这个"四婆婆曾氏"，系清朝乾隆时国学生李其玙之妻，石濑举人、州同曾益清之女，《谷村仰承集》中有其传，年仅24岁守寡，却"克晓大义"，"鹍弦蚤断，空作离鸾别凤之歌；燕缕重看，弥深海誓山盟之感"，继承丈夫遗志捐资兴建义塾"树人书院"。不过，这座贞节牌坊却不见于《谷村仰承集》的记载，恐怕是后来兴建的，还来不及载入《谷村仰承集》。

道德追求的最高境界，当属忠君爱国，这一点在谷村的古建筑当中体现得更为突出。

希任堂，明朝末年李邦华罢官在家时所建，位于谷村翰阳，意为"希望以天下为己任"，表现的是一份希望能为明朝力挽狂澜的决心。

这座希任堂为前后两进结构，可惜已颓圮。房屋四面墙壁属乱石砖混结构，前栋已经完全坍塌，后栋尚有左侧与后面未塌，却是岌岌可危。支撑整个房屋的屋柱与梁架还在原地挺立，虽历风雨剥蚀，但显得颇为坚毅，颇似忠肃公的气节；部分楼楅还在，左侧的水板还在，顶梁还在，房顶中部及左侧的瓦桁还在，屋顶不少瓦片未塌，仍在尽力为这座曾经辉煌的房子遮风挡雨；大门处长条形青石板呈三级台阶，依然横陈，但磨损严重；垫起屋柱的柱础（方言称为"尚墩"）亦为青石打磨、雕刻而成，底部呈六角形，两寸以上为圆形，圆面略凹，呈 W 形地饰以水波、梅花图案，水波在下，梅花在上，顶部边缘有几处缺损，却力量不减地垫起屋柱，颇似忠肃公以一己之力为明朝力撑危局。加以修复维护，希任堂仍是供游人参观、瞻仰的好去处，让人见证四百年前李邦华的忠君爱国情怀。

更能体现谷村先贤忠贞品格的，当属李邦华所建勤王台。据记载，勤王台位于谷村村心垴上，建于崇祯末期，李自成农民起义军席卷全国之际。李邦华被起用为兵部尚书，奉诏入京勤王。得诏后，他在家乡修建了这座勤王台，招募青壮男丁1500余人，前往京城勤王，表达了他对君王、对国家的耿耿忠心。如今，这座勤王台早已不见，其遗址上建有商店和现代楼房。

被称为"盘谷福地"的护吉大庙，中厅梁上悬挂着一块"咸怀覆载"匾，虽然不属于建筑，但与建筑关系密切。"覆载"，语出荀子"君者，舟也；庶人者，水也；水则载舟，水则覆舟"，被唐太宗李世民进一步引申为"水能载舟，亦能覆舟"。"咸怀覆载"挂在那儿，时时提醒人们牢记荀子、唐太宗的话，做到为君执政、为民请命，"当官不为民作主，不如回家卖红薯"，很好地起到联结君民的桥梁和纽带作用。根据匾额的落款，题写者为民国江西省议员李霓裳。

谷村金瓯塘，尤能表达他们忠君爱国的情怀。从风水的角度讲，这口水塘是谷村李氏聚财兴业的象征，水是财气，水是命脉。但从这口水塘的名称，人们能够感悟出谷村李氏对君王、对国家的一种"处江湖之远则忧其君"的高远情怀。金瓯，本义是金属的杯子，古代常常被用来称呼国家，比喻疆土的完整。比如清朝末年的国歌《巩金瓯》，又比如徐兴业的长篇历史小说《金瓯缺》，"金瓯"指的都是国家。谷村李氏不可能仅仅用"金瓯"这个词来命名村庄上的一口水塘，他们心里一定装着国家的前途和命运，因此用这个名词来提醒自己常怀忧君之心、常怀报国之志，表达的是身在家园、心系国家的高远情怀。

大节堂，李邦华之孙李长世（字闻孙）为纪念其祖父李邦华壮烈殉国、其父李必先（士开）投水殉弟而建，表达的是对忠于国家、友于兄弟的敬仰。

五、功业修为的历练追求

——建功立业、修身克己，古代知识分子的历练与追求，同样通过物质的建筑材料与形态传递给世人。

达则兼济天下，彰显了中国古代知识分子的豪迈情怀。即便科举之途走不通，或者走通了又遭遇挫折，他们也能做到"穷则独善其身"。为此，他们在学业与品行上也有着共同的修为与追求。

作为有着悠久历史、科举盛况和仕宦显达的村庄和宗族，谷村李氏勤勉于学业功名，执著于科举仕途，是一种历久弥坚的传统。反映在建筑的名称上，就有直接的表达，比如受益堂、传经堂、明经堂、敬修堂、复斋、谦谦斋、凌云楼、吞月楼等。

这些建筑的名称，反映的不止是对学业功名、科举仕途的追求，还有道德品行、操守性格的历练。二者相辅相依，是儒家传统思想最基本的要求。如受益堂，既指功名学业上的受益，也指道德操守上的受益。又如敬修堂，既指学业功名的敬修，也指道德操守上的敬修。我国古代的教育，讲求的就是学业与德性共同进步。《论语》中孔夫子的话语，大多包含着双关的意蕴，"学而时习之"、"温故而知新"、"学而不思则罔，思而不学则殆"。因此，谷村先贤在命名其建筑的时候，自然离不开这种双关手法的运用，离不开这种双关意蕴的表达。

复斋之名，大概含有复归之意，出游的复归，学业的复归，情感的复归，道德的复归，期待复归而实现复归，岂非人间乐事？因此，杨万里在《复斋记》中说："思故归，归故乐。"李次鱼先生以此命名其斋，恐怕还在于"温故"，"温故而知新"，这才是"复"最终要达到的最佳目的。

谦谦斋之名，故意重叠用词，斋主意在强调自己谦虚的品格。"谦受益，满招损"，"虚心使人进步，骄傲使人落后"，正是学子求学、修身所必须持有的态度与品格。虚怀若谷，方能胸怀天下；海纳百川，方能有容乃大。梁寅先生看准了斋主李桂的这一品质，才以"江海之长百川者，以其能受众流也，益聚而益积也，益广而益深也"来赞扬斋主。而斋主的内心要表达的，恐怕是自己谦虚之后的再次谦虚。谦谦，谦之谦者也！此乃谦虚之道，故斋主取字为"谦道"。

至于"凌云"、"吞月"的楼名，就更显得志向豪迈、气势非凡，让我人仿佛看到谷村历史上的莘莘学子折桂探花的豪迈身影。"可上九天揽月，可下五洋捉鳖"，凌云之志、吞月之心，可谓豪气相通。凌云楼是谷村比较具有代表性的一座建筑，如今已经荡然无存，原址上立着一栋乱石结构的小平房。但人们，包括不少谷村人常常弄错，把已经倒塌的戏台当成了凌云楼。

谷村先贤对于个人甚至宗族的品德修为，向来都很看重，这从他们的建筑当中也能看出来。

善与德，是个人品德与宗族品德的核心与基础，一代又一代的人，总是用这两个字，来要求并教导下一代加强善与德的修为。元善堂、和善堂、奕善堂、继善堂、恒德堂、世德作求之堂，明确以"善"和"德"，作为人格修为的终极目标。敦叙堂、培本堂、敬修堂、大节堂、传宽堂、本立堂等名称，都含有道德诉求的主观意愿，强调为人处世的德行与品质。

任何人，能够一辈子清清白白地度过，乃是一种人生境界。试想，一生之中没有任何污点，干净清楚的人生履历，该多么令人敬仰。即便做不到积德行善，也要做到行无邪恶、心无亏欠。谷村李氏通过建筑的命名来教育子弟，明明白白做人，干干净净做事。清白堂、清泾堂、浚明堂的命名，就离不开这样的用意。尽管"清泾"是李粹清、李粹泾二位先贤名字中的一字，其长辈给他们起名字的时候，恐怕就已经包含着这样深远的用意了。

追求品行的高洁，行为的高尚，本真的保留，忠厚的持守，都是道德品质教育中必不可少的内容与主题。高行堂、葆元堂、贻厚堂、积古堂、守一堂、传宽堂、五有堂、四留堂，恐怕都蕴含这样的目的与用意。

克庵，明朝正统己未年李励（字克勉）兴建，进士、工部侍郎罗汝敬作记。李克勉一生"立学以成世业，力行以继先志"，仗义疏财，乐善好施，济困救贫，仍唯恐自己做得不好，故要求自己做到"克"。克，克制、限定、控制，要求自己在行为与品德上不断提高。

恒轩，明朝正统年间李懋（字恒勉）兴建，进士、礼部侍郎刘定之作记。李恒勉一生"好读书，性恬澹，不慕荣利"，而且"自少至今未改易其恒度"。如此持之以恒地做一个追求淡泊、不慕虚荣的人，体现了非凡的克制能力与持久耐性，这样的品格历练非一般的意志力所能达到。

六、生活情趣的自我提升

—— 快乐、自在、恬静、闲适，自古以来人们所追求的精神生活，谷村李氏均在各类建筑中用物质的形式传递出来，其用意大约也是为了彰显一种宗族式的特征吧。

从《谷村仰承集》可以看出，古时的谷村人，不仅失志于学业、官场，勤勉于政事，而且安心于稼穑、寄身于林野，更懂得享受自然生活的自由之美。保存至今的一些古建筑，就体现了那份从容、闲适、恬淡的生活情趣。

"苔痕上阶绿，草色入帘青。谈笑有鸿儒，往来无白丁。可以调素琴，阅金经。无丝竹之乱耳，无案牍之劳形。"草莽之中，林泉之下，多么恬淡，多么悠闲，多么幽静，又多么安然。谷村李氏的精神追求太精妙了，在入世者操劳于国计民生之际，竟然也有出世者享受泥土的芬芳、草木的逍遥与风烟的自由。

追求快乐、享受快乐，这是他们首要的生活目标，因此古建筑取名"乐"字的就多，如慈乐堂、一乐堂、怡乐堂、和乐堂、乐盘。而这份"乐"却不是单纯的开心快乐，而是含有深意的人生之乐："父母俱存，兄弟无故"及儿孙满堂的"天伦之乐"，学业精进、仕途通达的成功之乐，退隐山林、无俗世烦扰的自在之乐等等。

以"乐"字号堂名，更多地体现出家庭的和美，烘托出家庭当中和睦的氛围。如慈乐堂体现的是母慈子乐的长幼相谐，和乐堂体现的父母子女兄弟姐妹夫妻妯娌之间和气、团圆的融洽氛围。

一乐堂由明朝宣德年进士、礼科给事中李彦宣作记，突出的就是"父母俱存，兄弟无故"及儿孙满堂的"天伦之乐"。乐盘为上谷李仲珍兴建，别有主题，同乡周启作记，点明了房主所追求的乃是"君子之乐，乐得其所也"，"所乐者在心耳"。

快乐之外，谷村李氏追求的，还有清心寡欲、无烦无扰的恬淡从容、逍遥自在、清静自由的生活情趣，相依相牵、互助互携的手足亲情。他们寄情自然山水，寄情花鸟草木，用代表了高雅品位、高洁品行的自然之物来命名自己的住处、书房等，如云泉精舍、梅圃、筠雪轩、友竹轩、竹轩、梅岩、松风轩、华萼楼、鹤亭、光风霁月亭等，表达了向往自然、追求自由、享受自在的心境。

　　云泉精舍，兴建者为元朝的李未（字存诚），请丰城名人、元朝著名文学家揭傒斯作记。以"云泉"作舍名，云出岫以纵飞，泉下溪而长流，其所借者，"天地山川风云草树"，其所寄者，"克李氏之德，广李氏之学，固李氏之基，绵李氏之绪"，名浅而实深，言近而意远，情绵而趣浓。

　　筠雪轩，明朝李㧑（字以谦）于正统庚申年兴建，同乡进士、永乐二年进士、河南左布政使李贞作记。筠，即竹。李㧑自谓"吾轩之竹，方挺挺乎其荣，森森乎其青，玲玲乎其有玉声，是竹于雪为尤宜。盖恬澹之性，恒不入于繁华之区，而柔脆之质，曾不足以傲夫凛冽之变，吾宁不事于彼而从吾所好焉？殆性然耳"。李贞则更加明白地指出："筠竹，肤之青而美者也。凡卉木遇雪，肤理先损，然后枯槁随之。惟筠则不然，能与雪抗。雪之威愈加，筠之色自若，非筠不足以当雪之凌厉，非雪不足以表筠之坚贞。筠也，雪也，举天下之坚刚皓白，无心尚兹。"由自然之竹、雪二物，联想、引申于人的品质、性格。

华萼楼，明初李处泰、李处约兄弟二人建，请永泰人、洪武举人、《永乐大典》副总裁王偁作记。华萼，也作花萼，自然界里，花与萼同生共存，因此被用来比喻兄弟手足。李处泰、李处约兄弟二人，幼年时期即失去父母，相扶相携着长大成人，故建此楼，以"花萼"盟志，犹如咏棠棣之诗，表达的是兄弟情深。

以物喻人，借自然之物体现人的品格与追求，表达人的向往与寄托。梅花、松风、白鹤等，被借来作为建筑物的名称，无一不是高洁品性的比喻、恬澹追求的寄托。品读这些建筑的名称，眼前就会浮现一幅幅美丽而鲜活的图画，如临其境。

有的李氏先贤，为了勉励自己达到心清如水、无俗尘烦扰的境界，甚至将自己的住宅、书房用直白的词语来命名，如洗心藏蜜斋、洗心亭等。洗心者，心内存有俗世之垢，将俗垢清洗干净，可以使之承载高雅、纯洁的事物，可以让自己做一个无俗世污染的世外之人。

多么高远的人生追求！多么旷达的人生境界！

如今，能够反映谷村李氏先贤闲适生活追求的建筑实物，倒是保留了几座。

谷村有两处戏台，是古代谷村人享受文化生活最好的去处，一处是大禹庙（即福庆古庙）前，一处是护吉大庙内。

大禹庙前的戏台为明朝兵部尚书李邦华、李日宣捐资修建。戏台顶为八角形，翘角飞檐，雕梁画栋，金碧辉煌。台额有御赐镂金字匾，气势壮观。后遭战乱，毁于清兵。乾隆五十一年

（1786 年）各族集资重修戏台，大体与原建筑相似，只是在结构图案上大为逊色。戏台进深为 6.7 米，宽 6.5 米，高 8.5 米，离地面 1.45 米；另有侧台用来放置乐器用具。戏台旁的窗棂呈几何辐射状，精巧别致。台顶是八卦式图案天花板，鸟兽花卉，巧夺天工。如今已经坍塌，只剩下三面墙体了，木质的戏台已经不见踪影，只留下凌乱的几根腐朽木料；日益剥落的墙壁上，留有旧时代各个戏班演出后绘在上面的戏中人物、留言、戏画、诗文、字谜等资料，还能依稀可辨人物形象和文字痕迹。据介绍，曾有三十多家戏班在墙壁上留下戏曲资料，甚至连四川的戏班都来谷村演出。让人记忆最深刻的，是石质台柱上"咫尺往来千里外，百年名利一宵中"的对联，将戏台的功能概括得精练深刻、生动形象、淋漓尽致。

护吉大庙内的戏台，保存很好，只是已经陈旧，彩色的绘画已经淡化、脱落，但戏台的整体性没有受到破坏。戏台正面是露天场地，宽阔平坦，正对着中厅"咸怀覆载"匾、后厅"护吉大庙"匾；院内两侧建有观戏的走马楼，楼长约二十米、宽约六米；戏台的装饰雕刻精美，台顶是八角状涡轮藻井，顶板上木雕的图案已经风化腐蚀，看不真切，镂花格子窗掉了两块，其余依旧清晰；台的后侧左右各开一门，供演员上下舞台表演用，门顶呈圆弧形，红底金色线条状写意图案，工艺十分讲究；配有后台及与后台相连的附楼，供演员化妆、乐队演奏、存放道具用，如今前后台的隔板已经全部脱落，附楼保存完好；戏台背面即护吉大庙的正面，墙体外侧即是"盘谷福地"横额，两侧均有大门进出大庙，过道处长方形顶棚天花板上，原本绘有图案为左龙右凤，如今龙的图案已然模糊，凤的图案尚有痕迹可辨，尤其是凤尾呈半开形长羽，花纹的斑点依旧；台前一对红石柱，柱顶镶有木雕滚绣球狮子一对，色彩仍然清晰，栩栩如生。这对狮子难以拆动，否则早就被人拆去卖了。石柱与横梁的接口处，配有鳌鱼雕刻的斜撑，动感十足。石柱上，也刻有一副颇具特色的对联："疑幻疑真，倏易蜃楼海市；式歌式舞，咸欢舜日尧天。"精妙地概括了戏曲的特点，勾勒了舞台的作用与功能，也表达了谷村人向往和谐美好生活的愿望。

人们在戏台前的场地上，可以尽情欣赏演员的精湛表演，感受世事变化、人情冷暖，体味悲欢离合、酸甜苦辣。

体现旧时谷村人追求闲适生活情趣的物征，还有旧居檐下保留的痕迹。古时大户人家兴建房屋，都要画檐描栋，用彩漆装饰以美丽的图案，有人物，有花鸟，有山水，千姿百态，内容丰富，表现生动，只是可惜已然风化褪色，很多看不清楚了。

如李振裕、李景迪官厅，那些彩绘在檐下、垛上的图案，大多依然清晰，有八仙的形象，有三国的故事，有水浒的人物，有西厢的风月，有爱情的甜美，有战斗的激烈，有山水的呈现，有花草的摇曳，有鸟蝶的飞舞，有山野风景的绚丽，有室内瓶饰的典雅。这些内容，或雅或俗，让人感受生活的甜美与滋润，表现了谷村先贤对文化生活的享受，对自然生活的追求，对美好人生的热爱。

有些旧居或祠堂里，摆放着红底镏金的香案，有的七八十年，有的一百多年，板格上绘有各种图案；还有一些门额、水板的格子窗花，镂空雕刻着各种图案。梅花、荷花、莲花、牡丹、兰花、菊花、竹子等居多，寓意是很明显的，要么象征主人的品格，要么表达主人的追求。还有一类呈组合式的图案、彩绘或雕刻，蝙蝠、麋鹿、仙桃或白鹤或藤杖或松树、喜鹊，寓意即是"福禄寿喜"，是对幸福生活的向往与追求。

李修竹旧居的院门里侧，楣额上书"仰瞻南极"四个大字，乃其祖父亲手书写，距今应有五六十年。南极，在此指南极老人星，即指寿星，表达了主人希望能够福寿绵长。院门外侧即院落正面，门楣上书"解愠阜财"四个大字，同为李修竹祖父手书。愠，怒气、怨恨。老人家勉励自己消除怨恨和怒气，增加财富。内外两句结合理解，就很有意思了：消除怨恨，让自己心态平和；增加财富，让自己生活富足；有了平和的心态和富足的生活，"仰瞻南极"，祈求人生长寿就显得容易了。字里行间透露的，是对恬淡静谧的追求。

李修竹新居，大门门楣上书"瑞庐永春"，后门门楣上书"葆艾"。艾者，美好也，与大门的"瑞"字前后照应、互相呼应，表达的仍是对美好生活的向往。而其旧居侧门，门楣上书"能陶乐"三字，追求的是陶然之乐。

他的前门邻居，旧居大门上书有"薰风解愠"，新居大门则书"安居乐业",并配有"玉栋倚云瞻大壮,华堂映日焕中孚"的对联。而李质文的邻居,新居大门上书"薰风南来",并配有"好景年年好,新居处处新"的对联。由此可见,谷村李氏所共同追求的,都是快乐美好的幸福生活。

第八章 …

习俗的含义

谷村李氏，跟世界上所有的村庄、部落、宗族一样，有着自己的习俗。这些习俗当中，同样包含着他们祖先在创立和形成这些习俗时的精神追求，或人生信仰。

　　由于共处一个地域范围，谷村李氏的习俗代表了吉水水西地区的习俗，有着共同的文化特征；仅仅属于谷村李氏的个性化习俗，相对很个别，寓含着与众不同的文化意义。

　　根据生活行为，习俗大致可分为节庆、生长、婚礼、行止、建造、丧葬、劳动等类别，每个类别又有若干的环节，每个环节都蕴含着一定的用意。经过历史长河的荡涤，这种用意便成为固有的传统文化含义。

一、如影随形的祖先

　　——祖先是永远的图腾，一切习俗之中，跪拜、叩头、上香、敬烛，祖先如影随形，几乎无处不在。

　　"谷村原有两总祠，一为始祖西平忠武王祠，一为基祖祖尧唐公祠。每岁春祭，基祖祠定以正月初二日，始祖祠定以正月初五日，冬祭基祖祠定以冬至日，始祖祠定以冬至之第三日……春冬二祭之前十日，值祭者预发传帖……临祭之先晚，通村鸣锣三阵，诸绅士、主祭、分献赴祠用习仪饭，点烛上席……次早不得说话，五鼓以后，又鸣锣三阵，主祭、分献、房长及各房绅士，齐集来祠，向上三揖，左右向先到者交拜一揖，各立两廊，低言细语，毋许喧哗，并不许上堂。俟绅士齐后，首士方请上堂，点礼生十六人，着公服，照科分，尽新不尽旧，其余俱以次序两廊跪拜，黎明行祭毕，各归本家。至午后，仍鸣锣三阵，催集破胙酒……"

这是谷村李氏关于祭祀祖先的习俗，摘自其《家规》第一条。春秋二祭，雷打不动，可见祖先在后裔心目中的地位，至高无上。

祖先就在习俗里。他们是习俗的创立者、传承者、完善者，在习俗里与子孙后代共享欢喜悲伤，历代后裔都在习俗里与祖先对话交流，习俗是祖先与后裔灵魂的碰撞、思想的交流与情感的凝聚。谷村李氏总祠的祭祀仪式，是对祖先的追念、缅怀和崇拜，其始祖与开基祖就是追寻其根基与本原的依据。

正因为如此，后裔们在举行习俗仪式时，必得恭敬、严肃、庄重、正规，不能有丝毫的嬉笑、谐谑、邪黠、喧哗的表情和行为，否则就是故意违反家规，故意对祖先大不敬，要受到家法族规严厉惩罚，受到儒家伦理道德和封建礼教严厉制裁。按照祖先的规矩做了，心里感到安稳，如果不按规矩去做，内心反而惶惶不安。这就是习俗的力量，虽然无形，却很实在，虽然无影，却很沉重。

过年的习俗，很有代表性。

除夕告祭，典型的祖先祭祀。除夕那天，先贴好春联，然后杀鸡祭血，备上鱼、肉、豆腐、斋饭等牲礼祭品，带上祭酒，揣上香烛爆竹，到祖先的坟茔上去转一圈，告祭祖先，叫作"贡享"或"供享"。回村后先去祠堂，先总祠、再房祠、后支祠或家祠，向列祖列宗"供享",最后才回自家厅堂"供享"家仙和祖先。

开财门。从除夕之夜开始,谷村族人轮流入祠值岁。到大年初一凌晨,择吉时举行开财门仪式。先是拜祭祖先,值岁的族人代表宗族全体人丁,对着祖先牌位、天地神灵行三跪九叩之礼,然后点燃香烛,斟满祭酒,最后才将大门打开,燃响开门爆竹。祖祠开财门的爆竹一响,各家各户便次第打开财门。此时,祖先是族人心目中列在首位的图腾。

拜大年。大年初一早饭后,全村男丁集中到祖祠,集体举行拜年礼仪。由首事带领,首先给祖先拜年,对着神龛上的祖先牌位,按辈分高低、地位尊卑、年龄大小排定次序,向祖先行跪拜大礼。拜完祖先,再拜长辈,依高、曾、祖、考、己、子、孙的辈分序次,按照年龄大小,依次入座受拜。这个过程,讲究的是"长幼有序",是长者为尊、祖先为尊的礼仪。如今,他们依然保留了大年初一到祖祠给祖先拜年的习俗。

启衙,或者启牙(也可能是"起衙"或"起牙"——衙,衙门;牙,牙人,生意的经纪、中介人),正月初二早晨的仪式。完成这个仪式,表明可以出门办事、外出发财和走亲访友了。仪式前半部分,与开财门仪式大同小异,家中长者率众男丁,点燃香烛,叩拜祖先、家仙,打开大门,燃响爆竹,将高香插在大门口,拱手朝四方神圣作揖。后半部分是"供享",这是开财门没有的程序,将早就准备好的三牲祭品向祖先"供享"。

正月十五元宵节,要闹花灯,这天傍晚必须灯火通明。旧时代，谷村的灯彩特别多，节目非常丰富，闹得也特别欢，是全体村民最为开心的时候。如今花灯是不会再闹了，但散灯的习俗保留了。下午先要出门散灯，去祖先坟茔，去祠堂里散灯，备上三牲祭品、祭酒、香烛爆竹，去给祖先"供享"；有的人家还会备上纸扎的公鸡，到新逝的亲人坟头焚烧祭奠。晚饭后，家家户户处处点亮蜡烛灯火，家里家外一片通红明亮，富丽堂皇。

这些习俗中，随处可见祖先的踪迹。

如今，保留下来的祖先祭祀，最鲜明、最直接的，是清明、冬至和中元。

清明叫作"挂青"，冬至叫作"挂纸"。有两句俗语很顺口："清明挂向前，冬至挂到年。"这两个节日，是活着的人们与逝去的亲人之间对话与交流的平台。这个时候，不论离家有多远，事情有多忙，远在异地他乡的游子，都会千方百计赶回家给祖先上香供牲。

清明"挂青"时，礼备三牲，携上香烛，多备纸钱和冥币。到了祖先坟前，首先清理坟茔上下的杂草荆丛，再培上泥土，然后"前三后四"地压上纸钱，即在坟头上横着压三张，坟脊上直着压四张，最后点燃香烛，烧化纸钱，放响鞭炮，洒上祭酒，供享三牲。清明的祭品中，过去还有发糕。发糕发糕，又发又高，越发越高。将这个祭品供享给祖先，是生者向祖先祈祷自己的人生之福。

冬至的祭拜礼仪与清明大体相同，但讲究略有不同。首先是冬至应当挂向后，一直可以挂到年关。其次是修墓，给祖先修缮坟茔，立碑垒围。有俗话说：挂青扫墓，挂纸祭祖；清明培土，冬至修墓，很精确地归纳了两个同为祭祖节日的不同特征。

与祖先直接对话交流的节日，还有一个七月十五，雅称中元，俗称鬼节。旧时给祖先"烧包封"，是大家大族集中行动，统一到祖先的坟茔上去烧化。包封里全是冥币、纸钱之类的祭品，是烧化给祖先在另一个世界使用的。此外，还要礼备三牲、香烛爆竹和祭酒。如今，"烧包封"仪式已经分解成了各个小家庭或小家族分头烧化，而且不一定到祖先的坟茔上去烧，可能随便找个地方就烧了，诸如大路旁边、河流旁边、小溪旁边、大树下面、村庄门头、牌坊脚下、大小桥头、废墟残垣等等。买包封时，摊贩专门替人将包封写好，一如邮寄信件包裹，包封正面写明"某省某县某乡某村某某葬地某某收"，落款自然是生者（一个家庭或一个小家庭全体男丁的名字，还要注明辈分），另外给那个世界的邮差写一个小包封，算是给那个世界里邮差的小费了。包封里烧化的，不止是冥币、纸钱等，还有纸质的手机、摩托、轿车、豪宅等现代物品模型。"烧包封"还有一个严肃的规矩，即花甲之期的界限：未满花甲之年而逝的祖先，包封在农历七月十五日下午或晚间烧化；已满或超过花甲之年而逝的祖先，包封在农历七月底的某个下午或晚间烧化。这个日期不能错，错了会被祖先们跑到梦里来责骂的。这当然是生者的担心，内心的愧疚，但却鲜明地体现了祖先无处不在的身影和对生者生活方式、行为习惯及至思想意识的种种影响。

祖先还会出现在其他一切祭拜礼仪之中。

一个人从出生到长大成人，到人生要成就的任何一件大事，到生产生活中要举行的任何一项重大活动，都会受到祖先在天之灵的特别关照。

报生的习俗就是这份关照的开始。婴儿（尤其是第一胎婴儿，不论男女；其他胎次的婴儿一般只限于男婴）一出生，其父亲立即就要向祖先们报告，即称为报生。报生礼仪要行两次，一次是向自己的家族祖先，一次是向妻子的家族祖先。婴儿出生后，做父亲的要携上祭品，到祠堂向祖先报告添丁增口的喜讯。当日（如果时间上允许的话）或次日，婴儿的父亲要挑上祭品，到岳丈家的厅堂和祠堂上报告添丁增口的喜讯。报生的过程有个讲究：前去报生的父亲，肩头挑着一副小担子，一头是三牲祭品等物，一头是装有祭酒的酒壶。倘若生的男孩，酒壶在担子的前头，而且是壶嘴在前头；生的女孩，酒壶在担子的后头。任何陌生人，只要看到这副担子的前后，立即就知道主人所得为男为女了。如今的人们已经不再履行这样报生的仪式了，顶多在家门口放上一挂鞭炮以示庆贺而已。

结婚是终身大事，女方家有辞堂的环节，男方家有拜堂的环节，这都是祭告祖先之礼。

乔迁新居是人生喜事，从旧居迁往新居前，要在旧居辞别祖先，迁到新居之后，又要在香案上给祖先安放神位，并且供享以示隆重和敬意。

其他重大节日，如端午、中秋等，祭祀仪式中都含有祭祀祖先的成分。在这么重要的时刻，人们是不会忘记把祖先请到宴席上，与家人一起共享欢乐与喜庆的。

二、挥之不去的神灵

——神灵是亘古的护佑，始终伴随着人们的生产、生活，出行、居家，神灵挥之不去，特别的日子、重大的活动，敬神成为主题。

上述习俗礼仪之中，不仅有祖先的如影随形，而且有神灵的挥之不去，神灵伴随着祖先的出现而出现。祖先与神灵，几乎合为一体，共同享受人们的敬奉、祭祀与崇拜。

现实生活中，每当初一、十五，绝大多数民众都要点上三炷香火，放响一挂爆竹，供上一碗斋饭，站在门口，朝东南西北各做"供享"。供享什么，谁也不知道，能够回答的也很笼统，充其量是"菩萨"或"神仙"。也就是说，初一、十五所供享的，只是一个不确定的神灵，这个神灵始终居住在人们心里。

大众所祈求的，是菩萨或神灵对现世生活、对人生前途、对子孙后代的保佑。换句话说，大众把一份虚无缥缈的祈求，寄托在一个虚无缥缈的神灵身上。因此，初一、十五便拥有非同寻常的意义,成了两个身份特殊、具有图腾象征的神示之日,成就了"初一、十五不出门"、"初一、十五早回家"的俗语。

在远去的旧时岁月,老辈人对这两个日子更为敬畏、更为虔诚,一定不会离开家门外出远游的,即使在外劳作,也是早早地收工回家,往往是日头刚刚落山或者快要落山就回家歇工了。在他们看来,这两个日子里,神灵是不会随着他出门远游的,大概也要休假吧。

这样充满神示意味的日子,还有立夏、端午、中秋等传统节日,人们都要备好牲祀祭品,向神灵与祖先"供享"。

立夏。俗语说"吃了立夏子,雷公打不死",也说"吃了立夏子,杜槌打不死"。"杜槌"也代表雷公,是雷公执法的工具;传说中,雷公用杜槌敲击杜凿,于是雷鸣电闪,天崩地裂。子,就是鸡蛋。表现在习俗上,立夏这天必须吃鸡蛋。从科学的角度看,这天的鸡蛋对于人体可能特别营养、滋补,把人养得壮实。而作为习俗,却与雷公雷神爷关系密切。同是这天,人们还要吃米粉肉、吃苋菜。这两样菜看与神示有什么关系就弄不清楚了,不过对于身体的营养来说,恐怕是有好处的。

端午。这是纪念屈原的节日,人们在门口、窗棂、中堂等处挂插艾叶、菖蒲等物,要吃"五子"(粽子、包子、蒜子、油果子、鸡婆子——鸡蛋)、饮雄黄酒,用蒜梗烧水洗澡洗头,旧时代还要举行集体活动——划龙船。如今不划龙船了,其他习俗依然保留。从自然科学的角度看,挂插艾叶、菖蒲,喝雄黄酒,洗蒜梗水澡，具有一定的防病作用。但在思想认识不发达的时代，有着神示的意味，认为那是除魔祛邪，魔邪被驱除了，人就减少病痛了。而吃"五子"，却与科举时代的祈求相关，"窦燕山，有义方，教五子，名俱扬"，寓意在神灵的护佑下"五子登科"，人人金榜题名、衣锦还乡，祈求的是荣华富贵、兴旺发达。

中秋。这是我国历史悠久的传统节日，赏月祭月是主要的习俗内容。中秋晚上，家家户户用柚子、月饼、花生作为祭品，上香点烛，供奉月亮。月亮里住着神仙，传统说法是住着嫦娥，民间说法住着月亮公公。有童谣唱道"月亮公公，提个灯笼。提到巷里，照得通红；提到塘边，倒挂金筒；提到墈上，四方八通；提到厅下，无贫无穷；提到床上，一觉好梦"，月亮是能够给人带来美好生活的象征。最为独特的习俗是烧塔。每当中秋来临时，人们都要用砖瓦搭起一座塔，中秋夜晚把塔烧得通红。谷村护吉大庙门前，有砖瓦垒就的一座高大中秋塔。烧塔时，人们围着塔往里添燃料，孩子们大声吟唱"烧塔烧塔，越烧越发"，直到把塔上的瓦片烧得通红。此时，家家户户端了月饼、柚子等祭品过来，对着火塔"供享"。这"越烧越发"的吟唱就有神示的意味：祈求兴旺发达，人丁繁衍，家族壮大……

农村里最为常见的造屋（建新房子），程序繁琐，习俗礼仪也就繁琐，充满了无处不在的神灵兆示。

择址。建房造屋是人生最为重大的事情之一，所谓"人生三大事，娶妻生崽建房子"，绝对不能马虎应付，必须严肃对待。

择址涉及房屋的坐向、方位、风水等诸多学问，是永固千秋、泽被万世的大事，定得请来地仙（即风水先生），端着罗盘把龙捉脉。主东先要准备公鸡一只、白米一斗、香烛、爆竹、红纸或红绸、三牲等一应物品，待房址正式确定，便杀鸡为祭，撒米为证，燃香为敬，放炮为贺，红色作凭以为驱邪，三牲供享以奉神灵。

动土。就是开挖墙基。之前，工匠们需要在地仙的指挥下放线，在房址上画出动土的基脚平面图。放线的时候，对未来房屋四个角的位置，先要垫砖、石为记。此时是要祭祀神灵的，依然是一只公鸡、一斗白米、香烛爆竹等，白米上盖红纸一张，红纸上面放红包一个、香烟一条（旧时可能是烟叶或者烟袋）、泥水匠工具如泥刀一把、吊线一根、镐子一个；祭祀时，泥水大师傅要手捉公鸡，高唱赞词或者"喝彩"。祝赞和喝彩仪式基本相同，只是喝彩比祝赞多了一个应答的助手，大师傅先喊一声"伏以（飞）"，助手应答一声"贺噢（好）"，然后大师傅高唱赞词，每唱一句，助手都要应答一声"贺噢（好）"：

手捉金鸡大吉昌，动土时候正相当。此鸡生得最雄壮，头又高来尾又长，红冠绿耳爪黄黄，开工动土呈吉祥！

还有一种赞词也比较简短：

大门字向东，代代儿孙在朝中。大门字向南，代代儿孙上南山。

大门字向西，桶进银子斗进金。大门字向北，文武双全归你得。

祝赞词唱完最后一句，立刻响起鞭炮，杀鸡洒血祭神，按照"左青龙，右白虎"的规矩祭四个屋角，将鸡血洒在四块垫砖和基脚石上。有这个祭祀仪式，神灵就会保佑动土的顺利。祭祀之后，方可挥锄动土。动土开挖时，四块祭有鸡血的砖要收好，日后用于房屋建起之后，放到房顶上压墙角，是为"镇邪之砖"。

奠基。也叫"打墙脚"。这时，要将祭过鸡血的基脚石（镇邪之石），分别安放到大门、四个墙角之处的基沟里。奠基时，要奉祀神灵，礼仪一如动土但不再杀鸡，以祈求神灵荫护庇佑。祭祀完毕，就砌石垒砖直至出平水。

起手。在平水之上垒墙，进入了房屋建造的正式阶段，开始垒第一块砖石，叫作起手。也要祭祀，仪式一如动土，仍要公鸡一只、白米一斗、香烛爆竹等祭祀用品，仍要杀鸡洒血祭祀，泥水大师傅仍要高唱祝赞词或者"喝彩"：

今日起手正相当，太白金星来相帮。层层楼房高高起，又添福来又添喜。

一块砖来是银砖，主东家里出高官。二块砖来是金砖，出了朝官出天官。

这时，另有一个讲究：如果垒墙建正房的泥水工匠是打墙脚的那一伙，主东就不用置办酒席；如果因为各种原因换了另一伙泥水工匠，主东就要置办酒席款待。

竖门。就是树门，也叫"安门石"，把大门垒砌起来。起手垒墙到三尺高的时候，要举行"竖门"仪式。由于大门代表了风水字向，这个仪式显得特别庄重。旧时竖门，对于不同财力的人家，讲究是有不同的。最有钱的人家，采用青石，其次采用红石，而且用四条，门坎石、两边的门楹石、顶上的门梁石，往下依财力状况分别有用三条（两楹及门顶）、两条（长的作两楹，短的作门顶和门坎）、一条（门顶）的；财力差的就用木料，木料的讲究就各有不同了，整条的，拼条的，多为杉木，用于两楹及门顶；财力相当差的，只在门顶上用拼条木料，两楹则是用砖垒砌而成。门坎不能用木料，不用青红石的，一般都用烧制的巨型陶土砖两块。因此，这个仪式对于使用石材的有钱人家就叫作"安门石"，对于使用木料做门框建房的人家就叫作"竖门"。门有讲究，高为九个发尺，宽为五个发尺。发尺，是旧时建房的术语，一个发尺为九寸，取"若要有，就是九"的寓意。安放门顶的门梁石时，要祭祀门神，杀鸡、燃香点烛放鞭炮，泥水大师傅祝赞或者喝彩。赞词一般是：

　　吉日良辰大吉昌，缮起门石正相当。门官年年皆吉利，
紫薇高拱新气象。

　　七星高照亮堂堂，北斗耀眼映门梁。照得房屋生贵子，
映得满门吃皇粮。

　　前面东居来送宝，后面身边放毫光。自从今日缮石后，
荣华富贵发其祥。

　　这段赞词对于不用石材的人家来说，泥水大师傅会据实修
改一下，"门石"改为"门梁"，"缮石"改为"竖门"，反正是
要求切合主东身份。

　　缮架。旧时房屋结构，一般是"外泥内木、下泥上木、顶
泥中木"，即房屋的基脚、四面墙壁、柱础为砖石或泥坯结构，
房顶盖瓦，由泥水匠负责，里面的房架和板壁（木板拼合而成，
用作隔墙，俗称"水板"）为木质结构，由木匠负责。对于有钱
的大户人家来说，四面外墙为砖墙（青砖——用木柴、谷壳作
燃料烧制而成，呈青灰色；炭砖——用煤炭作燃料烧制而成，
分别呈红、白、酱等混色），最好的房子为扁砖到栋，次为扁砖
到檐，再次为扁砖到楼，还有扁砖到腰（人的腰部），最差的砖
墙为斗砖到栋。除砖墙外，还有乱石墙（即由泥灰沙浆垒砌石块、
碎砖、卵石等为墙）、泥坯墙、夯土墙、"金包银"（同一堵墙的
外部为砖或乱石，内部为泥坯）、"金托银"（同一堵墙的下半部
分为砖或乱石，上半部分为泥坯）。基于此，缮架就有两个含义：

一是泥水匠的缮架，叫作"定尚"，为屋柱的竖立垒好尚墩（即柱础），没有尚墩就立不了屋柱。二是木匠的缮架，这就比较复杂，也比较隆重。房屋内部的木质结构，就像整栋房子的骨架，需要支撑整个房屋的楼、顶，楼要架楼辐、铺楼板以承重，存放防潮的东西、物件，顶要架瓦桁、段皮、盖瓦、起栋（即屋脊）以防雨防漏。正因为木质构架如此重要，所以木匠师傅必须分外小心、认真施工，屋柱、横梁、榫要构成坚固的房屋框架。木匠的进度与泥水匠的进度保持同步，所以缮架仪式也同步进行。木匠师傅按照房屋结构的尺寸制作好各种木料的榫头、榫眼、木槽、搭口，主东选定黄道吉日，木匠师傅将早已准备好的木料按照榫头、榫眼、木槽、搭口构筑起房屋的框架，叫作缮架，也叫撑架、排撑（撑排杉，因为房屋木料多为杉木，所以称这种房屋叫"排杉屋"）。房屋框架撑起来了，缮架仪式就开始了：按照金木水火土五行相生相克的讲究，木匠师傅站上位，叫作金边，泥水师傅站下位，叫作银边。此时，主东要点燃香烛，放响鞭炮。然后木匠师傅用斧头敲屋柱三下，把事先预备好的木塞子敲开，泥水师傅接着用泥刀敲屋柱三下，此时房东杀鸡洒血祭祀神灵，泥木二位大师傅各唱祝赞词一首：

今日缮架喜洋洋，主东家里涌吉祥。屋树撑得栋梁起，子孙后代状元郎。

今日缮架笑嘻嘻，主东屋里满喜气。几重福来几重寿，探花榜眼赞金鸡。

上梁。这个仪式是建房当中最为隆重，最为神圣的。梁，就是梁木，是横跨住房正厅的长木，选材非常讲究，必须头尾粗细匀称又笔直，而且必须是"发蔸树"（即原有主干砍去之后，从树蔸下重新长出来的杉木），女人不得从这上面横跨过。主东家要请道士或生庚斯老择定上梁的黄道吉日，将亲朋好友都邀请来做客，大摆宴席招待。要邀请锣鼓家什、喇叭唢呐来庆贺热闹。这个仪式，有的人家在房屋建起盖好瓦之后，有的人家在房屋盖瓦之前，要据所选黄道吉日确定。程序一般是：发梁。梁木原材料摆放在厅堂中央，由木匠师傅量好尺码（叫发码），刨光树皮，请书法最好的先生在梁木中段写上建房日期、主东姓名，再由木匠或漆匠将梁木涂成红色；主东要预先做好一尺五寸的青布兜袋，袋里装入大米、茶叶、历书（过去叫皇历）、文房四宝、金子银器或硬币花边等物，绑在梁木中间，绑青布袋时燃放鞭炮。

游梁。在司仪的主持下，装好香烛灯盏，主东父子将红梁扛上肩，父扛头（蔸）部在前，子扛尾（梢）部在后，锣鼓即时响起，鞭炮齐鸣；此时，木匠师傅用斧头敲梁木三下，高唱一段祝赞词；赞完出门，绕村庄游一圈，到村庄上最为重要的地点游一遍，然后穿过牌坊（门头），进入祠堂，要放鞭炮，最后回到新房子来；整个过程中，锣鼓不停，唢呐劲吹，鞭炮齐鸣，越热闹越红火越好，越表示兴旺发达。

接梁。木匠与泥水匠分上下首站在主东新屋门口，司仪杀公鸡祭神，木匠从主东父亲肩上接住蔸部，泥水匠从主东儿子肩上接过梢部，将梁木抬起新屋厅堂。

赞梁。泥木工匠们将红梁摆放为升梁的架势，由木匠大师傅举起酒杯，高唱祝赞词，一般要赞梁头（蔸）、梁中、梁尾（梢）三段。

升梁。工匠们要用红绸（布）带，将红梁升上楼，升到安放梁木的位置，暂放。

暖梁。正式安梁（定位）的时辰未到，锣鼓喇叭不歇，木匠师傅将从梁上刮下来的木屑点火烧了，意为给梁木取暖，寓意红火、兴旺。

安梁，也叫"登位"。在厅堂两边墙上架着梯子（称云梯），木匠上首，泥水匠下首，端着馒头或包子，互唱祝赞词，登一步云梯唱一段祝赞，登完云梯就唱完赞词；这是最为热闹、最为庄重神圣的过程，两边工匠比赛似的唱，除了师父传给他们的固定赞词外，还得新编一些切合主东家庭情况与期望的赞词，属于即兴祝赞，这个比较难，却是现场观众们最感兴趣也最为欣赏的情节；赞词一般以唱十二个月为主，即上梁的楼梯应当有十二阶，加上安梁的一步，共为十三阶，以不同时令的鲜花为特征，必须唱满十三层。十三步云梯赞完，鞭炮齐鸣、锣鼓喧天。此时，祝赞的工匠要向下抛馒头，每抛一次高赞一次，其他工匠在这个热闹的氛围中将红梁安放妥当；此时，安梁的师傅要唱祝赞词，至少要唱四句，多则不限，为了助兴都会唱得比较长，都是吉祥用语。

拜梁。富贵人家或者几世同堂的人家，由长者带领子孙们对着宝壁家仙位跪拜磕头。入席。亲友们用晚餐正宴，敞开肚皮喝酒吃肉；主东则要给泥木大师傅安席，木匠大师傅坐一席，泥水大师傅坐二席，主东要分别给二位大师傅或其他工匠们敬酒。为给主东增添喜庆气氛，在拜梁和用餐过程中，木匠师傅和泥水师傅也会趁着兴头高唱祝赞词，此时祝赞更是即兴表演，能掀起喜庆高潮。大师傅为了锻炼徒弟或跟角，一般会在这个场合让徒弟或跟角上前祝赞。云梯赞词一般是：

一步云梯梨花开，我将仙品丢下来。馒头下地是元宝，主东家里出人才。

二步云梯杏花开，种谷下水秧苗来。春耕生产忙田里，今年丰收定应该……

也有另外的赞词，语言都是吉祥、开心的：

正月梨花白白来，苏秦做官转回来。伴福鸾驾赶回乡，五湖四海天下扬。

二月杏花风吹来，种谷下水生长快。男女老少春耕忙，处处做好田等秧……

起灶。也叫打灶，意味着家庭、家族香火茂盛，人丁兴旺，需要分火起烟，因此打灶的日期必须严肃对待，慎重选择。谷村有两种方法确定打灶的日期：一是除正月外的每月初一、十五；二是请生庚斯老或地仙拣选吉日良辰。动工时，先要燃放鞭炮，既示庆贺，也为驱邪；既求保佑，也求兴旺。

乔迁。新房子建起了，新灶也垒好了，主人家该乔迁新居了。于是，又有了新的祭祀仪式。主人家先得在旧房子旧灶上弄好饭菜，在旧房子里点上香烛，供上斋饭以及三牲等祭品，放响爆竹，之后向神灵及家仙、祖先供享。完成了旧房子这边的仪式，主人一家每人都得拿上一件餐厨用具，一般是男主人端着饭甑，饭甑上插着香烛，走在第一位；长子用托盘或竹篮盛着菜肴端在手上，托盘或篮子上贴着红纸，走在第二位；其他子女则按年龄长幼，各选一件餐厨用具，都贴上红纸，依次跟随；女主人则拿着火把，从旧灶里点着，端着祭祀的三牲等祭品，走在最后。一家人依次离开旧房子，走进新房子。到新房子后，女主人要将火把放进新灶炉膛里，把灶火烧旺，男主人则要将香烛装在新房子的家仙位置上，再点一副香烛装到新的灶台上，接着燃爆竹，供享神灵和家仙、祖先，然后一家人在新灶上把饭菜热一遍，之后再食用。至此，乔迁仪式才告完成，其中的敬神活动，既祭祀了灶神，俗话称作"司命公"，也祭祀了其他相关的各路神灵，诸如福禄寿喜财风水雷电土地等，几乎无所不包。人间喜乔迁的日子，就是神灵大聚会的时刻。乔迁的时间也有讲究，一般都要挑选吉日良辰，有的还要选择吉时，严格按照挑选的吉日吉时乔迁；有的则选择在凌晨时分，路上没有其他人行走的时候，静悄悄地搬入新房子里居住。

有些习俗仪式虽然消失了，但神灵依旧在，他们转移到了其他习俗之中，继续影响人们的生产生活。

土地神不再游荡在野外田间，而是被人们恭敬地请到了家里，堂皇地端居厅堂中的正位。在谷村的老旧房子里，可以看到家家户户香案下，宝壁底板壁上，赫然贴着过年时的红纸，正中央竖写着"中央土府君神位"，右侧紧上角竖写着"土中生白玉"，左侧紧下角写着"地内产黄金"，红纸的下方，多数垒着一个小土墩，是用来装香烛的，那是土地神的居所。由此可见，人们对土地神的崇拜与敬畏，已经深入心灵深处最为妥帖的位置。每逢节庆盛会、祭祀活动，人们都会到土地神的面前供享。

还有一些神，信奉者并不知道他是什么神，住在哪里，但却又实实在在地端坐在信奉者心中。换个说法就是，信奉者把他们请到了自己的心灵深处，以随时安抚自己受伤的心灵，以祈求随时随地的保护与荫庇。比如突然受到惊吓，被惊吓人立刻双手合十，望空拜上几拜，嘴上自然而然地反复念着"菩萨保佑"。又比如说，人们偶然听到某位熟悉的朋友或亲人，遭遇灾祸却又遇难呈祥，闻听者立刻双手合十，念念有词"神仙保佑"。

还比如，某人（既有大人也有小孩，以小孩居多）受到突然惊吓，患了心病，成天无精打采、恹恹欲睡，有人就会询问在什么地方受到惊吓，待问清楚后，其亲人就会手持扛笠（俗语叫法，就是用篾片框好的小鱼网，装着长长的木把），于傍晚时分，前往其人受过惊吓的地方（路上的某个小坑或者水塘）打捞，边捞边喊："某某某，回家睡啊！某某某，回家睡啊！"边喊边往家里走，直喊到受惊吓者身边，在其额头上亲吻一下，或者用手在扛笠当中凭空捞一把，迅速捂在受惊吓者额头上。这个活动，叫作"喊魂"。整个过程，是经典的希望寄予神灵的过程：人的灵魂被恶鬼凶神攫远了，需要通过呼喊祈求正神善仙帮忙，把受惊吓者的灵魂追讨回来。

　　这样的习俗，不需要什么仪式，只需要过程，按照一代代传下来的程式去完成，即是对神灵的敬畏或祈求。神在哪里？在人们的心里。

三、血肉相连的亲情

　　——高曾祖考己子孙、兄弟姐妹舅姑姨，血肉相连、亲情难断，一生之中，谁都难离难舍，习俗往往成为最好的表达。

　　习俗，有的让人感觉温情脉脉，有的让人感觉热情似火，有的让人感觉牵肠挂肚，有的让人感觉到撕心裂肺，体现出来的便是血肉相连。

这首先便体现在人的生长过程中的一系列庆典习俗当中。

报生的习俗毋须再叙，其中不仅有如影随形的祖先，也有挥之不去的神灵，更有血肉相连的亲情。婴儿出生之时，其父母的欣喜，其祖父母的欣喜，其他家人的欣喜，不用形容人们也能体会出来。

此后，随着孩子的不断成长，孩子的父母会为他的成长举办一系列的庆典：

三朝酒。婴儿出生三天，主人即要举办酒宴。

满月酒。婴儿长到满一个月的当天，也即婴儿母亲月子期满的当天，主人又要举办满月酒，既庆贺孩子满月，也庆贺母亲坐满月子下床，可以正常劳作。

百日酒。孩子长到一百天的日子，主人又会举办一个"满百日酒"，寓意"长命百岁"。

周岁酒。孩子长满一周岁，主人即会再次举办酒宴。

十岁酒。孩子长到五六岁或七八岁，一般不能等到九岁，家长就得给他举办预祝十岁生日的酒宴了。

这些酒宴的举办，在民间颇为盛行，尤其是旧时代，需要借助这么一些宴席，来拉近亲戚朋友之间的关系，表达对子女成长的关切，体现出来的自然是亲情的深厚、浓郁和密切。酒宴的操办有大有小，看主人的经济实力与地位名望。受邀的亲朋好友，一般都要送上衣物鞋帽等礼品，以示对孩子的看重、期望和对家长的尊重、答谢。

古时候有一个"冠礼"，也就是成人礼。《谷村仰承集·地舆》："十里之遥，一本之亲……冠婚丧祭，往来庆吊，虽各派各房，不啻同堂焉。"其中的"冠"字，指的就是冠礼，即成人礼。

那时的孩子，成人之前不戴帽子，只扎发髻。成年人要戴帽子，于是在成人之年举办初冠之礼。行初冠礼时，孩子的父母、祖父母以及家族中其他人均要到场，还有孩子的老师，请宗族中的长辈长者或族长本人，主持冠礼仪式：由受礼者在祠堂上，当众将头发盘起，戴上礼帽，因为这是第一次戴上礼帽，因而叫作成人初冠礼。此时，长辈必须给这个成人的孩子取一个新的正式名字，即为"取字"。取字之后，就不能再称呼他的名了。

由于受冠的孩子要穿戴的服饰很多，包括冠中、帽子、幞头、衣衫、革带、鞋靴等，冠礼之前，母亲要一针一线亲手缝制，其中倾注着父母多少深情厚意呢？

成人初冠礼被废弃已有近四百年，不过取字的习俗保留到了婚礼之中。男孩结婚时，家长要给他取一个正式的字，用红纸书写了张贴在厅堂、祠堂之上，布告于宗族、祖先、亲友。红纸横用，上书"××新婚取字，请呼××"，最后两个字即所取之"字"，横向大字书写，前面的字在中缝小字竖行书写。这个"字"是不能随便取的，父母一定得仔细考虑，要在这个"字"当中表达出自己对孩子未来的期望和寄托。翻开《谷村李氏族谱》，每个名字后面，都是名××、字××，这就是习俗的传承。

结婚成家，是父母对子女人生要求的第一大事，因此婚礼习俗当中就更加体现得亲情浓浓、亲情悠悠。

农村的传统婚礼由嫁礼与娶礼两部分组成，嫁礼是女方家庭举办，娶礼是男方家庭举办。而在嫁礼与娶礼举办之前，男女双方结成儿女亲家，要经过诸多必不可少的程序。

第一道程序是说媒。男方得知某地某村某女子与自己的儿子比较相配，就托媒人前去说媒。女方见有媒人上门说媒，父母便会欣喜地打着商量，并尽量从媒人、红娘或月老口中探知男方家底，如人口多少、富贵与否（其中主要打探房屋几间、田地多少等）、人品怎样等等情况，如果初步印象较好，就会同意见面谈谈。至此，说媒的程序完成得比较好。

第二道程序是相亲。叫作"看罗帐"，所谓罗帐，就是床铺，进而指男方的家产及人品、身材长相、外在条件等。也有人说是"落挡"，方言中"帐"、"挡"同音，是兼音字，指地方，"看落挡"就是看落脚的地方。男女双方确定日期后，女方就邀集七大姑八大姨、上婆姆下妯娌，浩浩荡荡地前往男方家，把男方家里里外外摸个通透。男方家长为了让女方同意把女儿许配给自己的儿子，则极尽热情地招待女方亲友，把家里家外弄得亮堂光彩，甚至让儿子直接就按女方的口气称呼女方的亲友"姑姨婆婶"了。看过"落挡"之后，女方同意了，男女双方就把对方称作"对象"。孩子有了对象了，父母自然喜上眉梢，乐在心中。

第三道程序是割八字。男女双方同意结亲，就要给男女二人配生辰八字，叫作割八字，也叫对生庚。女方将女子的生辰八字用红纸书写好，送给男方。男方拿到女方的生辰八字后，也将男子的生辰八字用红纸书写了，请懂得天干地支、生肖相配、五行相生的生庚斯老或者占卜先生，就男女双方的生庚推算是否相配。若配，则亲家结成，若不配，则亲事告吹。如果男女八字相配，婚事就板上钉钉。

第四道程序是回生庚。就是订婚。男女双方割过八字，亲事敲定，便请占卜先生或者生庚斯老拣定一个黄道吉日，同时举办酒宴，邀集四方宾朋前来同喜。男方必须准备充足的聘礼和礼金，同时将写有男女双方生辰八字的红纸整整齐齐地叠好，用红色托盘托着，欢欢喜喜送到女方家长手中。女方家长接了，必须恭恭敬敬地将托盘供奉到香案正中央，家仙的位置上，告诉祖宗先人这桩好事成了。从这天开始，男方就称女子为"未婚妻"，女方就称男子为"未婚夫"，女子就可以认定自己是男方家里人，这个男人就是自己的终身依靠了。《谷村仰承集》中的"节女"、"烈女"传记，可以佐证。

第五道程序是通日子。订婚之后，接下来的大事就是嫁娶大典。但嫁娶大典是人生最为重要的仪式，先得选定日期。男方家庭觉得男女双方均已长大成人了，该谈婚论嫁了，就请生庚斯老或占卜先生，依据男女双方的生辰八字，确定举行嫁娶大典的黄道吉日。选定后，男方通过媒人或者派人亲自上女方家门，将初步选定的结婚日期通报给女方，叫作通日子。女方接到这个日期后，一般都会表示同意。

第六道程序是男娶女嫁，即结婚典礼。这是整个结亲过程中最为隆重、最为热闹也最为虔诚的程序，红旗招引、唢呐奏鸣、敲锣打鼓、伴娘相随、车轿伺候等，是最基本的仪式。其中有几个体现浓浓亲情的细节：送肠。男方迎亲队伍到了女方，女婿得给丈母娘家送上面条和猪小肠，面条意为长寿，祝泰山大人寿比南山；猪小肠，肠谐音长，寓意长长久久，夫妻恩爱、白头偕老。赠衣。丈母娘家接受了女婿送的面条和小肠后，当即送给他一件或一套崭新的外衣，质地越好，越体现丈母娘家对女婿的喜爱，女婿立刻就要把这件衣服穿在身上，去厅堂之上拜见女方的亲朋好友，谓之下礼。这两个环节一来一往，体现出来的亲情浓郁如蜜。哭嫁。出嫁的女子离家上轿之前，一定得拉着母亲在自己的闺房里失声痛哭，最好是编着顺口溜抑扬顿挫地哭诉，诉说自小以来父母对自己的好，感谢父母辛勤的养育之恩。这时，作母亲的自然忍不住泪湿衣襟，哽咽着劝慰女儿不要记挂父母，告诫女儿到了夫家要上敬公婆、下抚姑叔。几多亲情，几多不舍，都在泪水中流淌。辞堂。女子哭嫁完毕，走出闺房，在锣鼓与唢呐声中，拜别父母、祖父母、兄弟姐妹、家中其他亲友和供奉于堂上的列祖列宗，先在自家厅堂拜别，后到祠堂拜别，从此就离开生她养她的娘家，步入另外一个陌生的却将是她永远落脚的新家。送嫁。女子出嫁，要邀请她的若干闺密当"送嫁娘"，选择六、八这样的吉祥双数，同时她的弟弟当中要选一两个甚至三四个，跟随送亲队伍为出嫁的姐姐送"油担"，亲自把姐姐送到姐夫家去。这里既有友情的表达，更有亲情的延续，体现在同辈之中，意为同胞血脉永难割断。拜堂。男子把女子迎娶到家，便要在司仪的主持下，举行拜堂仪式。拜堂仪式远没有影视作品里面看到的那么简单，"一拜天地"是有的，但拜的不止是天地，还有祖宗神灵，这个仪式是在祠堂进行的；"二拜高堂"也是有的，但拜的也不止是父母大人，还有三服之内所有的亲友，直到同辈中比自己大的兄长姐姐，是在男子家中厅堂上进行；"夫妻对拜"是没有的，而是夫妻同拜，不论在祠堂里，还是在厅堂上，已经结为夫妻的男女就开始出双入对，一同拜敬天地祖宗神灵和父母亲友，这已经是夫妻共同生活的正式开始了。这个过程，不仅表达了父母与子女之间的血肉亲情，也表达了三服之内的家族亲情。安席，嫁礼与娶礼都有正席，也即正餐，有一个席位安排的礼仪：女方的嫁礼是由女子的父亲安排席位，男方的娶礼是由新郎官安排席位。在主东家的大厅里，靠近家仙位置有两张八仙桌，四个席位体现出尊贵，右侧靠内为一席，左侧靠内为二席，右侧靠外为三席，左侧靠外为四席。一般规矩是舅父一席，姑父二席，姨父三席，其他贵客四席。但在婚礼上略有不同，特别是男方的娶礼席位安排上。在谷村，男方娶礼要办两次正席，一次是新娘子进门的当日晚餐，首席（即一席），一定得安排新郎官的舅舅坐；一次是次日早餐，一定得安排新娘子的弟弟坐首席，他是新郎官的小舅子，未来孩子的舅舅。新郎官安排这两次席位时，得点香烛，放鞭炮，给舅舅或小舅子摆好碗筷，在碗中筛上美酒，再朝他作揖三个，以示恭敬。其中的礼仪既体现了亲情的浓郁，也反映了长幼的尊卑，既涉及到亲情的秩序，也涉及亲情的面子。

第七道程序是回门。也叫作"三日回门"，这是婚礼的尾声。男女新婚第三天，男方派人将新娘子送到丈母娘家，让新娘子回门拜望父母亲人，这是联结亲情的直接手段，特别是增进丈母娘家对新婚女婿的感情。为此，丈母娘家得准备丰盛的酒席，招待新婚女婿，邀请家族中人陪同，酒量突出的人陪新郎官坐首席喝酒，一定得把新郎官灌醉方肯罢休，否则就有对新婚女婿招待不周、态度不好的嫌疑，恐对新婚夫妻今后生活产生不和谐的影响；新郎官必须得硬着头皮喝酒，直至喝得酩酊大醉、不省人事，才算得上对丈母娘一家人十分坦诚、十分亲密，否则就有端架子、打官腔的嫌疑，恐对今后的亲戚往来产生不必要的隔阂。吃过晚宴，女方家得安排男丁送女儿女婿回公婆家，还要送上"打发"，"打发"一般是包子、面条、饼干、糖果等物品，主要是包子，男方家里要将这些包子分送给同宗同族的每家每户，以示新娘子初来乍到，需请宗族中人多多关照，这个细节叫作"表包子"，表，读去声。此举就有为新娘子与夫家宗族拉近距离、密切感情的用意。这个回送的环节叫作"送尚佬担"（应该是"送赏礼担"更妥些）。男方家里又要备酒席，招待女方"送尚佬担"的男丁们，同样要邀请族中酒量出众的人来陪酒，劝他们多喝，能把他们灌醉就更显热情似火、亲情如醴，就能预示今后的亲情关系如美酒一般芬芳甘醇。如今，因为快节奏的影响，这个程序往往在嫁娶大典之后的次日就举行，谷村太园村的李建东书记笑言：如今叫作两日回门。有的甚至干脆取消，采取用钱折算的办法代替。如此一来，亲情就褪色了许多。

如美酒一般芬芳甘醇的亲情，在生日与寿诞礼仪中体现得更是直接，甚至更为浓烈。

父母对子女，记得最清楚的莫过于生日，何年何月何日何时辰，了然于胸，儿女无论长多大，父母对此依然记得清晰。尤其是做母亲的，这是她们的天性。这份天性的流露，就表现为母亲在孩子生日的那天，给予孩子以生日的特别纪念，或煮一碗面条，或摊几个鸡蛋，或炒几个好菜，让孩子在开心快乐中度过自己的每个美好生日。有心的母亲，还会在孩子生日当天早上，点燃香烛，燃放鞭炮，给各方神圣供享斋饭，以示庆贺。如今的母亲可能不煮面条和鸡蛋了，而是上街买来时尚的蛋糕为孩子庆生。蛋糕似乎更有意思，既有面又有蛋，面条与鸡蛋兼具了，亲情是更浓了呢，还是浓缩了呢？

面条的作用，在长者的寿诞上表现得更为明显。儿女们给父母贺寿，举办贺寿酒席，操办的是儿子，送礼的是女儿。女儿送礼：一要送寿宴所用的菜肴食料，比如鸡鸭鱼肉等等，这是招待宾客用的；二要送面条、鸡蛋、包子、饼干糖果、鞋袜、寿衣寿被等，这是祝贺父母双亲"福如东海、寿比南山"的。最隆重的是拜寿仪式，在司仪的主持下，儿子女儿们、孙子孙女们，依次上前跪拜，向父母敬奉面条，谓之"长寿面"，亲自喂到父母嘴里，边喂边说一些祝福的话。每一个子女跪拜时，都要放响鞭炮，增加喜庆热闹的气氛。《谷村仰承集》关于"庆寿之礼"的规定，身份地位尊贵者可以在祠堂里庆寿，宗族里还送贺寿礼物，"寿联寿烛寿饼寿面"等。身份地位卑微者即使进祠堂庆寿，那也是"仅办酒一席，或但办送知单酒一席，办酒仍送寿联寿烛。若仅办送知单酒者，烛对全无"。普通人家举办寿宴，并不一定是要争个地位、身份，而是要图个快乐、开心，为父母增添喜庆。父母与子女，在这场寿宴之际，进一步增进感情、密切亲情，表现出一家大小的团圆和睦，目的就达到了。

生日习俗，表现的是父母对于子女的深爱；寿诞习俗，表现的是子女对父母的敬爱。亲情的联结，在这些习俗中得到永恒的表达。

撕心裂肺的亲情表达，是丧葬之礼。对于逝去的亲人，人们必须按照传统礼仪，送他们最后一程。

送终。是孝行的履行和表达。亲人咽下最后一口气时，他的后人必须都要在场，谁没到场，都会令逝者留下永远无法抹去、令生者永远无法弥补的遗憾。

更衣。对于逝者，后人们必须让他走得干净、舒服，要给他擦洗身子，换上寿衣寿裤寿袜寿鞋，让他得到人间的最后一份享受，获得最终的人生尊严。

入殓。也叫入棺。更换寿衣寿裤之后，要将逝者送入祠堂入殓。从家门口送逝者出来，前面要有报丧锣声引导，一路敲到祠堂内，以表达痛苦悲伤。入殓时，要在祖宗牌位和棺木前点燃香烛，放响鞭炮。此时，逝者的后人都会忍不住发出痛苦的呼号。这是亲情中极端不舍的极致表达。

守灵。入殓后，棺木停在祠堂中央，搭起灵堂，后人日夜守灵，接受亲友吊唁。这是后人与去世亲人的最后相伴时间。守灵时，长子长孙跪在棺木的右侧，面对前来吊唁的亲友，替逝者行答谢之礼。逝者已出嫁的女儿、孙女，得知噩耗赶来，不但要行吊唁之礼，还要行哭丧之礼，叫作哭棺，扶着亲人的棺木号啕大哭。

《谷村仰承集》记载，对于"吊丧之礼"："凡族中绅士及绅士之父母、祖父母物故者，准纳祭奠祭文，请众做祭仪，或自办。临期最早，众绅士会集祠内，送祭帐、祭仪、猪羊等物至伊家，序立灵前。礼生唱礼读文。祭毕，盛馔而别。各送帛敬一百文，做文写文者各三百文。"这项规定仅限于"吊丧"环节，而且是对宗族之中身份地位尊贵者而言，至于身份地位卑微者，则没有那样的待遇。

以上是丧礼部分，后人对亲人的溘然去世，正沉浸在最大的伤痛之中，浓浓的亲情陡然被割断，痛楚可想而知。到了葬礼部分，哀哀凄凄的情绪始终萦绕在人们心头，一切礼仪却如常进行，亲情便融化于葬礼习俗的各个环节之中了。

出殡的仪式最为隆重，气氛最为凝重。逝者亲人孝服在身，哭棒在手，哀伤哭泣。丧工们无声地进行着每道程序，围观者也都悄无声息，生怕自己的异常行为冲撞了亡灵。首先响起来的是报丧锣声，接着响起来的是哀伤的唢呐声。逝者的儿女们围着棺木再次哭棺。再下去是锣鼓声，和着唢呐的哀伤，奏响民间哀乐，节奏明晰却曲调哀婉。再下去是主祭的高唱声，主祭一般请专业人士，农村里有专门从事丧葬礼仪的主持（或称道士），那声音从他们嘴里发出来，像是拐了若干个弯一般，哀婉悱恻，揪心揪肺。接下去是祭拜，按规定顺序进行：先内亲，再外戚，后好友，按主祭点名轮流祭拜。祭拜过程中，不时地燃放一种短挂的爆竹，显得仓促急切，令人难受难忍的感觉。祭拜过程中，主祭会安排吟诵祭文，声音哀哀切切。祭拜已毕，然后出杀。所谓出杀，就是驱邪的仪式，主祭道士在灵堂上祭起驱邪的道符等东西，嘿嘿哈哈、比比划划地喊上一阵，之后方准出殡。再后起灵，引魂幡开路，报丧锣为次，再是挽幛花圈等，"八仙"（对抬棺人的比喻性称呼）将棺木抬起，此时哭棺的人要立即赶到祠堂大门外的空地上，面对棺木跪拜；待棺木抬过面前，他们又要立即起身，女儿孙女们上前护棺，每人手握龙绳送葬。儿孙们便由大到小依次跟在棺木后面，长子披红，端着逝者主位，长孙也披红，须骑马或坐轿；最后是丧乐队。

送到墓地，准备落葬，儿孙们将哭丧棒插在棺木前，最后一次祭拜。待棺木放入墓穴之中，逝者入土为安，他们才起身，对亲人的亲情就将化为永远的思念与忧伤了。

葬礼结束后，长子长孙要回到祠堂，将逝者的灵位神主安放到供奉祖先牌位的享堂之上。返回途中，锣鼓敲着轻轻的节奏，仍是哀伤的感觉。唢呐不吹了，改为笛声或者箫声，哀伤的曲调如绵绵细雨，浇得逝者后人心酸无比。

对于丧葬礼仪，还有这样的规矩：一是入祠规矩：在村庄之中去世的族人，方可入祠举办丧葬之礼；而于村庄之外去世的族人，一律不准入祠也不准入村举办丧葬之礼，只能在野外找个地方搭建灵堂。二是坐厅规矩：祠堂一般都有二进，分为上厅、下厅，在村庄当中去世的族人，年满花甲（六十周岁谓之寿）的，停棺上厅入殓办祭；年未满花甲（未甲之年谓之短命）的族人，停棺下厅入殓办祭。

四、顶礼膜拜的皇恩

——皇恩浩荡，已经在荣耀的科举、显达的仕宦当中得到最为充分的体现，而在谷村李氏，这种浩荡的皇恩还体现在其他一些习俗上，让谷村人对浩荡皇恩顶礼膜拜。

谷村历史上官宦众多，官阶低者九品、八品，官阶高者二品、一品，"世代以来，屡沐皇恩"，因此有些习俗就表现了他们对皇恩的顶礼膜拜。

一些习俗多为旧时常见，现已消失。

谢恩。谷村官宦受到皇帝嘉奖、赏赐众多，因而谢恩的礼仪也就众多，受一次赏赐就要谢一次皇恩，在一些官宦家族便形成了谢恩的习俗。

如今没有人能够说清过去谢恩礼仪的具体情形，但有年长者听说过旧时有谢恩仪式。清初的李振裕，一个人就得到皇帝四次赏赐，他本人要在官衙谢恩，其家族则在村里举行谢恩仪式。康熙皇帝御笔亲书、赏赐给李振裕的木刻对联，"日色才临仙掌动，山光欲傍衮龙浮"，成为谷村李氏全族"谢主隆恩"的实物凭证，至今供奉在其后裔的厅堂宝壁之上。

《谷村李氏族谱》中，记载的帝王赏赐品类众多，不仅有匾额、诗词、屏风、折扇等实用物件，还有金橘、荔枝、月饼之类的食品。想必受赏之时，谷村全族参与的盛大场面一定极尽荣耀，震撼人心。

李元鼎在康熙九年写的《庚戌闰月望前三日得裕儿南宫捷报并闻幼青叔子和侄同登甲第喜志》一诗，结尾两句"梅崖更有奇先兆，仁听胪声第一传"，告诉了人们另一个古代盛行的习俗：报喜。

"报喜"习俗的具体细节，虽然今天没有人能够说得出来，但至少在明朝应该与《范进中举》所描写的一样：首先是官府的报差骑马飞奔而来，甚至沿途大声传报"某某高中了"，高中黄榜的主人一定会燃放鞭炮以示恭敬地迎接，欢欢喜喜迎进家中，宾主坐定，敬茶，付给酬谢。接着二报又飞奔而来，不久三报又飞奔而来，主人家里依礼先后招待，付给酬谢，一并置酒办席作为对报差们辛苦的答谢。报差们会送来官府统一制作的报帖，上面一定也是统一的格式，写道："捷报贵府老爷 × 讳 × × 高中 × × 乡试第 × 名 × 元，京报连登黄甲。"此时，主人恐怕得沐浴更衣，燃香点烛，放响鞭炮，将报帖升挂在中堂（宝壁），然后对着代表皇恩浩荡的报帖，恭敬地行三跪九叩之礼。

其实，现代社会也有"报喜"的现象，上世纪80年代初期送高考成绩单，颇有古代高中举人与进士的意味，上线考生父母得知子女高中，激动得杀鸡招待送成绩单的人。

《谷村李氏族谱》和《谷村仰承集》中，名臣显宦的简介中，有"赐祭葬"、"赐祭"、"赐葬"、"葬祭如礼"的记载。这种记载本身就是一个习俗。它所记载的，是皇帝对某位官宦生前功绩的肯定，特命人代表他吊唁逝者，并赏赐祭奠的祭帐、祭文、三牲等祭品，颇有盖棺论定的意味。逝者后人对此一定要委身跪拜，三跪九叩，感激涕零，谢主隆恩。

但是，谷村已经没人能够说清这种习俗与礼仪的详细或具体情形了。细细体味之下，大概类似于今天的追悼及悼词中的最终评价，只是这种评价来自封建最高统治者。

谷村最为独特的与皇家恩宠有关的习俗，是鳌鱼灯，迄今为止仍保留着，是谷村人引以为豪的个性化习俗，已被列入"江西省非物质文化遗产"名录。

谷村鳌鱼灯是在春节期间表演，总共四件灯彩，分别是麒麟、狮子、龙和鳌鱼，其中最主要的、最核心的，也是最根本的，就是鳌鱼；每种动物都由头尾组成，总共八节，方言里称为"座"，节与节之间用黄布连接成动物的躯体，由八个人舞动。舞鳌鱼灯的八个人，身穿灰蓝色镶白边布扣的便衣裤，由掌鳌头的师傅带领，四种动物翩翩起舞，另外三种动物以鳌鱼为核心配合起舞，舞动的科目（称为花节）有团龙、会圈、踩四门、踏之字、举龙、打龙、步桩、传龙、戏珠等。其中"矮步桩"独具特色，观赏性强，饶有风味。鳌鱼灯舞动时，锣鼓唢呐须奏响欢快的乐曲，在《大开门》、《风入松》、《上下山虎》、《节节高》、《得胜令》等曲牌的伴奏下，舞得奔放、热烈，动作千姿百态，令人惊叹不已。

民间流传着"谷村一千烟，代代鳌鱼灯"的俗语，这是谷村人的骄傲。这份荣耀虽然属于整个谷村，但是习俗却只限于小祠下一堂，只有他们可以舞动鳌鱼灯，其他各堂依然舞龙灯。其缘由是这样：李邦华在李自成起义军攻占北京时自杀殉国，其赤胆忠心的壮举感动了后来进京掌权的清朝政府，为笼络人心，清王朝特赐李邦华家眷灯彩一批，归家玩赏。这批灯彩分为座灯和行灯两个种类，座灯有鳌山、龙船、秋千架、故事人物灯等，行灯有龙灯、狮灯、鳌鱼灯、花灯等。因为制作所有灯彩耗费相当大，后来逐渐减少，以致其他灯彩失传，唯鳌鱼灯保留至今。

为什么唯有鳌鱼灯能够保留至今呢？其中重要的一个原因：唯有小祠下李邦华家族可以舞动鳌鱼灯。这是仅此一家的荣宠，是皇帝的赏赐，体现是的皇恩浩荡。

另外，鳌与龙有关。神话传说，一对金银色的鲤鱼想跳出龙门飞天为龙，因为它们偷吃了龙宫里的龙珠，只能化作龙头鱼的样子，因此叫作鳌鱼。鳌头，其实指的就是龙头。"独占鳌头"，就是第一。在民间，普通百姓都期望有朝一日能够"鲤鱼跳龙门"，实现人生理想，故尔出现龙的崇拜。皇帝谓之真龙天子，在人间就是龙的化身，故而皇帝着龙袍、坐龙椅。谁不想与皇帝产生密切的关系呢？于是，皇帝赏赐之物，便是"独占鳌头"的象征。

再者，鳌与傲同音，独占鳌头，自然就傲视群雄了，就傲然挺立了。

因此，这个习俗的保留，就显得意义非凡，寓意深远了。

五、形式固化的行为

——任何习俗都是行为的固定，当人们的行为集体固定为一种形式之时，其中的文化意味便显得秘密而玄妙，远远超过行为本身的意义与价值。

任何习俗，它都要通过一定的外在形式，来传导它所要表达的含义。没有形式，就没有习俗，形式是习俗的载体。

当人们把一个行为反复表现后，就形成为一个固化的形式，这个固化的形式就构成了习俗的基础。谷村乃至吉水水西地区的习俗，都按照固化的形式，来表达习俗的含义。

在习俗中，形式固化的行为不一定有什么含义，它只是习俗履行过程中的一个符号、一种需要。如果脱离了习俗，单独去看每一个形式固化的行为，就会感到索然寡味。

放鞭炮。吉水水西人最喜欢放鞭炮，比如临出远门时，放鞭炮；病人痊愈出院时，放鞭炮，回到家门口时，放鞭炮；贵客来临时，放鞭炮；新买回来的摩托第一次上路，放鞭炮……只要心存敬畏了，就会燃放鞭炮。鞭炮，仿佛神的玩物，由人们替他燃放，目的是为了驱除邪秽，保佑行事顺利、平安。如果没有这些习俗，放鞭炮就成了孩童无聊的游戏。

贴红纸。几乎所有物品上面，都有贴上红纸的可能。比如供享用的祭品，贴红纸；送给别人的礼物，贴红纸；年轻的父母第一次带孩子出门，贴红纸（贴在孩子额头上）。红纸代表着吉利祥和，代表着阳光向上，是吉神的化身，贴上红纸可以驱邪，所有邪秽，见到吉神就会自动消失。尤其春节，处处都有红纸的身影：小轿车的挡风玻璃两侧贴红纸，耙田的农机上贴红纸，摩托车的前额上贴红纸，自行车的龙头上贴红纸，上书"一路平安"、"恭喜发财"、"四方得利"之类的吉祥用语；水缸上、水龙头上、碗柜上、衣柜上、猪圈里、牛栏上、鸡笼上、箩筐上、粮囤上、风车上、水车上、灯盏上，简直无处不在，用语全部吉祥喜庆，诸如"水火平安"、"吉星高照"、"六畜兴旺"、"五谷丰登"之类。在人们的观念里，只要粘上红色，吉神就与自己同在，就能在任何时候、任何地方保佑自己。春节期间有两张红纸常贴不衰，用语几乎固定不变，上首墙壁贴"童妇言语"，下首墙壁贴"百无禁忌"，千家万户都贴。在男性主导社会的时代，妇女的语言跟孩童的语言归为一类。在妇女不断得到解放的今天，上联的"童妇语言"改成了"孩童言语"或"小子之言"。贴红纸的行为与习俗完美结合，习俗借助红纸表达自己的用意。倘若没有任何用意，拿着红纸随处张贴，一定会被人看成疯子。

供享。一般来说，供享是逢年过节、活动庆典、祭祀礼仪时的行为，这个行为与节庆礼仪结合，才表达习俗的含义，表达人们对祖先神灵的敬奉崇祀。如果在宾馆酒店，有人突然装一碗斋饭供享，大家只能把这个固化行为当作笑料流传。人们在自己家里供享，是因为内心对神灵有了某种祈求；有人甚至连右眼皮跳，也会装一碗斋饭供享，其中有神灵端坐。

跪拜。跪拜是习俗礼仪中最为纡尊降贵、凸显价值的固化行为，是以矮化自己来抬捧别人的礼仪之举。俗话说："跪天跪地跪父母。"表明跪拜的人对天地、父母心存敬畏。"男儿膝下有黄金"，祭祀、过年、祝寿时的跪拜等，都包含着厚重的文化意蕴。

生活中，还有一些固化的行为，也在表达着不同的意思。比如抱拳拱手，双手合十，旧时代十分常见，新社会依然使用，表达的意思也没变化，透露出来的是礼仪、教养和素质，是感情、友谊和诚意。这种固化的行为，如今叫作肢体语言。

固化的行为还表现在口头上，这是语言上的习俗。这些语言，有文明的，有健康的，有幽默的，有中性的，有糟粕的，有粗俗的，也有肮脏的，但实质上不包含什么意义，只是一种说话的习惯，一种口头禅式的随意表达，是人们说话时用于语言调整的一种转换，是一种集体性的口头禅。它不同于人们之间互相问候、道别的语言，没有意义，却起作用，可以称作"语缀"，即语言的附加或附属，农村人说话时经常带些这样的语缀。

比如"丁么"、"丁么公"，吉水水西地区惯常使用，比如说"你这段时间的表现，丁么是好"，"这个菜炒得丁么公好吃"，它们在语句中没有具体的词意，却有表达程度的作用，用来形容一个事物、一种现象好坏优劣的程度。

又如"贼狗"、"伴当"、"叛党"或"叛仗"、"叫花子"、"死爹咯"、"雁叉咯"之类的词语，听上去百分之百是骂人的话，但在吉水水西地区的语言中，骂人的意思和性质经常消失，只是语言中的一种过渡或转换。只有在当事双方对阵时，这些词语才会恢复骂人的本来性质；可当它们出现在关系密切的两个人之间，这些骂人的词语竟然又有了关系融洽、亲密无间的意味，凸显出用这种词语互相问候或交谈的两人之间几成刎颈之交，或者莫逆之交。

这就是语言上的习俗，在那方土地上生活的人一听就明白，而且十分亲切。

又比如"咯就要死"、"咯就要生"，往往一开口，正题未讲，先把它说。举个例子："咯就要死，你怎么能够这样做事？"这种语缀出现在话语的前面，并不表示真的有人要死的意思，而在于表示事情的性质很严重，做此事的人不能再做下去了，否则会出现严重后果和意料不到的结局。

比如"埋鬼咯"、"埋人咯"，听上去肯定是骂人的话，但作为说话人本身，绝对没有这个意思，它们只是他话语中要表示某种作用的语缀。举例说明："埋鬼咯，我把钥匙落家里了。"语缀用在话语开头，表达一种夸张的语气，且用这种夸张语气表示一种意外，一种奇怪，一种意想不到的遗憾。

比如"可措"、"我措"、"可我措"，从字面上绝对看不懂是什么意思，话语听上去总会有一种别扭感，但从说话人的角度，绝对没有谩骂、责怪、侮辱的用意，纯粹是"开口声"，习惯性的口头禅。举例说明："可我措，昨天那件事，我差点就又得罪人了。"

其实，删掉这些固化的语言，说话人的意思同样能够表达得清清楚楚。但如果真正删掉了，话语之中硬是少了一种味道，一种源自母语深处的味道。

第九章 ⋯

邻里的关系

一个村庄在一个地方开基立业，自然会有邻居，会与之产生割舍不断、纠缠不清的邻里关系。邻里关系的好坏，决定着生存环境的优劣，决定着不同姓氏村庄之间百姓来往的疏密，决定着社会结构的和谐与否。

宗族与宗族之间、村庄与村庄之间，因为相邻紧密，往往有着耕地、山场、水源等利益之争，就连你的猪拱了我的菜园、我的牛吃了你的禾苗这类涉及具体物质利益的小事，都会造成很深的矛盾纠纷；甚至还会因为风水、祭祀之类的信仰问题，造成宗族之间、村庄之间的对立、怨恨乃至仇视。如何去解决这些矛盾纠纷，是各个宗族、村庄以及官方所需要认真对待、严肃处理的问题。

在吉水县盘谷镇的地面上，除李、周、曾三大姓之外，还有罗、杨、萧、刘、陈、王、张、袁、彭、宋、熊、施、孔、黎、龙、谢、易、梁、欧阳、廖、项、黄、郭、董、孙、蔡、官等姓氏。从古代到现在，谷村李氏与周、曾两个大姓之间保持着怎样的邻里关系？与本村周边其他小姓又保持着怎样的邻里关系呢？

一、与周曾两姓的交往

—— 大姓大族，方圆十里之内比邻而居，和睦共处便成为头等大事，何况共处了千年之久，秘诀何在？

李、周、曾三姓，基本上撑起了盘谷全镇的天地。在谷村西北方向，距谷村五六里远，是号称"十八座门头"的泥田周家冲里系列村庄，周氏众多村庄也是同一祖宗，开基于唐朝僖宗时期，也就是杨救贫在朝廷为官的时候，比谷村要早几十年，人口至今据称已经超过万人。而曾姓有三个村庄,上曾家、下曾家、下石濑,均在谷村西面五六里或七八里远的地方,人口据称也有七八千。

客观地说,村庄与村庄之间,相处久了,不发生纠纷、不出现吵闹,是不符合实际的。因此,对于盘谷镇境内的李、周、曾三大姓来说,如何约束自己的子弟、维持与他姓的和平共处状态,就是对宗族、村庄管理者智慧的考验。

古时候,李、周、曾三大姓都制订了各自的家训族规,约束自己的子孙后代。古时《周氏家训》有言:"和于兄弟则友恭,和于亲族则姻睦,和于邻里则非议不生,和于童仆则贼盗不入。"要求族人与邻里各村各姓以和为贵。2003年第15次修订的《泥田周氏族谱》载有《敦族人八则》,其中第八则为"广积德",提倡"人重德,德无价,德可育人,又可护人。为人者,应重修德,努力写好自己德的文章,利国利民,名垂青史",要求本族子孙后代"精忠报国"、"见义勇为"、"助人为乐"、"行善施济","有德者,施于人,既不图报恩,亦不虑及恩将仇报",敦促子孙后代以德报怨、与人为善、多做善事。这样的要求甚至高过了"睦邻里"的具体行为规范,提高到了"德行"的伦理层面。曾氏也有祖训告诫子孙"交往宜重情轻物","有势不可使尽",要求子孙后代以谦和之心与人相处,"以谦逊为用",绝不可以仗势欺人。

家规族约的规范,使李、周、曾三大姓自古相处至今。

谷村李氏似乎更加注重对家族子弟的教育与约束。

《忠肃公家约》有言：

> 约条即颁，确尊不贰。上以为朝廷明法守，称盛世之
> 淳民；下以为祖宗绵世泽，存故家之良规。使人知吾李，
> 不大以科名之盛，族类之广，而大以人无跃冶之行，户有
> 可封之俗。

这样的家规显得很有教养，很符合儒家伦理道德的要求，很符合朝廷以及平民百姓的希望。它表明，谷村李氏先贤，特别是李邦华时代的先贤们，严格要求后代子孙做遵纪守法的"淳民"，要杜绝、戒除"跃冶"行为，村庄、宗族虽然大，但不以大欺小，不恃强凌弱，要做"守良规"、"睦邻里"的榜样，做有道德、有教养的典范。为此，该家约对宗族子弟的行为作了限定，如"乃凶狠子弟、豪悍奴仆，假借声势，欺压小民，或……一言触忤，嗔目发难，毁衣帽，损什物，索酒食谢礼……各约长每会必行纠举"，对违反家约规定的子弟，即要"登簿送官究治"。可见，约束很严厉，对宗族子弟是具有相当威慑力的。

本着这样一种约束宗族子弟行为的宗旨，谷村李氏历史上与周、曾两个大姓的相处，还是比较和谐的。虽然有争执，但都会通过正当渠道寻求解决。

《谷村李氏族谱》上记载了发生在清朝初期的事：康熙

二十七年戊辰岁，即公元 1688 年，谷村李氏"合族与栎陂周争横牌柴山"。此事记载在李邦华之孙李长世的生平简介当中，仅这么一句，没有争执的引发原因、具体过程、细节及其他描述。当时是否发生大规模械斗？双方仅仅限于剑拔弩张但未表现为"出阵"？还是双方没有发生任何冲突，只是各自寻求官府的介入？文字中的后一句话倒是值得玩味："公被累往省，于本年九月二十四日夜归册。"说明当时的这件事闹得比较大，县衙、州府解决不了，闹到省里才解决。

在现代社会管理中，尤其中国共产党执政的六十多年中，谷村李氏与周、曾两姓之间的相处，总体在规范的轨道上运行。因为不论宗族思想，还是宗族势力，都与社会主义思想和制度格格不入，对宗族思想是要严肃批判、宗族势力是要严厉禁止的。因此，地方党的组织和政府机构，对盘谷三大姓之间的邻里关系，采取了直接介入、行政干预的办法，充分发挥三大姓氏之中党的组织与党员干部的作用，极力制止宗族势力的抬头，防止宗族之间由于利益冲突而导致严重事件发生。

在盘谷镇党委、政府的主持下，谷村李氏与泥田周氏之间、谷村李氏与石濑曾氏之间、周李曾三姓之间建立起了联谊通道，每年都要召开治安联谊会，甚至举办联谊宴会，邀请两姓或三姓当中德高望重者、共产党员、群众代表参加，陈述情由、交流经验、增进感情、加深友谊、密切关系，互相之间一再重申："管住自家的人，办好自家的事，不准惹是生非。万一有什么变故发生，第一要务是稳住自己的村庄和宗族，然后再行协调解决。"三姓之间，这种每年一度的联谊会约定，成为不成文的惯例，三姓的村支部、村委会干部、党员成了这一惯例的践行者和执行者，从而维护了三大姓之间相处的和谐与稳定。

从普通村民的角度而言，由于三个大姓之间人口、力量大致均衡，因此村民个体之间的互相挑逗、招惹现象也非常少，大家在思想意识里都有一个念头："对方也是大姓。"这个念头就如一方灭火剂，能在瞬间浇灭个体村民短时间内涌上心头的怒火、怨气，从而达到矛盾纠纷自我消解的效果。

据了解，三姓之间，自古以来形成了一定的默契；互相都有界限，大致以什么地方为界，你进入我的势力范围，就得守我的规矩，我到了你的管辖地盘，我守你的约定。这个默契，应该是古代族长制的产物。谷村李氏与泥田周氏之间的"十八米桥"，就是互相之间长期以来坚守的一个划定，至今成了一个彼此心照不宣的默契。

二、与当地其他小姓的纠葛

—— 小姓小族，与大姓大族相邻而居，悬殊自现，谷村李氏如何与小姓小族共处，更能体现这个偌大村庄的整体道德与族群文化。

盘谷镇境内，除李、周、曾三大姓之外，还有罗、杨、萧等其他二三十个小姓，这些小姓与谷村李氏的关系最为复杂，也最为纠结。

从谷村李氏来讲，作为单一姓氏的村庄，号称万人之众，其数字、其声势，已足够让其他小姓不寒而栗。相形之下，其他小姓人口多则千把人，少则几十人，与谷村李氏不可同日而语，正所谓"小巫见大巫"、"蚂蚁夸大象"、"蚍蜉撼大树"。

弱小者在强大者面前，首先心理上就会不自觉地矮化自己。这种未比先输的心态，造成了小姓在与谷村李氏打交道时的紧张、怯懦。

谷村李氏在家规家约中，对他们与小姓之间的关系，有相关的约束，严责子孙不得以大欺小、恃强凌弱，告诫子孙后代大要大得有德行，大在有"可封之俗"上，大得令人敬重，而不是大得让人害怕。但是，"林子大了什么鸟都有"，再严厉的约法规章，再优秀的思想引导、品德教化，也难以抑制这么大的族众当中冒出一两个或少数几个浪荡子弟、无赖泼皮。这些浪荡子弟、无赖泼皮，往往是族众当中难以教化的人员，是被宗族之中所有正直者所鄙视的人，但他们偏偏借重宗族之大，在外做出不齿之事、弄些不义之行，将整个宗族的名声破坏殆尽。他们利用谷村的墟市，要挟周边的外姓人，在外做些令世人咒骂、唾弃的勾当。"一粒老鼠屎，打坏一锅羹"，指的就是这类人的不齿行为。

这样的现象，自古以来就不曾断过。这种"当门坎精"心理，在双方力量均衡的状态下，颇为有效。而在小村庄与大村庄、小姓与大姓之间，只会增添小村小姓的胆怯性，助长大村大姓的威慑力，丝毫无助于小姓在大姓面前的平等心态，甚至是正常心态。

髦芜李泉水讲到一件解放前的事情：

大约在1946年春节，谷村李氏起龙灯，竟与枫江下黄家村发生械斗，被下黄家村杀死一人。枫江下黄家全村姓黄，在枫江地面上算得上一个大宗族、大村庄，当时有二百来户人家，而且靠近枫江墟市，是陆路进出县城的咽喉之处。其南面约二里远的栋下村，是下黄家的同宗，祖宗所在，栋下村也有二百来户。但对于"李家李千烟"的谷村来说，下黄家不过是一个稍微大一些的小姓、小村。被下黄家杀了人之后，愤怒的谷村李氏族众，手持棍棒、扁担、刀叉等器械，向下黄家村杀奔而去，准备血洗该村。髦芜的父亲李霓虹怕发生更大的惨案，便约集了宗族当中一些比较理智的绅士和村民，前往枫江桥上拦阻、劝止，避免了一场更大的灾祸发生。但是，宗族当中那些被愤怒烧着的人，依然咽不下这口气，没有报得这个仇，便把愤怒发泄到了李霓虹身上，要处死他。幸得族中那些比较理智清醒而且德高望重的绅士阻止，才让李霓虹躲过了一劫。

这件事，十分鲜明地反映出小姓与大姓之间的矛盾纠葛，表明了解决大姓与小姓之间宗族矛盾的艰巨性。谷村是大姓，当时如果不是李霓虹出面劝阻，枫江下黄家恐怕要遭受毁村伤族之灾。试想，如果不是谷村内部有识之士出面，依靠外部的力量能够阻拦那些被愤怒冲昏了头脑的李氏族众吗？从其内部而言，李霓虹能够化解一场危机，得益于几个方面的原因：一是他本身在谷村一直行得正，有威望，捐过绅士身份，被称呼为"老爷"，当时担任国民小学校长，深受族众拥戴。二是他毕业于民国北京警官学校，知晓民国的法律法规，比宗族中其他人更明白，更大冲突造成的结果在法律上会有什么样的下场。三是他的出身背景比较高，是李元鼎、李振裕的后裔，家族势力与威望抬高了他在宗族之中的威望。四是他的堂兄李霓裳担任了民国江西省议员，不仅在谷村地方上享有威望，而且在民国江西省范围内都有威望。凭借这些条件，李霓虹才阻止了事态的恶化。

当然，这样的恶性事件历史上毕竟屈指可数，更多的是小纠纷小矛盾，往往鸡毛蒜皮也能扯出一段公案。这就需要宗族约规的束缚力、宗族教养的引导力、官府权力的干预力。现在无法知晓古代官府是如何介入民间纠纷、化解民间矛盾的，但从谷村李氏家规家约中看出，官府的作用在于"究治"。而这种"究治"往往是事后的，对于事前的预防、事中的干预，没有相关案例以资佐证。

如今的时代，谷村李氏与周边小姓村庄依然存在一些纠葛，总是剪不断理还乱的。

　　谷村李氏部分村民自古以来就有养牛的习惯，但不是拴养，全是放养，年初买来牛犊，到年底收获膘牛，均放养在野外，任由没拴鼻头的牛在田野上自行吃草嚼菜，长大长壮。于是，周边小姓的菜园、稻田，往往就成了谷村牛群的牧草地。对此，周边小姓是敢怒不敢言，只好忍气吞声。谷村人养牛习惯形成之前，是养猪，也是从不圈养，都是放养。周边小姓对于谷村，颇有"苦于猪牛者久矣"的伤痛。面对谷村这么一个大姓氏、大村庄，小姓村庄的委屈只好往肚子里咽，谁敢去谷村找那猪牛理论呢？

　　盘谷镇党委、政府领导表示，如今的谷村李氏，作为一个庞大的宗族、一个超大的村庄，总体上来说，并没有表现出那种以大欺小、以强凌弱的情况。一方面，镇党委、政府经常召集谷村几个村支部、村委会负责人开会，强调谷村李氏与周边小姓和平相处、友爱共进的重要意义，强调社会治安稳定对谷村本身发展的重要意义；另一方面，谷村几个村的干部都能站在镇党委和政府的立场上，告诫、教育村民平等对待周边小姓，尊重他们的财产、尊严与生存，要遵循祖宗的教诲和规约，做到与周边小姓友好相处。村干部的这些要求，也能够在一定程度上约束村民的不良行为。

　　但作为村民个体，超规越矩的事情时有发生。在这些村民心中，一点小小的超规越矩，不是什么大事，鸡毛蒜皮，无关痛痒，不会对外姓、小姓造成什么伤害。因此，这种不经意的、非恶意的伤害层出不穷。偏偏是这些不经意的、下意识的、没有恶意的伤害，给周边小姓造成了无法从心灵上抹去的永恒记忆。这种记忆的积累，就形成了谷村李氏欺压周边小姓的整体社会印象。也许谷村李氏的任何人，都无法体会小姓那种怯懦的心理状态；可作为李姓以外的小姓来看，就蕴含着一个"从量变到质变"的心理演化过程，"冰冻三尺非一日之寒"，由来已久的积怨造成了永远无法解开的心灵之结，小姓人氏对谷村李氏只剩下畏惧和怨恨了。

这个问题怎么解决？还有待于谷村各个村支部、村委会的干部认真思考并不懈努力，《忠肃公家约》中关于谷村李氏"不大以科名之盛，族类之广，而大以人无跃冶之行，户有可封之俗"的教诲，仍然具有深刻的现实指导意义，谷村形象的改变要从他们自己做起。

三、与官方单位之间的关系

—— 官方单位代表官方，但自古至今，官方机构的性质与身份发生了质的变化，谷村李氏与官方机构之间的关系又存在怎样的变化？

谷村李氏与官方单位之间的关系，至少可以从两个层面来解读：一是谷村与官方首脑机关的关系，二是谷村与官方下设机构的关系。

古时候,官府是通过各级官员直接与地方上的宗族势力联系,加强与各个宗族、姓氏之间的联络,笼络他们当中的权势人物,重点是笼络族长,来实现对广大百姓的统治。古代的官府在基层管理机构的设置上,曾经有过诸多变化,但"县"是最稳定的一个级别,然后在"县"之下,还要设置一些不同层级的管理机构,或叫"乡、里、都、社",或叫"区、乡、保、甲",名称不同但功能大致相同。这些机构的负责人,基本上是由当地颇有权势与名望的族长或绅士担任。他们在行使对地方民众的管理权与统治权时,便与当地各个宗族的族长建立起一种特别的关系,使族长成为官方权力在宗族中的延伸。这种权力延伸的结果,便是官方机构与族长体制结成了权力联盟和利益集团,从而建立起统治广大百姓的牢固权力网。在百姓的眼中,这张权力网不仅牢固,而且沉重,不仅宽广,而且阴森。在这张网中,那些真正愿意为群众出力、替百姓办事的人往往会遭到排挤,而那些滥施淫威、胡作非为之徒往往更受到官府的欢迎。这样做的结果,使基层统治者既实现官府统治基层的目的,又达到自己非法敛财的目的。于是,百姓口中就有"官官相护"、"天下乌鸦一般黑"的语句,来诅咒这张权力网,诅咒这种统治制度。

谷村李氏历史上与官方的关系十分紧密,这从几个方面得到论证:一是其家规家约中的体现,宗族对族人的管理与统治,都是借助官府的权力,"送官严究"中的"官"字,就是最好的明证。二是谷村李氏的先祖出身于官，被尊为始祖的李晟官封西平忠武王，官家的风范使他们自然而然地保持着与官方的紧密联系。三是历史上通过科举入仕者众多，从宋朝到清朝历代不乏，本身即是以官宦为荣的宗族，是地方小官小吏们巴结讨好的重点。所以，谷村李氏的族长与官方的联系与结合，是十分便当也十分自然的事，官府通过族长对谷村民众实行管理与统治，也就变得十分便利与容易。

新中国成立以前，谷村李氏担当族长职责的，多是"饮宾"、"正宾"、"大宾"等。"宾"是古代举行乡饮酒礼的主持人，说白了就是举行盛大仪式时主持宴会、安排宴席的人。

西周时代就设立了乡饮酒礼制度，一直延续到清朝乃至民国初年。主持乡饮酒礼的，都是乡里处士、绅士中的贤能者，为首的称"宾"或"正宾"、"大宾"，次为"介宾"，又次为"众宾"。

此时，乡饮宾在地方上的身份逐渐演变成了绅士身份，而绅士身份可以凭借金钱财物捐得。绅士，被百姓尊称为"老爷"。再不济的"老爷"，开口说话也是有分量的。髫芜李泉水的祖父李嘉勋，就是捐来的绅士身份，被人尊称为"老爷"，因而他父亲被人尊称为"少爷"。有了乡饮宾身份或者绅士身份，在村庄上、宗族内就进入了权力阶层，可以参与村庄、宗族的管理事务。因此，谷村内部管理结构就由古代的嫡长子继承制演变成了族长领导下的绅士民主制或绅士共和制。对于清朝末期和民国初期来说，官府与农村各宗族之间的关系，就由地方行政长官与族长之间的关系演变为与宗族绅士之间的关系了。

李霓虹能够在 1946 年春节出面阻止与下黄家的冲突，就缘于"少爷"的身份。当时的李霓虹是村中参与宗族管理的成员之一，否则他也难以邀集其他绅士，一起赶到枫江桥上阻止村民的过激行为。

如今的情形便不一样了。中国共产党是全心全意为人民服务的政治组织，劳动人民是它的服务对象。因此，党的各级组织以及相应政府组织，都秉承这一宗旨与人民群众打交道。在这样的背景下，谷村李氏与官方的关系，直接地表现为与盘谷镇党委、政府的关系。

盘谷镇党政机关从 1949 年至 2009 年，驻扎在谷村旧宅第西南方不远处长达 60 年。60 年来，名称由乡改为公社，由小公社改为大公社，又由公社改为乡，最后改为镇，但党政机关的驻地一直未变，直至 2009 年搬迁到猪婆塪吉新公路旁边的新址。镇党委、政府投身于谷村人民当中，做百姓的公仆、人民的勤务员，为盘谷境内的全体人民鞠躬尽瘁。谷村李氏民众，对于驻扎在本村的党政机关，抱有怎样的心态？

前后几任在盘谷担任过职务的领导同志，谈及谷村李氏民众对待党政机关及党政工作人员的态度时，话说得都很中肯却又十分委婉。大体是：谷村这么一个上万人口的大村庄，绝大部分群众对待党委、政府都很不错，都会表现出应有的尊敬与热情，特别是村里干部得力的时候，这种情况会表现得更加突出。

但也不可避免地存在一些不愉快，这么大的村庄，总有一两个刁钻耍猾、作鬼作怪、放肆耍泼的人。但这些人也不会明确地把矛头对准党委、政府的某一个人，他们有怨气，却没有明确的发泄目标，就免不了过激的言行。

这话所反映的现象很真实。身处谷村李氏之中，镇党政班子也好，党政工作人员也好，碰到谷村民众过激行为的时候，克制的态度时时占上风，极力避免事态的扩大和激化。从党政工作人员个体而言，面临这样的情形，内心免不了产生"如履薄冰、如临深渊"的感受，衰弱的神经恐怕一直都会绷得很紧。

从镇直单位来看，他们的体会与党委、政府机关工作人员的体会又有不同。下面的一些现象或许能够说明一些问题：

盘谷镇司法所所长，由谷村人李长保担任。

盘谷派出所原来坐落在谷村村中，后来迁建到吉新公路上，离谷村约三公里远。

盘谷邮政代办所，原先坐落在谷村村中，开办没几年，继续不下去，撤并到枫江邮政所。

盘谷镇信用社坐落在谷村村中，前后三任主任由谷村人担任，其他地方人士不敢也不愿担任。

盘谷中心小学坐落在谷村西面略偏北约一公里远处的黄土坡上。1950年开办，至今已经历了17任校长，表现较优秀的曾文旭、周博文、罗信来、曾志圣、李中平。集体主义时代的校长都好担任，最近三十多年来的校长越来越难当。前任校长袁秋生，身为谷村人的女婿，很想把学校搞好，但最终因为干不下去而向县教育局提出辞职。县教育局权衡再三，提拔谷村人的李中平担任校长，又让同为谷村人的李顶生担任副校长，盘谷中心小学至今风平浪静。

盘谷中学坐落在谷村西面三公里远的一块坪地上。自开办以来，已历44年、八任校长，其中刘邦达、罗进先、孙顺才、李林立在师生中较有声望。在集体主义思想统治人们头脑的时代，无论李姓他姓，校长都好当，大都说一不二。自从改革开放以来，随着人们思想多元化趋势来临，盘谷中学校长就不那么好当了。任职时间最长的校长是孙顺才，达二十多年。他任内的后期，时常有谷村民众到学校吵闹、纠缠。孙顺才校长做人做事公道正派，深受盘谷镇各姓群众赞誉，因而虽然有些纠葛，却也能够镇得住局面。前面提到的袁秋生也曾在盘谷中学担任校长，干了不到两年干不下去，主动请求调离。县教育局考虑再三，将在外校任职的谷村人李林立调到盘谷中学任校长，并安排同为谷村人的李桃仔担任副校长，这才稳定了局面，基本上没有村民去盘谷中学闹事。

盘谷镇卫生院坐落在谷村，与盘谷镇党委、政府原大院相邻。2007年买下盘谷镇政府原大院，2009年迁入。迁入时，大院内如同遭受洗劫，几位没有及时搬行李的党政工作人员，房间被撬开，电视机等大宗物品失踪，室内混乱不堪。卫生院搬入时，遭到少数村民无端阻拦。搬入后至今的四年时间里，围墙多次被人砸出大洞，或被人强行拆除某一段；西面的旱厕连同土地被迫圈垒到了围墙外面；院内被村民强行堆放各种物件，恍若敞开式公共广场，卫生院领导上前制止均遭呵斥。一直以来，全院干部职工人人要求调离，理由是外界干扰严重，精神压力太大，常常感到恐惧，无法安心工作。院长符卫建，一参加工作就在盘谷，除中途到尚贤卫生院任职八个月外，一直在盘谷卫生院工作，与谷村李氏不少人建立起了比较良好的私人关系。但是，这样的私人关系根本无法防止和解决上述掺杂了各种目的、图谋和理由的事件。他说：好在我在盘谷行得正，不然的话挨了打都不敢吭声。最近，他也申请调离。有人听说了，就说："要是调个谷村人去担任院长，那就好了。"

看来，镇直单位虽然属于国有公办，是官方设立在最基层为百姓服务的机关，但在谷村地面上，要想顺利开展工作，还得借助谷村李氏的力量。思想大一统的时代，人们习惯于听从上级命令，现在思想已经多元化了，不可能再有思想大一统时代的局面出现。原先国有单位大都开办在谷村土地上，集体主义时代占用的多是谷村李氏的土地，如今随着土地价值的提升，谷村李氏子弟当中难免会产生"国有单位占有了谷村土地"的念头，出于"祖业不可丢"的传统观念和物资利益的驱使，少数谷村李氏子弟对国有单位做出一些越规非法之举便在所难免。

盘谷镇政府有位领导说：正是考虑到镇政府处在谷村村中，很多事情受制于谷村，无法施展手脚，所以尽早搬离，以免受到不必要的掣肘。这话代表了大多数镇直单位的意见和心声，也反映出谷村李氏与镇直单位之间关系的微妙和心照不宣。

四、与外迁于附近宗亲的渊源

——外迁宗亲，一脉之亲，一本之木，在物质利益、精神追求与信仰上，有着各自不同的诉求，互相之间的共处是考验血脉与智慧的难题。

谷村李氏在不断壮大的历史进程中，不少李氏子孙迁移到周边土地上，开基立业，成了谷村的邻居。谷村是他们的中心，也是他们宗族灵魂的寄托所在。

"听父母讲，我的祖父祖母原本居住在吉水县赣江岸边一个上千户人家的李姓大村——谷村，因家境十分贫寒，两位老人过世后，我父亲李旭宜便只身一人流浪到十几里外的阜田乡水南村，租种地主一小块田地，聊以谋生。"这是人民共和国的将军李水清在其回忆录《从红小鬼到火箭兵司令》中的一段文字，从一个侧面反映了谷村李氏子孙外迁开基立业的一个原因。历史上，像李旭宜这样离开谷村外迁开基的李氏子孙不在少数，他们的内心，对谷村仍然怀有一份不舍，一份眷恋。

这些外迁于周边的李氏子孙，涌流于内心深处的血脉源泉，仍在汩汩滔滔地奔流，说起他们的祖宗源起，脸上常常涌现出一种源自谷村的自豪。

　　髦芜老书记李泉水说：谷村总祠举行祭祀典礼时，周边的李姓村庄也会前来参与，参与的理由各有不同：阜田村前李氏，保存了一对（祖宗用过的）花瓶；阜田墟背李家，保存了一座（祖先用过的）香炉；枫江杨家渡李氏，保存了祖先的画像……祖先的画像、祖先用过的物品，都是祖先的化身，是谷村李氏及其外迁子孙灵魂的寄托，是他们聊以维系宗族血脉的图腾。即使没有任何祖先的物品带来，凭着一本族谱，他们就可以对上血脉源流，可以认祖归宗，一起祭祀他们共同的祖先。

　　因此，谷村与外迁于附近的宗亲之间，首先表现出来的，就是祖先图腾、血脉源流。

　　随着时间的不断流逝，宗亲意识的日益淡漠，外迁在谷村周边的李氏村庄，与谷村之间的关系也就变得微妙而复杂了。

　　亲情淡化之后，血脉日益疏远，谷村与这些宗亲村的关系，逐渐演化为如下情形：在宗族意识、血脉灵魂上，那些村庄与谷村之间依然有着千丝万缕的联系；而在物质利益、荣誉脸面上，谷村与那些村庄则渐行渐远。

　　物质利益是永恒的竞争焦点。当谷村李氏与周边外迁李氏村庄在土地、山场、水源、道路等问题上发生争执时，原本同一祖先的李氏后裔们，为了各自利益，不仅形同陌路，甚至形同仇敌，谷村李氏与周边李氏村庄之间有着日益加深的裂痕。

　　鉴于谷村是一个庞大的村庄，虽然同一姓氏，同一祖宗，周边李氏村庄在实际利益之争中，未必能在谷村面前受到"同一血脉的子孙"的关照，他们与谷村周边其他小姓的待遇几乎一样。现实利益的刺激，远远超过宗族血脉的关系。

第十章 ⋮

村落的嬗变

自开基以来，谷村一直随着时代的变化而变化，随着社会的进步而进步，村落的嬗变从来没有停止过。几千年的农耕文明，村落的嬗变是缓慢的，几乎感知不出来，除了村庄的不断拓展，人丁的不断繁衍，族群的不断扩大，看不到根本性的变化。人们日出而作，日落而息，自给自足，安居乐业，思想、观念、意识、心理的变化几乎不大。

然而，当时代发展进步到今天，传统农耕文明正在受到工业文明、现代科技文明的巨大冲击，村落的嬗变就不再那么缓慢，不再那么潜移默化了，而是快速、剧烈、显而易见的，甚至呈现出撕裂式、颠覆性的变化。

作为一个有着近千年科举文明历史和荣耀的村庄，一个有着上千年仕宦文化成就与辉煌的宗族，在当今社会形势下，谷村又以一种怎样的方式在嬗变着呢？

一、新式住房的无序

—— 时尚、新潮、豪华、张扬，一切现代元素涌现在新式住房上面，凸显了经济的富有，却失掉了秩序的规范。

谷村兴建了许多新房子，都是现代楼房，以三层为主，也有四层的，分别耸立在村庄边沿或村庄中间，显得没有规则，没有秩序。

上世纪 80 年代，谷村李氏同其他地方一样，建房热潮霎时兴起。经历了农村改革开放最初阶段的农民，手中略微积累了几个钱，面对儿女成群且日益长大的局面，便将收入投向了房屋建设，于是紧挨着老旧房屋，按照老式民居的格局，兴建了许多新房子，缓解了农村住房紧张的压力，拓展了村庄的空间。谷村李氏的太园、桂园、小祠下、翰阳、老屋、街上、大池、池东、池南、柘塘、小西湖等,涌现了一批传统格局的新房屋。这新房屋,与老旧房屋在文化体系上构成一致,依然呈现出整齐划一的风格与特点,古风古韵依然延续。

但是,由于谷村整个宗族的派、房、堂、支偏多,且分散居住在各自的地点之上,房屋的朝向、式样、格局等并不统一,因此从外围看,尤其是俯瞰,只有局部的整齐划一,缺少整体的整齐划一,只有个体的传统风韵,缺少整体的传统风韵,给人的视觉感受有一种凌乱的别扭感。尽管如此,房屋的传统式样,仍不影响整个村庄风格的统一性。

出现房屋风格变异,是在上世纪 90 年代。那时,到广东等沿海开放地区谋生归来的村民,见识了新式楼房建设的现代风格,手头有了足够资金之后,便回老家兴建具有城市风格的小洋楼。当第一栋小洋楼在谷村耸立起来时,所引起的轰动不亚于一场风暴:此后,村庄内纷纷耸立起三层或四层结构的小洋楼,随着时间的推移和建筑材料的更新换代,一栋比一栋洋气,一栋比一栋豪华,使得老式房屋变得相形见绌,宛如一个跟不上时代脚步的老农,孤独落寞地伫立于一旁,无声感叹着自己的被冷落。

村民们竞赛一般地兴建新式洋楼,再也不依照传统村庄与房屋的格局兴建,选址立基带有很大的随意性,建设格局上出现了混乱的局面。如今谷村的新式房屋,没有一点格局,每栋新式楼房,除了立在那儿张扬着主人的财富之外,竟然没有丝毫文化特色，尤其不能体现出谷村作为历史文化悠久的村庄特色，倒是把传统的整体风格给破坏殆尽。

在这个以金钱为人生价值衡量标准的时代，财富或者金钱已经凌驾于文化之上。在房屋建设这一点上，得到了集中体现。

新式楼房的建设，彰显的似乎是富有，似乎是农村经济的发展，似乎是农民生活水平的提高。少数人兴建的新式楼房甚至有两栋三栋的，这样做的目的非常简单：显摆！方言叫作"摆脸"。钱多得不知道怎么用了，就用来"摆脸"！

李亮光是谷村鼓楼派后裔，一位很成功的人士，身价绝对超过千万。2012 年里，他花费 30 多万元，在老家兴建了一栋四层高的现代楼房，设计讲究，用料讲究，因而显得富丽堂皇，很是气派。但他十分坦率地说："我是不可能回去住的，全家都在外面。我把我娘也接到县城来住了，县城的房子都住不完，哪个还会回到谷村去住啊？也就是丢个几十万元在那里，给自己撑个脸面，省得村上人讲东讲西。"

所谓"讲东讲西"，指的是别人背后说些贬损他的闲话，有如北方说的"背后戳脊梁骨"。

他一语道破"天机"：农村大肆兴建新式楼房，并不完全是居住的需要，更大程度上是面子的需要。相互的攀比，暗中的叫劲，无声的竞赛，使许多农民将血汗钱撒在了建房所用的砖石水泥装饰材料上面。不少农民为了自己在村庄上不至于丢脸或者不至于太丢脸，宁可省吃俭用、受苦受累，也要在楼房建设上与他人一比高低，强装门面。

面子，成了农村新式楼房建设的首要因素；实用，反倒变成了次要的需求。精神生活的低级需求，胜过了物质生活的现实需求，使农民在建房问题上陷入了一个悖论。

在谷村穿街过巷，沿途看到的新式楼房，很多关门吊锁，门锁呈生锈现象，门口院内杂草丛生，主人大多整家外出打工经商去了，一年到头也只有春节期间回来住上几天。房屋闲置现象十分严重！整栋整栋的闲置触目惊心；即使有人居住的楼房，使用率也相当低，总面积至少有三分之一属于闲置浪费。然而，农民并不在乎这样的浪费，一些人反而视这样的浪费为荣耀，因为这样的浪费带来了面子上的最大满足，是他们人生荣誉的现实见证。

这就不难理解农村竞赛似的建房运动了。

于是有疑问了：一个人，或者一个小家庭，兴建二三栋楼房，怎么能够在宅基地的审批上获得通过，而且还能批到那么多呢？

村干部说：这个是乡政府没有管好嘛！乡政府管批地的人，只管批准你建房用地，根本不管你房子建在哪里。

乡镇土地管理部门的回答大多是：农民建房审批，在申请报到他们那儿时，已经过了村小组、村委会等几道程序，到他们手上就只是履行一道法定程序而已，至于农民把房子建在什么具体位置上，应该是村委会和村小组的事，是村庄上的事。

问题的症结就在这里：农民建房用地审批前、审批中、审批后的一系列监督与管理程序上，都出现了缺位或错位，导致了现有状况的出现。土地管理部门没有把用地批准前的审查管起来，这个职能交给了村委会和村小组，而村小组与村委会又不是土地审批的职能部门，他们对农民建房用地的约束力几乎等于零。审批之中，又没深入农村去落实农民建房用地的具体位置、面积。审批之后，也只在乡镇政府开展土地清理的运动中，对新审批建设的房屋进行占地丈量，如果占地面积超过了审批面积，罚款了事；如果农民擅自占用了耕地建房，也只有加重罚款了事。正是由于审批与监管上的缺位，致使农村房屋兴建处于无序状态，农民往往凭着自己的意愿，随意安排自己的房屋用地。于是，广大农村就出现了社会奔四化而村庄缺规划，楼房现代化而管理无序化，楼房小康化而村庄混乱化的局面。

作为上万人口的谷村，楼房建设不可避免地存在这样的情况。过去贫穷时代，农民建房能够按照村庄的整体布局，把住房建得成排成行，非常整齐也非常规范，排水沟、下水道都完善得十分周到，能做到局部的整齐划一、规范有序。如今经济发展了，农民建房却完全抛弃了传统的整体规划与完整理念，自由个性的发展走向了无可挽回的误区，不顾整个布局，只管个人喜好，没有规则，缺少美感，不再有排水沟的自觉建设，不再有下水道的统一安排，传统村庄的整体性反而被现代楼房的杂乱性撕裂、肢解、拆卸，显得支离破碎。这与他们所拥有的悠久文化传统格格不入，与他们的祖先所孜孜追求的理想村庄格格不入，让人感受不到那种传统文化气息扑面而来，感受不到那种历史文化韵味引人入胜。

对此，村小组、村委会都显得无可奈何：管还不想管，看到那么乱，都想管,可哪个听你、哪个服你管呢？"能够建房子的，手上都有几个钱。现在这个世界，有钱就是老大！你管他，他还懒得鸟你！"还是金钱的问题，成也金钱，败也金钱，衰也金钱，兴也金钱。金钱，成了唯一的价值观，成了判断人生价值的唯一准则，成了衡量社会地位的唯一依据，其他的都抛于脑后了。

族规家约早就不起作用了。农民的观念里，家庭联产承包责任制就是"单干"；既然是单干，政府、集体就没有权力干涉他了。集体主义意识的迅速消退，个人主义思想的极端膨胀，造成了农民行为上的我行我素，甚至恣肆妄为。

这，就不仅仅是谷村这个庞大村庄的事情，而是农村整体存在的现象。

二、传统住房的抛弃

——陈旧、朴拙、整齐、冷清，曾经容纳、养育了一代又一代子孙的传统住房，正面临着生死存亡的尴尬局面，虽然文化意味比较浓厚，却在人们的摒弃中沦落为淘汰对象。

　　一栋栋现代化楼房在农村如雨后春笋般耸起，昭示的是农村经济的发展，农民生活水平的提高，村庄现代化进程的加快。兴建了新房的农民，家家户户兴高采烈地搬出老屋，入住新居，老屋就如皇帝面前失宠的妃子，被弃置一旁，被打入冷宫，从此无人问津。那些成排成行、整齐划一的老式房屋，沉默着伫立在自己的位置上，如一队队恪守纪律的士兵。

　　在谷村，无论到哪个派、房、堂、支的居住点去，首先看到的，都是高大气派、富丽堂皇的现代楼房。村庄的内部，那一排排传统住房都沉默无言地坐落在那儿，如一个个被儿女遗弃的老人，怯生生地挨挤在新式楼房脚下，眼巴巴地望着来来往往的人们。它们早已被曾经居住过的主人抛弃了，"门前冷落车马稀"已无法描绘它们的落魄。走过一座座大门，大多关门吊锁，偶尔有不上锁的，也是久已无人问津，门楣上挂满了灰尘与蛛网，门坎下长满了绿苔或野草。倘若推开某扇未上锁的大门，可以看到里面堆放的物件，是农民劳作的所有农具，诸如打谷机、风车、板车、晒簟、畚箕、犁耙锄叉等等，还有杂柴、稻草或其他作物的秸秆。这些曾经养育了无数代子孙的正屋，如今都成了杂物间。那些年代更为久远的房屋，甚至是涌现过进士、举人、名臣显宦的房屋，有的已经坍塌，有的开始颓败，有的因为无人收拾检点而瓦碎桁断，漏雨漏水。

　　已难得见到在老旧房屋里居住的人了，即使偶尔有，那一定是年纪偏大的老人，或者与儿子儿媳关系不睦的老人，或者无儿无女的老人。只有他们还与老屋为伴，那样会令他们感到亲切、随意，感到自在、舒畅。如果不是那些老人的坚守，老屋的毁弃将加速；这些老人一旦故去，老屋的被彻底遗弃将为时不远。

这就是"空心村"。谷村这样人口众多、土地紧张的村庄，也有"空心村"。

对于"空心村"，不论县乡政府，还是村委会、村小组，乃至宗族，都显得无可奈何。

谷村太园村委会主任李水保说：那些老房子，从老辈子传下来，有的已经几百年了，到了现在，过去在里面居住过的人家都有份，谁也不肯让给谁，只有搁在那里，反而没有矛盾。谁要是想盘下来建房子，打死也不肯。

是啊，一栋房子，历经几百年的沧桑变化，经历了几代人，十几代人，甚至几十代人，过去的家人现在变成了族人，五服之内的族人变成了五服之外的村人，血缘关系已经越来越远，亲情纽带已经越来越松散，互相之间难免有些纠葛，有些矛盾，有些不愉快。而就是这些纠葛、矛盾或不愉快，造成农民之间不肯互相支持、互相退让。谁都认为：这是祖业，不能随便让给别人，卖了，祖业就没有了；而留在那里，就算倒了、塌了，哪怕只剩一块空地，祖业也还在那里，不会成为别人的。

这就是农民的心理，农民的观念。这个观念里，有着祖先的威严，祖先的训诫，祖先的尊奉。有位不肯透露姓名的村民说得更直接：卖给别人做房子？就算我肯，祖宗也不肯啊！

这就很清楚了，老屋里住着的，首先就是祖先，即使人们住进了新的楼房，祖先们仍然住在老屋里。卖掉老屋，似乎意味着把祖先也给卖掉了。卖掉老屋，祖先住到哪里去？因此，即使是同宗，想在旧宅基地上兴建房屋，或者是想让他人在旧宅基地上兴建房屋，也是不行的，卖什么都不能卖祖宗！

这就不是直接的金钱交易那么简单了，被抛弃的老屋，关联着传统文化的因素、祖业传承的理念和祖先崇拜的虔诚。从这个层面上来讲，人们抛弃老屋，抛弃的仅仅是它的外在形体，是那些砖瓦木料，而内在的精神却依然保留在老屋所代表的祖先身上，不曾也不可能抛弃，即使老房屋最终变成了废墟，祖先依然住在那里。

谷村宅基地紧张，但人们建房却又不很珍惜土地。由于不按传统房屋格局兴建现代楼房，致使村内许多土地被浪费，东一块、西一角的，建一栋房子又不够，不建房子又确实浪费。倘若按照传统格局一排一排地建下去，就不会出现这样的土地浪费现象。许多村民仗着势力或实力，凭空占有建房用地，即用手指一划、用嘴巴一说，"这块地我占了"，其他人就不能染指了。这样一来，乱象就更加难以治理了。

髦芜李泉水担任老屋村支部书记时，对这种手划口说随意"占"的乱象进行了治理。但如今出现反弹，村民们重又陷入了手划口说随意"占"有房屋用地的乱象之中。由于乱，因此无法开展五新式楼房的建设。也没有哪个村民愿意接受这种统一，他们需要的是个性的极度张扬，是对集体的彻底否定。

近年来，吉安大地兴起了"庐陵风格"的建设热潮，在沿路村庄的房屋上，"青砖碧瓦，飞檐翘角"的传统风格重又回到了人们的视野，让人感受到一种古代优秀文化的质朴韵味。倘若谷村人能够接受传统的庐陵风格，在房屋建设过程中，自觉采用这种风格，应能达到古为今用的良好效果，使谷村这个传统的文化古村焕发出新的文化青春。

但这不是件容易的事，何况这种风格被村民们抛弃了几十年。他们宁可让祖先住在废弃、颓圮、倒塌的老屋里，让祖先的英灵在传统风格中游荡，也不愿意祖先住到他那崭新的现代楼房里。因此，除非这种风格当中，早已融入了他们祖先的英灵，并且长期驻扎在他们的内心深处。

而现在的问题是：在现代房屋建设的风格上，谁来让村民们接受祖先在内心的驻扎呢？

三、村庄管理的弱化

——村小组、村委会、镇政府，堂支、房派、宗族，谁是村庄的管理者？谁能够担当起现代村庄的管理之责？这是现实与历史对话的题目。

传统住房被逐渐抛弃，现代楼房却日益凌乱，村委会和村小组到哪里去了？

按照土地管理法规的要求，村民建设新房子，需要申请审批，而且审批的程序也比较繁琐：先是村小组同意，至少需要村小组长签字同意；接着村委会审批，因为有村小组的同意或有村小组长的签字，村委会一般不会不同意，都会很顺利就签字同意；然后再报镇土管所，镇土管所见了村小组、村委会两级的审批意见，一般也不会反对，审核村民申请建房用地的材料之后，就会报给镇政府分管领导签字同意。根据这个程序，村小组、村委会是两道前置手续，属于行使监督、管理权限的层级，但由于村民在经济上对村集体的依赖性已经消失，反过来村集体要依赖于村民才能兴办一些集体公益性事业，因此村小组、村委会两级的审批在实际上已经流于形式，何况村小组、村委会两级负责审批的人员与申请建房用地的村民有着千丝万缕的关系，"抬头不见低头见"。所以通过审批是很容易、极轻松的事情。可是，村民一旦得到这个审批许可，房屋怎么建设、用地如何选择、房子什么朝向、外观如何设计、层高如何确定，就不再需要村小组、村委会的批准了，他自己批准就行了。

这样一来，村小组、村委会两级集体组织，在名义上和形式上是村庄管理组织，但实际上很有名存实亡的倾向。即使是通过海选产生的村委会，在村民们心目中它基本上是可有可无的机构，他们根本没有从心里认定那个组织是属于自己的组织，在他们眼里，那只不过是根据上级要求走过场一般选举出来的一个并不代表他们意志的组织。

谷村外出打工人员将近占总人口的40%，年龄在18岁（甚至十五六岁）到至55周岁（甚至六十多岁）的农业户口人员绝大部分外出务工，村民委员会海选时，回家参与投票的极少，多半由留守的家人代替投票，这就使选举本身失去了应有的真实性。因此多数在外打工人员虽然由家人代替投票了，但在思想意识上并不认可海选产生的村干部，致使通过海选上台的村干部无法顺利开展工作。

所以，村委会对村民既起不到领导作用，也起不到监督管理作用，甚至连一般的召集作用都难以发挥。相反，在村民心目中，那不过是一个"吃冤枉"的机构而已，因此他们在选举时基本上抱着一种"天下乌鸦一般黑"、"选谁都一样"的心态。由于这样，村小组、村委会首先从根本上就失去了群众信任的基础。对一个自己并不信任的组织，村民当然就不会把它放在心上，因此村小组、村委会在村庄管理上，就难以履行职责。

这种职责履行难以到位的现象，首先就反映在农村住房建设的杂乱无章上。

作为更高一级的机关，镇党委、镇政府对农村的管理，并不是直接的管理，而是通过村党支部、村委会这一级组织行使行政管理权。在当今社会环境下，"村民自治"成为农村管理的主流要求，镇党委、政府对村委会只有指导职能，通过村党支部指导村委会在国家法律的轨道上行使职权。

根据我国现行法律，村委会一级实行"村民自治"，村委会经过村民海选产生领导成员，再由村委会对村民实行自治管理。鉴于上一段文字里所分析的原因，便造成了镇政府对农村的管理在实际上形成了断层，镇政府与村委会之间，在法律上并无上下级关系，而是一种既不对等、又不同层的协商关系，形式上或名义上的指导关系。

镇党委对村党支部有领导关系，可以对村党支部直接行使领导、指示、支配、监督管理等权利；村党支部与村委会之间是并行关系，但法律上也不存在领导与被领导的关系。如果海选产生的村主任是党员，党支部可以对他本人行使直接领导权，倘若不是党员，只有广义上的领导权，却没有直接领导权。这种空泛、广义的领导权，便使镇党委对村庄的管理处于一种悬空的尴尬状态。

不论镇党委，还是镇政府，既不能对村庄行使直接管理，也不能对村委会行使强制管理。按照"小政府，大服务"的理念，镇政府只有强化为村民服务的责任，淡化行政强制的权力，将村庄管理的职权交给村委会，偏偏村委会因为农民集体主义观念的淡化，既无法履行"村民自治"的职权，也无法履行村庄管理职能。

对此，盘谷镇党委、政府的领导颇多感叹：现在的村民，如果不是有事求助于党委、政府，他根本睬都不睬你，管得了谁呀？至于村里头，村干部得力的，工作还好推动一些，村干部不得力的，什么工作都难推动！

这种感叹，是绝大多数乡镇党委、政府领导所共有的。这也充分说明，现代农村的管理，在集体主义思想退化、个人主义思潮泛滥的情况下，面临着严峻的考验与挑战。亟需解决的，是如何重树村民的集体主义思想。

像谷村这么大的村庄，千百年来，依靠宗族的力量推行管理，依靠宗族的伦理维系血脉，依靠宗族的纽带统一意志。传统管理的思想，经过千百年来的驯化教育，已经刻入全体族人的脑海与骨子里，他们对于宗族管理的服从，显得既盲目又崇敬，既被迫又自觉。族规家约，便是行使村庄、宗族管理的至尊法宝。

改革开放以前，实行集体主义管理，虽然打破了宗族管理的封建体制，但由于政治上的狂热与盲目，社员们对生产大队与生产小队经济兼行政的管理模式，同样表现出既盲目又崇敬、既被迫又自觉的服从状态。

改革开放三十多年来，既解放了生产力，也解放了人们的思想观念，理论上是人们的思想、道德水平应该有更大的提高。然而现实却是，多元化的思想现状，反而把村庄管理推向了无所适从的状态。

现在的村民，既不依从国家法律法规的管理，也不秉承集体主义思想，更不承认族规家约或乡规民约。村庄将向何方？怎样的村庄管理模式，才是最适合现代农村的管理模式呢？

乡镇政府乃至更高级别的政府，应当如何思考村庄管理的现代模式，将是一个比较沉重的话题。

四、村民意识的退化

——身体的寄托、精神的皈依、灵魂的驻扎，还是村庄应该承载的重量吗？如果是，村民对自己的村庄还有敬畏之心与依赖之情吗？

村庄管理，从法律、规约、制度的层面来讲，都是外在的约束，带有一定的外在强制性；能否使村庄管理的法律、规约和制度真正产生作用，关键还在于村民内在的思想意识，"外因通过内因起作用"，在村庄管理上表现得更为明显而且突出。

封建时代的宗法意识，让各个宗族的人们习惯并屈服于族规家约的强制性，习惯于封建王法的强制性。政治时代的政治狂热，让各个村庄的生产队社员们陷入政治的极度"忠于"，使人们习惯并且服从于政治号召的强制性。这个时代的农村，以传统的模式屹立于现实世界之中，成为人们精神与物质的基本依托，所以土地是父母，村庄是爹娘，人们与土地和村庄有着同呼吸、共命运的血肉联系，这种感情是十分难以割断的。

随着时代的进步、社会的发展，封建制度被推翻，被废除，政治的狂热也已退却，已冷静，人们开始变得用自己的头脑思考问题，去判断是非了，开始懂得用自己的眼睛去看事物，去认识世界了。然而，随着国门的逐渐打开，随着西方各种思潮的渐次涌入，被封闭了几千年的国人，思想上却又陷入了另外一种局面：他们被突如其来的西方各种"新鲜"思想、"新鲜"口号给搅乱了，思想上的迷惑与困境，让自己的思想无所适从，无处措置，赖以维持精神的基本支柱无处维系和安置。村庄变得不是自己的村庄了，土地也变得不是自己的土地了。尤其是随着经济建设的不断推进，"以经济建设为中心"的指导思想，竟然在不知不觉中，变成了"以金钱建设为中心"，拜金主义现象日益严重，物欲的横流充斥着社会的各个角落，对理想的追求、对财富的追求，赤裸裸地变成了对金钱的直接追求。人们开始变得用金钱去衡量人的身份、地位、声望与价值，去衡量人与人之间的关系，乃至去衡量人世间的一切，金钱成了人们的唯一价值观。农村成了贫穷的代名词，厌恶农村、鄙视农村，不仅成了城市人对农村的普遍态度，也成了农村人对农村的常见态度。

在这种社会背景之下，农村步入了它的变革时期，步入了它的涅槃时期，步入了它的阵痛时期，也步入了它的苦难时期。农村该怎样唤回农民对自己的留恋？唤回农民对自己的热爱？唤回农民对自己的敬畏？

对于年龄在 50 周岁以上的人来说，村庄依然是他们最为温馨可靠的精神家园与物质家园，他们对养育了自己的村庄，依然怀着虔诚和敬畏，与村庄和土地之间维系着永远也割断不了的血脉联系。村庄的每一条巷道都留有他们的身影，每一个角落都留有他们的声音，每一寸土地都留有他们的气息，他们是村庄的儿女，是土地的子孙。

一位不愿意透露名字的村民，诉说了他青少年时代在村庄里的有趣生活，虽然艰苦却充满幸福，虽然贫穷却写满快乐。他脸上那份童稚般的笑容告诉人们：村庄就是他永远的精神寄托。

他如今在村里耕种着近二十亩稻田，很辛苦、很劳累，但他感觉过得踏实，安稳。三十多岁的时候，他也曾怀着发财的梦想，跟着别人到沿海转了两年，但因为自己从没有学过诸如木匠、泥水、篾匠之类的传统手艺，除了能找些收入很低却又很累的苦力活外，没有办法找到收入更高的活计，一年到头结算一下，还不如在家种二十亩稻田。"那个钱不是我们这样没有手艺的人赚的。没一点手艺，只能累苦力，累死力，还赚不到钱。"有过打工经历的他，内心虽然有着对打工赚钱的不舍，但回归家乡还是他的毅然选择。由于国家有几种补贴，这是实打实的收入，一年下来也有二万元左右。但比打工一年四五万收入还是少。话语之中，听起来似乎还对打工赚钱怀有不舍，实际上已经被淡化为一种可有可无的对比，语气之中透露出来的是一种对放弃打工的轻松与释然，是一种回归泥土带给他的实在与力量，脸上的神色隐隐现出一种掩饰不住的对土地的亲切感。

谷村留守在家的老年人或者年龄接近老年的人，对土地和村庄的感情很深，有着一份发自内心的眷恋，对于自己留守在土地里刨食有着本能的认同，并不认为那是一种"老天不公"的辛苦。有些勤俭的人，经常对老屋进行维修，拣盖屋瓦，清扫瓦桁，保证老屋不漏雨、不渗水，保持老屋如有人居住一般的状态。这个行为看似平常，其实包含着对村庄的一种深情眷恋，这是晚辈无法理解的。

真正对村庄、对土地感情淡薄的，甚至是没有感情的人，都是年轻人，尤其是 30 岁以下的青年人。

他们几乎从小就脱离了土地，虽然出生于改革开放之后的农村，但自小就过着相对优裕的生活。童年时期进入学校后，几乎不接触农活，特别是独生子女，父母视如掌上明珠，更是舍不得孩子吃任何一点苦、受任何一点罪，如供皇帝一般供奉着他们，让他们过着小皇帝一般的生活。因此，他们虽然出生在农村，生长在农村，却无法理解土地带给人的精神力量与支持是何等的重要。待他们读完初中、高中和大学之后，直到步入社会，耳濡目染的是金钱价值观的影响，金钱也就成了他们人生追求的重要目标甚至是根本目标。他们根本不愿意再与土地为伴，更加不会将土地耕耘视为自己将终生从事的职业。他们往往自以为读过书，已经变成城市人，不再留恋农村的老家，甚至耻于提起农村的老家，骨子里向往城市的繁华，所以农村的萎琐、脏乱、贫穷、落后、俗气等不良现象成为他们鄙弃农村的理由和借口，乃至朴素、纯真、善良、坦诚、老实、本色等优良传统也成了他们鄙弃的对象。在他们的心里，土地与村庄，甚至成了一种可恶的羁绊。即使是那些没有高学历、仅仅完成了初中或者高中学业、完全靠力气或手工在城市里混生活的青年人，也不愿意待在农村，让农村成为自己人生的依靠，也不愿意与土地为伴，让土地成为自己事业的依托。只有每年到了过年的时候，他们才如候鸟一般，飞回老家待上三五天或七八天，过后又如候鸟一般，飞回他们打工所在的城市，做一个不是城里人的城里人。

髦芜李泉水老书记的儿子也在外打工，一年到头只有过年的时候回来几天，清明的时候也回来一两天。其他时间都在沿海地区待着，即使找不到工做，也不愿意回来伺弄土地，土地已经不是他们的理想，也不是他们的生活，更不是他们的人生职业。

与土地缺乏血肉联系，与村庄缺乏情感交流，是下一代乃至几代青年人的共同特征，因此他们对土地与村庄根本谈不上眷恋与怀念。老家还有父母，他们出于最基本的孝道，每年返回老家与父母团聚那么几天，一旦父母离开了老家，他们再也不会回老家去。

没有土地的羁绊，没有村庄的眷恋，青年人已经不再是农村人，至少在思想意识上不再是农村人了，他们抛弃农村转向城市已经成为历史的必然。

农村的确辛苦，土里刨食的日子也的确难熬，酷暑热天，要到农田里去挥汗如雨，进行抢收早稻、抢插晚稻的"双抢"劳动；寒冬腊月，又要顶风冒雪去田间伺弄油菜、下砖瓦厂去挖泥挑土。农业生产收入低，让人看不到人生的希望。

　　这是政策造成的结果，也是时代造成的结果。城市与农村的二元结构，城市与农村的"剪刀差"，使广大农村民众在心理上产生的落差永远无法弥合。这种城乡差别，在经济快速发展、社会不断进步的今天，依然看不到缩小的迹象，依然没有抹平的可能，甚至还在逐渐增大、加宽，农民的心理落差依然在拉大、加深。这是几十年的影响，也是几代人的影响。

　　人在青年时期，总是怀着梦想与追求的，总是希望人生取得辉煌与成功的，只有那样才能实现人生目标与价值。所以，青年人窝在农村，再也不是上世纪六七十年代青年的被迫结果，他们走出农村是一种历史的必然选择。因此，对于现代的青年人来说，离开农村完全能够理解。青年人对村庄、对土地感情的退化，或许是出于追求美好生活的一种本能。

　　有位农妇的话很有代表性："外面的世界好啊，两公婆出去打工，又赚到了钱，又看到了世界，不用带人，轻松跳快！"这话勾画了绝大多数青年人的心理，"外面的世界很精彩"，他们渴望在外面尽情地享受这个世界带给他们的欢喜甚至是悲愁。有位民间对联爱好者曾说："打工一年，胜过作田一生；养猪一年，不如杀猪一天。"在外打工赚钱，比在家种田的收入高了许多，宁可在外饿死也不愿意回家累死，成为绝大多数青年人的心声和现实选择。这话也代表了绝大多数留守家长的心声，从他们的角度而言，既指望儿女回家来自己照顾孩子，能照顾老人更好，又指望儿女能够在外多赚钱，钱赚得越多父母就越有脸面；心思比较大的家长，甚至希望儿女就此成为当地的城市人。

农民的这种心理，依然是城乡二元结构导致的后果，依然是城乡差别造成的恶果。

村庄今后怎么办？谷村几个行政村的干部们都难以说出确切的答案，比较集中的意思就是：看政府的政策来。也就是说，村民，包括村干部本身，对农村今后以及未来的发展，并无自己独立的思考。面对着占村庄人口总数四成的人外出打工的局面，面对着三十岁以下、甚至四十岁以下的年轻人不愿意再回到农村务农的局面，他们从来就没有思考过。眼下分别从事着自己所能从事的职业维持着生计，未来的一切将全交给国家和政府去考虑，交给国家和政府去安排。等靠要的思维惯性，导致了农民行为上的惰性。

这里面体现出一种可怕的退化，村民对村庄意识的退化。对于这种退化，他们并不自觉，于无声无形之中就退化了，因此他们对村庄的未来与发展，也就显得漠不关心。不论对农村有着眷恋之情的人，还是对农村抱有鄙弃之心的人，对于村庄的未来、村庄的发展几乎存在惊人的一致：漠不关心。农村今后要走什么样的道路，要有什么样的发展，会有什么样的前景，应该达到什么样的目标？前者弄不清楚，也懒于去弄清楚；后者根本就不关心，农村的一切似乎已经与他们完全没有了关系，他们已经在心底里将自己看成了彻头彻尾的城市人，因此不想让农村在他们的心头纠结，任由农村自生自灭。

对于回到农村去种田，现代青年人的回答几乎都是："我怎么可能回去种田？种田有什么出息？新农村建得再好，它还是农村，又赚不到钱，又不好玩。"所谓赚不到钱，指的就是城乡二元结构造成的经济收入上的剪刀差；所谓不好玩，指的是农村没有城市里那样丰富的业余生活。剪刀差之下，单调枯燥的农村生活，的确是无法吸引人的。从物质文明建设，到精神文明建设，农村都是无法与城市相比的，因此如今出离农村、鄙弃农村的青年人越来越多。在他们看来，农村的未来已经不是他们应该考虑的问题，已经不是他们需要操心的事情。国家在培养高文化素质人才的同时，也培养了抛弃农村的未来城市人群。

这是一个非常危险的问题，是需要提交到国家层面考虑的问题。三十岁以下，甚至四十岁以下的农民都不愿意留在农村，都要涌向城市，那么再过十年、二十年、三十年，我国农村还有农民吗？农村没有了农民，农田谁来耕种？没有人耕种农田，国家的粮食安全、人民的日常口粮又靠谁来保证？如果继续追问下去，还有许多深层次的问题，就牵涉到国家与民族的未来与命运了。不敢想象，却很震惊。

谷村李氏有七千多亩耕地，由于人多田少，村民很是珍惜，所以保护得比较好，没有多少损害，也没有撂荒现象。但是，谷村原有上万人口，在近几年的城镇化浪潮冲击之下，离开的人已近 30%。据盘谷派出所提供的数字，目前留在谷村户籍上的农业人口为 6791 人，加上住在谷村的李姓非农业人口 105 人，共为 6896 人；这近七千人当中，又有不少户口在谷村而人却在县城居住的，他们在县城买了房子，由老人带着小孩在县城求学，实际上等于已经离开了谷村这块故土。按照这个趋势走下去，谷村这个万人大村，最终将成为人口迁徙的大村，好不容易保护下来的七千多亩耕地，将陷于无人耕种的可怕境地。谷村的干部对此也深有感触却无可奈何，只是说：我们现在也是瞎操心，政府到时候总会想办法。

的确，也只有国家和政府去想办法解决农村的问题了，单靠村庄自身的"未雨绸缪"，或者县乡两级政府低层次的解决办法，是永远解决不了问题的。

第十一章

稻谷的盘桓

谷村,因为稻谷而得名,稻谷便是它的象征。尽管它以大而著称,但依然是以生产稻谷为主的传统村落,与其他同样以生产稻谷为主的中、小村庄没有本质上的区别。稻谷养育了谷村世世代代子孙后裔,因此他们在崇敬祖先的同时,还崇拜稻谷,稻谷已成为他们的宗族图腾。

在现代工业文明和科技文明的冲击之下，传统的稻谷图腾正面临着溃退的痛苦。种田的人越来越少，远离农业、远离稻谷图腾的人越来越多，他们把农业看成了自己的负累，把农业生产看成了落后与愚昧。随着抛弃农业的人口不断增加，农业将向何处去？农业文明还有生命力吗？如果有，它又将如何延续？还会有人把稻谷作为图腾吗？

我看见，稻谷在盘桓……

一、留守的村民

——妇女、老人、少儿和残疾人，现代村庄的常住人口，几乎每个村庄都是如此，他们留守村庄，村庄在他们的心里，重吗？

"青壮炼铁去，收禾童与姑"。这是彭德怀描写 1958 年大炼钢铁情形的诗句。套用一下他的诗句，改成"青壮打工去，收禾翁与姥"，能很形象地概括目前农村的基本情况。

谷村李氏 18 岁左右的青少年，除去外出求学的，都打工去了；60 岁左右的人，身体感觉强健的也打工去了。留在村上的，除了一些有点手艺或产业而在家发展的以外，基本上是"翁与姥"。近二十年来流行一个词，叫作"386199 部队"，指在打工大潮冲击之下，农村留下来的基本上是妇女（三八妇女节）、少年儿童(六一儿童节,也即学生)和老人(九九重阳节,即老人节)。

这个词很形象,也很幽默,但它的概括还不很准确。妇女当中,年龄在40岁以下的、家中如果有老人替她关照小孩的,基本上打工去了;只有那些孩子无人照看的年轻妇女,才被迫待在家中;40岁以上的妇女,如果孩子上大学去了,家中没有老人需要赡养和照顾,基本上外出打工了,即使不远赴沿海地区,也会到县城或市区去找事做。而老人当中,若以55岁计算的话,则65岁以下尚有许多外出打工。

据村干部介绍,谷村55周岁以上的人,仍有数以百计在外打工,每个行政村都有。这么庞大的打工队伍,难怪村干部说全村总人口有四成外出打工了。

这么多人出去打工,村庄显得空荡,冷清。即使沿路热闹,村中依然安静。

谷村书院下周招英,已经六十多岁,丈夫李烈仔比她大两岁。他们替五个儿女们照看九个孩子,大的十四岁,小的才两岁。每天三顿饭都要炒一大桌子菜,要洗几担衣服,剩余的时间还要下田劳作。最小的孩子送进村里的私家幼儿园,每天接送三趟。她说:"天天就跟打仗一样,赶都赶不赢。"每天忙下来,累得直不起腰。今年年初,大儿子接走了那个14岁的孩子,她减少了一份负担,显得开心许多,但仍然要照看八个孩子。一到孩子们放学回家,家里就像是开办了一家小型幼儿园。

六十多岁的人,本该享受天伦之乐,享受孩子们的照顾。

但安享晚年之乐，竟是一种难以实现的奢望，比他们自己养育孩子的时候还要累上几倍，只有叹息命运不好。在谷村，像她这样的老人还有许多。髳芜李泉水老书记夫妇，六十多岁，同样替儿女们照看着孙子孙女、外孙外孙女。李国杰医生，古稀之人，夫妇俩替儿女们照看五六个孙子孙女。如果说有命运，那些留守的老年父母们真是集体命运不好，他们碰上了改革开放时代的打工大潮。渴望摆脱贫穷、走向富裕的儿女们，只有走出村庄、走向沿海发达地区，才有机会实现发财梦想；留守的父母也希望儿女走出家门去赚大钱、发大财，为家庭既挣回脸面，也挣回富裕。儿女们的儿女不丢给他们照看，又能丢给谁呢？有他们在家，远航的船舶就有憩息的港湾，稚嫩的雏鸟就有成长的暖巢，远游的候鸟就有回归的家园。

对于外出打工的人来说，父母是他们寄养孩子的依靠。而对于留守在家的孩子来说，父母却像"镜中花、水中月"。外出打工的年轻夫妻，将自己幼年的孩子丢给自己年迈的父母，全然不顾年幼孩子的心灵渴望。

留守的孩子，长年见到的只有爷爷、奶奶（或外公外婆），见不到父母，内心的情感渴求无从满足，痛苦的思念只有埋在心底。他们内心的苦楚有谁清楚呢？他们内心的委屈向谁诉说呢？他们内心的需求谁来供给呢？无人考虑。

处在生长发育时期的孩子，毕竟不是砖窑里生产出来的砖坯。活泼、好动是他们的天性，淘气、调皮不可避免，惹是生非可能发生，日常生活中难免出点鸡毛蒜皮的小状况。但就是这些小状况，可能给极度劳累的爷爷奶奶带来不可估量的严重后果。

老话说：隔代亲。在广大农村，每天照看三五个孩子的爷爷奶奶，对留守身边的孩子已经没有多少"隔代亲"的特别情感了，有的只是永远也诉说不完的心中苦楚，永远也倒不完的满腹苦水，不少老人只是机械地替儿女们履行着给孩子们做饭、洗衣的物质化程序。反过来，留守的孩子长年所接受的，不是父母的教育引导，或批评斥责，而是爷爷奶奶似乎永远也停止不了的责骂与怪罪，永远也摆脱不了的数落与唠叨。内心的厌恶、反感乃至叛逆，便在这个过程中产生、强化乃至根深蒂固，"隔代亲"往往容易变成"隔代恨"；当然不是长辈对晚辈的恨，往往是晚辈对长辈的恨，祖孙间的代沟更为明显，缺少思想交流与情感沟通。

这是一个很大的社会问题。最近这些年，妇联、共青团、老干部关心下一代组织发起并开展了许多"关爱留守儿童"的活动，但只具象征意义，不能真正为农村留守儿童与留守祖父母解决实际问题。从组织者的角度，可能认为表达了自己对留守儿童的恻隐之心、关爱之情，但在实际的效果上，往往因为缺少后续活动的延续与维持，反而容易给参与这些活动的留守儿童造成更大的心灵伤害。

盘谷中学目前有学生690人，留守学生占近80%，全都寄

宿在校，其中来自谷村的学生占 1/3 左右。盘谷小学有学生 916
人，留守学生约占 70%，其中来自谷村的学生有 697 人；学前
班有学生 74 人，全是留守学生，部分有爷爷奶奶接送。谷村张
头英夫妇私立幼儿园有幼儿 86 人，全是留守儿童，由爷爷奶奶
接送。

　　这些数字说明，农村留守少年儿童是一个相当大的群体，
他们的心理健康和精神健康，是一个必须正视的重大社会问题。
孩子幼小的时候可能还不懂事，不觉得有什么问题；一旦进入
青春萌动期，心理上和精神上就会产生相当严重的问题，孤僻、
自私、凶狠、散漫、自闭、早恋、浪荡、脆弱、傲慢、不守纪律、
难以约束、无法管理、叛逆对抗、小偷小摸等等，都有可能出现。
从校长到老师，都有一份深深的担忧，不仅为留守少年儿童担忧，
也为教育事业的发展担忧，更为国家和民族的未来担忧。人们
常说，少年儿童"是祖国的花朵"，"是共产主义事业的接班人"，
在他们的心理健康和精神健康成为社会的一个主要问题的背景
下，花朵能否绚丽绽放，幼苗能否长大成材，能否成为健康的
事业接班人？

　　留守学生的父母长期在外打工，一年到头难得与孩子见上
一面，放弃了作为父母最起码的责任，把责任转嫁给孩子的祖
父母，转嫁给学校。即便逢年过节与孩子见面，也没有感情交
流，只是一味地追问学习成绩，一味地给孩子金钱。他们认为
金钱是对孩子关爱的最好表达，金钱代替了亲情，代替了教育，

代替了责任，代替了一切。可实际结果，却造成孩子对父母的强烈逆反与叛逆，导致孩子对家长、对老师、对学校甚至对整个社会的怨恨和仇视。因此，个别学生经常在校外犯些事，有时故意犯些事，连派出所都头痛。这些缺少父爱、母爱的孩子，已经在内心深处抗拒祖父母、老师、学校的教育与引导了，只有父母的慈爱之心、温润之情，才能重新唤醒他们麻木的心灵。如果那些打工的父母，不用自己的真情去抚慰留守孩子受伤的心灵，不对他们的不良行为加以扭转，任由孩子的行为发展下去，最终将造成更为严重的社会问题，有的孩子甚至可能走上犯罪的道路。

带着一颗残缺心灵长大的孩子，今后的人生之路将会怎样？这是今天的父母、社会和政府必须严肃对待并加以解决的问题。而解决这个问题的根本，在于如何让孩子的父母不再远离家门外出打工，留守在家与孩子共处。这已经不仅仅是学生本身的问题，不仅仅是家长和家庭的问题，不仅仅是学校和教育机构的问题，而是国家未来与民族未来的问题。

谷村的村干部，基本上由留守人员担任，他们是留守村干。

留守村干，大都在家有自己的事业，这份事业带给他们的经济收入，与外出打工的收入相比，有的相当，有的要高出许多，所以他们才肯留守在家，否则早就外出打工去了。

村干部是比较劳累、也比较受气的一个群体，"上头一根针，下面千条线"，村干部在中间起穿针引线、上传下达、下情上传的作用，一头连着上级党和政府，一头连着千家万户。按照"村民自治"的法规要求，村干部还是带动村民集体致富的领头雁，他们应当依托自己所从事的行业，带动全体村民走共同富裕之路。

但现实是，村干部不受群众认可，群众也不受村干部认可。村民说：指望村干部带动我们发财？他们自己都嫌钱赚得太少了，还会带动群众一起发财致富，想都不要想！村干部却说：现在的群众，尤其是年轻人，个个认为自己有本事，个个想出头当角色，哪个愿意跟着你干啊？双方的话里，村民对村干部有怨气与不满，似乎希望村干部带着致富，可村干部并不兼顾群众的富裕；村干部对村民也有怨气和不满，似乎有带动群众集体致富的理念，只是群众不依靠村干部的带动。

群众与干部之间矛盾很深，而矛盾的症结，在于群众与村干部之间的隔阂。这种隔阂由来已久，源于自古以来的官民矛盾，百姓总是不会信任官员，即使是产生于本村本族的基层官员。"天下乌鸦一般黑"的观点，在群众心目中根深蒂固，这是自古以来阶级矛盾在实际生活中的现代反映，它已经成为当今干部与民众之间不可调和的一个尖锐矛盾，不可解开的一个文化性症结。因此，村干部留守在村，打理村庄事务，甚至处理宗族事务，难以得到村民的理解和支持。谷村的干部们，好几个人表示干得没意思。

留守的村干部，的确当得艰难。

54岁的李年根，老屋村人，留守在家，赡养93岁的老母亲。村民夸赞他：孝子！李国杰说：拿到过去来讲，要上县志！

谷村历史上，孝道文化是很盛的。自从南宋高宗皇帝旌表李筹、李衡兄弟为"孝子"，并敕建孝子坊、敕建经训书院和义方书院由他们授课以来，孝行孝道就成为谷村李氏家教的重要内容之一，历代"孝子"时有其人，直到今天，依然奉行不止。

太园村的李秋福，七十岁了，父母已经去世，却尽心赡养、侍奉自己的伯母。伯母无儿无女，李秋福赡养、侍奉她二十多年，赢得了良好的口碑，成为谷村长辈教育晚辈敬老孝亲的一个鲜活教材、现实典型。

小祠下村的王大英，62岁，被谷村人公认为有孝心的好媳妇。她婆婆五十多岁的时候不幸中风，一直瘫痪在床，有时大小便失禁，弄得满身满床肮脏不堪。作为长媳妇的王大英，毅然挑起侍奉婆婆的重担，洗身擦澡、喂水喂饭、换洗衣服、端屎端尿，天光早晚，没日没夜，无怨无悔近三十年。并且替婆婆抚养两个小叔子长大，供他们读到大学毕业。婆婆于前年去世，80岁。老人去世前，一直对亲友邻舍们念叨这个长儿媳的好。

这样的孝行感天动地。赡养爹娘这一点，谷村人做得较好，没有听说儿女不孝顺父母，不赡养父母的。儿女们放弃在外打工的丰厚收入，回家赡养照顾年老体弱的父母，尽人子之道，这是天经地义的事情。但在打工时代的今天，损失外出打工的丰厚收入，返回家中照顾父母，或者放弃外出打工的梦想，留守在家侍奉父母，却是迫不得已的事情。54 岁的李年根就是这样的人。不得已的留守，却成就着自古以来的孝行孝道。

留守在家的，还有一些实在没有能力外出谋生的人。他们不得不留守在家。外出打工挣钱，对于他们来说，是个永远的奢望。

小祠下村民李峰耿（化名），40 岁，因患小儿麻痹症导致两脚残疾，在谷村街上开了一家烟花爆竹店维持生活。同为小祠下村民的李德武（化名），41 岁，没有读多少书，人很聪明，脑子也较活，也因患小儿麻痹症造成残疾，在谷村街上开了家小卖部，经营日常用品以维持生计。

俗语说："鸡有鸡路，鸭有鸭路。"不同的人有不同的谋生手段和技能，只要在这个世界上生存，老天总会眷顾他一门生存的技艺，正所谓"天无绝人之路"，上帝为你关上了一扇门，却又为你打开了一扇窗。

对于因各种原因留守在家的人员来说，留守未必不是一种合理而且明智的选择。所谓"物竞天择，适者生存"，恐怕也包含了留守在家的生存选择。

由此看来，留守与外出，完全是基于个人对自身生存的一种认识，对人生功利的一种辨别，对内心追求的一种解读。更多的人选择的是追求繁华、辉煌，自然也就会有人选择生活的平淡、闲适。有的人尽管由于无奈而选择后者，但努力之下也会有成功。

二、打工的苦乐

—— 工厂、公司，车间、流水线，钞票、财富，离开土地的农民所追求的目标，在给他们带来快乐的同时，也带来痛苦。

打工，是近三十年里最热门、最流行、最时髦的词。它搅动了整个中国大地，带动了广大农村，牵涉到亿万家庭，是中国经济增长的引擎，是中国社会进步的推手，是农村走向富裕的天桥，是民众实现梦想的航道。

43岁的李冬香（化名），谷村下节人，高中毕业，1991年前往广东打工，是谷村较早去广东打工的人。当时，托了亲戚的亲戚的关系，比较顺利地进入了深圳市布吉镇的一家电子厂，被主管安排在流水线上工作。她说："那段时间真是累啊，又疲劳，经常打瞌睡，每天工作15个小时以上，连中午吃饭的时间都非常短，上个厕所都要抢，慢了就可能迟到。说是计件工资，做多少事得多少钱，但工作时间规定得死，不到时间不开门，你想出去也出去不了。违反了规定就要扣钱，请假多了也要扣钱。好不容易才进了厂子，辛辛苦苦做了事，到头来要扣工钱，心里头又害怕又不甘心，只有拼命做、拼命做！要是现在还这样，肯定吃不消。"问她当时做工烦不烦，她说："烦啊，当然烦，天天做同样的事情，天天重复同一个动作，自然烦啊。可烦也没有办法，流水线，产品传到了自己手上，不做也得做。想想，这样做下去能挣钱，也就没有什么，做久了也就麻木了，习惯了就好了。"当问及她那个时候最开心的事是什么时，她却有些不好意思地笑了："当然是发工资的时候。一般发了工资就会放假。第一次拿到工资的时候，我都掉眼泪了。后来想想，我怎么这样不争气呢，挣了点钱就流眼泪？发完工资，老板宣布放假一天，大家真是高兴啊，发疯一样跳起来，一窝蜂样上了街。想想也好笑，我到街上转了一圈，什么都没买，就买了一把梳子，就是那种比较洋气的梳头发的梳子。"

打工的日子是辛苦的，但挣了钱又是高兴的，工作过程当中感情却是麻木的，这是打工者内心世界的真实写照。像李冬香这样进入沿海地区工厂打工的人，都有这样的感受，这是一种集体性的感受。他们为着自己心中的致富梦想，不惜投入自己勤恳的劳动、辛勤的汗水。

李冬香到深圳打工的第一年，先后给父母寄回来五百元钱。这在今天看来简直微不足道，但在那个时代却是国家公职人员月工资的五倍。年底回家过年时，她又交给父母五百元。父母向别人说起她带回家这么多钱时，脸上充满了自豪与喜悦，而邻居却是一脸的羡慕与嫉妒。于是，在邻居和村民眼中，李冬香拥有了财神爷一般的光彩，有想去广东打工的姐妹就来找她，央求她带她们去广东打工。

打工大潮席卷全国的时候，打工者的去向已不仅仅是工厂，而是广泛地遍及装修、建筑、运输、餐饮、销售、技术、艺术等多个领域。谷村外出打工的女性基本是进厂，男性则多在其他行业，他们大多身怀手艺，诸如木匠、泥水匠、篾匠、油漆匠等，进入装修行业的最多。

谷村街上的李达岫（化名），曾先后在深圳、厦门等城市开过出租车，后来改行从事过油漆行业，先后在南昌、九江、武汉、长沙等地打过工。

长期的打工经历，磨炼了不少人，许多打工者在打工生涯中发现了机会，开始了自己的创业之路，成为自己命运的主宰者。

自主创业成功的人士，在谷村有很突出的例子，李亮光就是一个。凭着一把斧头起家，在装修行业里打拼多年。后来转行到建筑行业，逐渐做大，再后来进入房地产开发行业，现在又进入了土地整理、抬田工程的行列。

在谷村为人称道的，当属在深圳宝安的李林生，下老屋村人，从事表带行业，投资兴办了自己的"宝西乡手表带厂"，从几十个员工做大到一两百员工，去年投资五百多万元，扩建了一座新厂，规模进一步扩大。村干部们推测，他目前拥有的资产起码在三千万元以上，家中拥有几部名车如奔驰、宝马，还在深圳购有三四套房产。他回村所引起的羡艳，总是给村民留下无尽的话题，以及与外人提起时的宗族自豪感。

谷村在外打工的成功人士还有：太园村的李木华，从事建筑行业，年收入几十万元；李建军，深圳立信集团销售经理，年收入八十至一百万元。下老屋的李三根，投资兴办深圳市模岗镇手表带加工厂，年收入至少在十万元以上；李成斐，南昌莲塘镇电脑绣花厂，与人合伙，年收入也有十万元左右。老屋村的李旭根，北方工业大学毕业，与人合伙投资开办浙江宁波制衣厂，任总经理，年薪至少以十万元计，还未计算分红。

他们的成功，为谷村打工群体赢得了荣誉，也为后续的打工人群提供了现实的榜样。

三、求学的尴尬

——知识与文化、中小学与大学、学校与工作、金钱与财富，哪个是学子及其家长梦寐以求的目标？学子对于求学仍如旧时那么专一、单纯吗？

读书求学，是谷村自古以来的优良传统。科举制度被废除以后的历史阶段中，谷村重视教育、求学的传统依然延续。那些大户人家、书香门第依然保持着良好的家风，鼓励子弟攻读学业，虽然不能如科举时代那样博取功名，却也能够经由读书而创造建功立业的机会。如谷村元潭四房三德堂李霓虹、李霓裳兄弟，均有高等教育的学历。据《谷村李氏元潭长房文园支谱》记载，解放后到"文革"开始前，仅太园村就出了五名大学生；1905年到解放前出了七名县城高小毕业生；清朝嘉庆以来至1905年还出了12名太学生、五名邑庠生、一名钦赐举人。街上村的李炳生，是"文革"前的清华大学毕业生。

进入新时期以来，特别是全国恢复高考和改革开放以来，谷村李氏的求学风气得到良好的恢复。盘谷中学李林立校长介绍：那个时候的学生，对于求学有一种如饥似渴的精神，不仅老师、家长督查学子学习，学子们自己也非常积极努力地抓紧学习。夜晚自习结束后，需老师去教室里把他们"赶回宿舍"睡觉，有的学生还要到路灯下看书学习到深夜。恢复高考以来，谷村考入大中专院校深造并分配工作的学子有两百多人，其中太园村就有26名。

这些学子大多已成为单位的领导、中坚、骨干或精英。如老屋村的李生盛，毕业于淮南矿业学院，今任国家安全生产监督管理总局人事司副司长；李友根，毕业于江西大学经济系，后入复旦大学攻读硕士研究生，今任重庆大学副教授；李东平，博士，如今在深圳清华科技园工作；李朝生，江西公安专科学校毕业，现任江西高速公路管理局交警支队大队长（驻龙南）。太园村的李明敏，1989年9月考入吉安师专体育系，现任井冈山大学学工处副处长；其弟李斌斌，1997 年毕业于江西师范大学，现任省计生委宣教处副调研员；其弟李源源毕业于南昌大学，硕士研究生，今在江西省高级人民法院工作；李明，研究生学历，现任安福县横龙镇镇长；李星，赣州火车站站长；李三水，九江财校毕业，今任新余市高新开发区地税局局长；李火根，博士，今任南京林业大学博士生导师；李志强，江西农大毕业后留校，现任广东从化某高校副校长；李海苟，吉安农校毕业，现任吉水县卫生局卫生监督所所长。下老屋村的李新平，吉安监狱正科级干部；李克，在新余市移动通信公司工作。街上村的李拥兵，吉安农校毕业，今任吉水县纪委第五工委书记；李香水，吉安师专毕业，今任《吉安教育》杂志主编。谌溪村的李润根，在湖北十堰汽车制造厂工作，高级工程师；李五根，在上海工作，高级建筑工程师；李永生，江西大学毕业，今任广东省佛山消防支队支队长；李斌，博士，今在上海工作；李庆生，吉安师专毕业，现任峡江县金坪民族乡党委书记。

这些佼佼者是谷村一个时代求学者的群体形象，他们的求学精神展现了谷村一个时代文化的复兴。

一个时代的烙印，就这样在历史的进程中被定格。高考恢复后的这些佼佼者，成为一个时代的象征，正如打工时代的打工者是时代的象征一样。

然而，自从大中专毕业生进入双向择业之后，学子们的求学之途就变得有些尴尬。当国家不再承担大中专毕业生分配后，农村学子及其父母的尴尬，最近十年表现得充分而又完全，无论家长还是学子本人，都陷入了深深的矛盾之中。

曾经甚嚣尘上的教育产业化，一下就将大中专院校的学费推高了几倍，许多农民家庭无法承受，为了供一个孩子读完中专或大学，几乎倾尽所有，家庭因此而重新陷入贫困。

广大农村的父母，卑微而渺小。他们期望孩子通过求学改变命运，并期望整个家庭借助孩子命运的改变而改变。但国家突然不包分配了，改由孩子自主择业了，让他们立即感到了前途的黯淡、命运的晦涩。

这是一种矛盾的处境：一方面是学子及其家长希望通过求学，谋求一个改变人生命运的机会，另一方面是国家大中专毕业生分配体制的转变，自主择业的前途预期与命运走向仍然是个未知数。

与此同时，打工浪潮风起云涌。那些认为读书无望的青年学子，纷纷放弃学业去打工。既然不能通过读书求学获得人生之"贵"，那就通过打工挣钱以期求得人生之"富"。于是，许多学校就出现了严重的"流生"现象。

"流生"，是教育机构的专业用词，而在农民家庭里，却有可能是主要经济来源，甚至就是经济支柱。前面提到的打工成功人士李林生，就是一位"流生"，谷村人说他小学都没有读完。如今已经成功的李林生，不仅是他父母的骄傲，也是谷村的骄傲，甚至就是不用读书也能取得成功的一个典型。

当然，不可能每个"流生"都能像李林生那样获得巨大成功，但几乎每个"流生"都能通过打工，挣得相当可观的收入，令原本显得穷困的家庭逐渐改变贫穷的面貌，走上富裕的道路。谷村先后兴建起来的现代楼房，每一栋都浸透着打工者辛勤的汗水。

打工能够获得现实利益的现身说法，给了正在学校就读的学子以相当的影响，也给了那些对孩子读书不存指望的家长以相当的影响。大学毕业后还需要通过种种近乎残酷的竞争，才能谋得一个岗位，而且这种预期具有极大的不确定性。社会上"读书无用论"，便在这样的情况下反弹，给中小学生的心理造成了极大的负面影响。

太园村的李勇，上世纪90年代初从吉安技工学校毕业，分配在吉水县明胶厂担任技术员。厂子生产不景气，1992年9月份被迫停产。他与其他集体所有制、全民所有制员工一样，被迫下岗，后赴广东打工。打工期间完成了资本的初始积累，开办了自己的化工厂。本世纪初期回到吉水，兴办了"江西盛唐化学工业有限公司"，吸引了诸多领导前去视察指导，引起了同行业的羡慕加嫉妒。后来，由于种种原因，他将企业转卖给他人，自己重又变成了打工仔。谷村人颇为他的经历感到惋惜："好好的一个大学生，竟然变成了打工仔。"

他这种"佼佼学子 —— 企业干部 —— 下岗职工 —— 打工仔 —— 私企老板 —— 打工仔"的人生际遇，给了许多学子对于求学以颠覆性的引导或启示，以讲究实际、追求实惠为人生哲学的农民，更容易从他的人生际遇中得出简捷、功利的结论：读书无用。因此，他们对子女的求学并不抱有大的希望，普遍地表现为"能读就让他读，读不了也没什么，早点出去打工，还能早点赚钱"。家长的这种态度，使学子们求学的欲望几乎出现180度的转变。

盘谷中学的李林立校长和盘谷中心小学的李中平校长几乎表达了相同的意见：现在的学生并无强烈的求学欲望，到学校来也是一种应付的态度，对成绩好坏并不在乎；家长也是这样，只把学校当成托儿所，让学校替他们看管孩子，学习成绩好坏无所谓。孩子能读成书，自然供他读下去，能读到高中就供到高中，能读到大学就供到大学；什么时候读不下去了，就去打工，早点挣钱。所以，学校对于学生，不敢强求他们学习，只要注意他们的校内外安全、做到不出意外事故、不对学校产生意外冲击，那就阿弥陀佛了！

看来，不仅学生和家长面临着求学的尴尬，学校和老师也面临着教学的尴尬，双方面临的是共同的社会影响：读书求学虽然好，但预期时间太长，预期目标太渺茫，看不到现实的好处。读书过程的漫长与赚钱的现实好处的对比，揭示了农民思想认识的功利、短视与偏颇，从而道出了当前农村孩子对求学的误解与荒废的深层次原因。

对比如今的求学与古代的求学，作为拥有荣耀的科举历史和仕宦历史的文化大村，谷村李氏子弟的求学之路，显示出两种截然不同的结果：

古代科举考试的求学之路，学子们的目的是博取功名，从而改变人生命运，实现光宗耀祖的愿望。因此，谷村历代家长都尽力供养子弟读书求学，即使是家境贫寒的人家，也倾其所有供养子弟读书求学。这是学子前行的动力，这种动力决定了学子勤奋刻苦、顽强不屈的求学精神。正是这样一种世世代代坚韧不拔的求学精神，才成就了谷村历史上响亮的科举盛名和久远的文化血脉。

而今天高考的求学之路，对于学子们却无多少吸引力，几乎从初中开始，学子们对自己的求学之路就不抱什么希望，家长对子女的求学也不抱什么希望，一是大学毕业后的就业困难让学子及其家长对读书求学望而却步，二是十多年的求学之路付出的代价相当昂贵，一般的农民家庭负担不起。前途渺茫，学费昂贵，导致了今天教育与学业处境的尴尬。

谁来为今天农村学子的求学添加动力呢？这是一个需要深思并从政策上加以解决的社会性问题。

四、"皇粮"的滋味

——农村与城市、土地与街道、稻谷与廪米，曾经是人们待之截然不同的两种选择，走出土地、走出村庄的人们，又有怎样的滋味在心头徘徊？

皇粮，顾名思义便知与古代帝王有关，指封建时代官府的公粮，官府供给的粮食、钱财或物资。吃皇粮，就是由官府供给粮食或物资以养活自己和家人。自古以来，吃皇粮就成了普通百姓向往的人生美好境界。能够吃上"皇粮"的人，其身份、地位、名望甚至权势都与众不同，令人羡慕与敬畏。

谷村李氏在封建时代有过"吃皇粮"的辉煌，那些经由科举考试进入仕途的先贤们，为谷村创造了这样的历史与辉煌。即使是那些平生只赢得一个"廪生"名目的学子，他们是秀才之中的优秀者、突出者，也是"吃皇粮"的人。明朝规定，层次最低的廪生也能每月按时领取六斗米的皇粮。所以，封建时代的人们对于科举考试趋之若鹜，目的就是指望吃上"皇粮"。正因为如此，《谷村李氏族谱》才会对那些赢得"邑庠生"、"郡庠生"、"邑廪生"、"邑增生"、"郡附生"、"国学生"乃至"奉祀生"的先人，用十分醒目的标识予以突出，它所彰显的就是"皇粮"的荣耀。

现代社会，人们还会时常提起"吃皇粮"，当然不是指封建时代由官府供给粮食或物资，在很长一段时期内是指拥有商品粮户口，并由国家按计划供给粮食的人；而在当今时代，"吃皇粮"的含义，是指拥有公职身份并由财政或国有单位出资供养的人，不是指拥有商品粮户口的人了，因为粮食体制改革之后，可以在市场上自由购买粮食。

计划经济时代，拥有一个商品粮户口，是全家身份与地位尊贵的象征，由国家保证粮食供应，成天坐在室内，过着冬天取暖、夏天纳凉的优裕生活，无须在烈日酷暑、严寒冰冻、雨雪风霜、泥土沙石等恶劣环境中劳作，不知羡煞过多少农村人。整天脸朝黄土背朝天的农民，做梦都想成为拥有商品粮户口的人。如今的市场经济时代，拥有国家公职、并由财政或单位出资供养，同样是日出而作、日入而息的农村人所向往的理想生活。如果说，如今农村家长对于孩子求学的前景还有一丝指望的话，就在于希望孩子通过读书求学博取一个国家公职，国家公职就相当于旧时代的"皇粮"，不仅有良好的保障，而且令家庭荣耀、家族荣耀；如果能够在公职上谋得一官半职，则荣耀之上还有骄傲与自豪。

所以，高考曾经令人万分向往，如今虽然不再万分向往，但仍是学子们实现"鲤鱼跳龙门"理想的必由之路。要想吃上"皇粮"，高考必须过，"龙门"必须跳。

现代谷村，吃"皇粮"的人不少，但相比上万人口，却是凤毛麟角。对那些"吃皇粮"的人来说，各自吃的滋味不同，酸甜苦辣辛麻涩，各有感受在心头。

李金女（化名），现年43岁，谷村太园人，目前在一家"参公"事业单位做临时工，月薪1500多元。尽管她是一名临时工，从事打扫卫生、端茶倒水、走脚送信之类的杂务，但就其服务的单位来说，也算是"吃皇粮"。像她这样进入"参公"事业单位做临时工的人，整个社会都不多。其实，她还是吉水县林业工业公司一名"吃皇粮"的正式职工。由于单位员工偏多、效益不佳，她被提前内退，领取基本生活费。在物价飞涨的日子里，低廉的生活费，还要供养孩子读书，无法维持生活，这才通过关系找到这份临时工。看上去好像吃着两份"皇粮"，但底层市民的窘迫生活，让她饱受心灵的煎熬。

看上去比较风光的，是那些大小担任了一点职务的人，他们吃的"皇粮"，是颇受农村人羡慕的。其实，他们在各自岗位上，承担着不同的工作职责，外人根本无法从他们的角度去理解并感受个中甘苦。

李剑南，谷村街上人，46岁。1988年7月井冈山高等医专临床医学专业毕业，分配在吉水县枫江中心卫生院，1992年调县防疫站。2005年防疫站分家时，被分到吉水县卫生监督所，担任了副所长。他说：名义上是一个领导职务，实际上是一个做事的职务。整个卫生监督所核定编制17个，实有人员14个。14个人承担全县所有食品卫生、饮食卫生、学校卫生、公共场所卫生、医疗市场整顿治理和监督检查等工作，相当繁忙，每个人整天连轴转。虽然身为副所长，但他与一般工作人员一样要深入一线。虽然担任了所领导职务，但责任比职务还大，虽然吃着"皇粮"，却也是按规定领取工资福利。现在，由于机构改革涉及工作职能划转，又被调入吉水县食品药品监督管理局下属的"餐饮业和保健品化妆品监督所"工作，新的岗位却是旧的职责，繁忙劳累依然不会减少。

李海苟，谷村太园人，48岁，吉水县卫生局卫生监督所所长。农校毕业的他，到这个位置上，显得用非所学，因此他要比别人花费更多的时间和精力去熟悉业务，应对工作，解决问题。作为所长虽然有点小职权，但方方面面的关系比工作本身要难处理十倍。

其实，每个"吃皇粮"的人都不轻松，没有那种不劳而获的工作与生活，那只是艺术家们凭空捏造出来的，除非自己不思进取，甘愿堕落。每个人的打拼，都像在江湖上行走，"身不由己"，行政事业单位的升降沉浮，表现得其实更加直接。

老话说："端人的碗，受人的管。""皇粮"端的是国家的碗，自然受的是国家的管。现代社会里，法规法纪的严格要求，自然不是封建时代的王法所能比拟的。

封建王法所要求的，是臣子对君王的绝对忠诚，是官吏对官府的绝对服从，是下属对上级的奴颜卑膝。为了延续"家天下"的统治，封建王朝通过"皇粮"的赏赐方式，令臣下感恩戴德，从而达到威服天下的统治目的。因此，封建王朝给予的"皇粮"，是一种皇恩浩荡的待遇与享受，权柄与威势，荣耀与辉煌。

现代社会里，作为执政党的中国共产党，要求每个党员必须牢固树立宗旨意识，以人民利益为重，接受人民监督，依照岗位要求认真履行职责，廉洁自律，克己奉公，努力为人民的事业奉献自己的智慧与汗水。因此，国家在给予每位公职人员相应的政治、经济待遇的同时，也给予严格的纪律要求，给了沉甸甸的工作责任，也给了沉甸甸的政治使命。

然而，在农村人的思想意识里，在那些残留着小农意识的人心底里，端上公家的铁饭碗，仍然是一种至高无上的荣誉与名望，一种至高无上的权势与地位。他们从心灵深处羡慕国家公职人员，渴望自己或孩子成为国家公职人员。

其实，这是几千年来的官本位思想的潜意识"遗传"。如何消除这种"遗传"，是现代社会必须通过体制变革去实现的远大目标。

五、文化的坚守

—— 知识，并不代表文化，文化一定包含知识。谷村传统文化有过历史性中断，却没有断掉这种文化的根，在现代知识不断更新之际，传统文化依然有着卑微的坚守者。

据谷村人自己介绍，他们的传统文化，从清朝道光年间到现在，已经中断了二百多年，因此，从文化的角度去看这个村庄，几乎就是一个文化没落的村庄。

现代教育，培养了许多精英式的人物，但从文化的角度看，尤其是传统文化的角度看，他们顶多就是知识的拥有者，还不能称为文化的传承者。

然而，谷村这个被历史文化所浸润的村庄，毕竟有着传统文化的肥沃土壤，传统文化虽然没有直接培养它的传承人，却在无声无息中滋养着传统文化慧根尚存的人，尽管他们的身份显得卑微。

李修竹老先生，元潭四房三德堂后裔，算是一位身怀绝技的农民，既懂谱牒文化，又懂道教文化，还喜欢对联文化。他的对联多为七言，言简意赅，富有深刻的人生哲理：

诗书益智传家宝，道德清心主命根。

立志光前须教子，存心启后要攻书。

身经苦后莫忘苦，人在福中应知福。

岁月莫由闲里过，才华须向苦中求。

贫穷不坠青云志，垂老更知白首心。

广纳江河成大海，多积道德润良心。

文章载道能言志，德范行天可立人。

善恶常因一念错，是非总自众人评。

言语间饱含深情，教人读书、修德、守志、吃苦、行善、惜福，很具启迪意义，是传统文化在今天的存续。

谷村传统文化最为执著的坚守者当属李国杰，2013年春节张贴在其卫生室大门上的春联，颇能体现他对传统文化的坚守：

> 忆昔日，遨游禹甸，江湖寻师学艺，闲题诗词歌赋联，陶冶情操，择途避他名利战；
>
> 看今天，勤俭杏林，花草济世为人，忙尽心脑神气力，追求风格，挥毫写我平生谜。

联语回顾了自己的一生，并深刻检点，一切都如过眼烟云，唯有静心于自己的事业与爱好，才是人生最有意义的追求。"闲题诗词歌赋联"，"挥毫写我平生谜"，一个传统文化坚守者的形象跃然纸上。

作为谷村李氏传统文化的传承人，他对其祖先十分崇敬仰慕，对祖先的业绩、诗文有着自己独特的研读。2012年10月3日所作《读陇西郡公李宪传有感》，就表达了他的这份虔诚与努力：

> 怀志别京能治戎，展才不失将门风。
>
> 筹谋精理安邦事，执法明除害众凶。
>
> 为吏清廉思布德，抚民实惠倡劝农。
>
> 携家徙赣开基业，新秀万枝光耀宗。

诗句比较精练地概括了其先祖李宪一生的功绩，表达了自己对祖先的敬仰与缅怀之情。

谷村人传统文化已中断二百多年，任何官方正史或民间野史，都难觅谷村李氏先贤在这期间的诗文踪迹，传统文化在这个历史阶段顿然沉寂，一个传统文化浸润的古老村庄几陷于文化沉沦或没落。查阅《谷村李氏族谱》，这二百多年里，没有出现进士，举人也少，倒是有许多生员，诸如国学生、太学生、郡庠生、邑庠生之类的文人学士。按理，他们应该有诗文作品问世，但不见于历史资料的记载，文化传承的痕迹似被岁月给抹平了。

对这一历史现象，李国杰十分痛心，决意延续祖先曾经辉煌的文脉，"我主动学写诗词，目的就是为了传承传统文化"。上世纪的"文革"期间，他开始自学诗词、对联写作，至今已积累诗词作品近二千首、对联五百多副，亲手抄录成七八本，并准备结集出版。这些诗词对联作品，内容上大致可以分为情感、旅途、景物、医药、赠友、怀古、评议、宗亲、哀挽、人生等类别，题材涉及之广，思想表达之深、艺术手法之专，一般蜗居家宅、囿于院墙的专业诗词楹联作者也是难以企及的。

客出吴城霜月明，敲窗叹忆望夫亭。

鸟哄芦荡争投宿，船跃鄱湖急赶程。

一带银河临水岸，千重琼浪摇天星。

平生济世江湖旅，坦荡冰心照镜清。

这首《吴城晚发鄱阳》可以窥见他于诗词上的功力。由旅途中所见景物，生发出对世事、人生的感慨，自感坦荡，有如明月，联想丰富，蕴含着一定的人生哲理。

然而，爱好并且坚持写诗词的李国杰，地位却显得卑微，身份是农民，职业是乡村医生，以如此卑微的身份要担当传统文化传承之大任，在旁人看来，这无异于癞蛤蟆想吃天鹅肉。他却不顾旁人耻笑，依然沉迷于自己的精神世界。在谷村当地，李国杰有着"怪才"、"奇人"的称誉，一个泥腿子，不仅撰写诗词联赋，还涉足于书法、剪纸等多个艺术领域以及武术行列，并且取得了不俗的成就，作品常被爱好者甚至省市级领导索要并收藏。

如今的李国杰，担任了"世界西平李氏后裔宗亲联合会吉安分会"会长，大部分时间研究和整理谷村李氏谱牒、诗文和相关文化。他还带了个"徒弟"，盘谷中心小学副校长李顶生，兼着"世界西平李氏后裔宗亲联合会吉安分会"秘书。他们一起研究、整理谷村的历史文化，切身践行着传承谷村李氏传统文化的理念与宗旨。

文化传承，责任重大，使命光荣！

六、未来的方向

——农村人口减少了，传统住房废弃了，新式楼房增多了，农民的方向迷惘了。村庄，该向何处去？

谷村的未来向何处去？

千百年来，依靠宗族血脉相依相连的谷村李氏，在历史长河中形成为一个势镇八方的庞大村庄，铸就了令人瞩目的文化盛况，创造了令人景仰的科举辉煌。文化的动力，将谷村从古代推演至今。

时移事易，物是人非，古代的辉煌不能代表未来，先贤的业绩不能创造未来。传统文化还能发挥其凝结人心、延续血脉、传承文明的作用吗？当草鞋撞上皮鞋、当稻米撞上面包、当米酒撞上香槟、当长衫撞上西服、当砖坯撞上钢筋、当高考撞上打工，谷村还能延续它的辉煌与荣耀吗？

目前可以感知到的是，谷村人对自己的未来，没有什么设想，也没有什么规划，有的只是走一步看一步的随波逐流。村干部除了叹息还是叹息，除了无奈还是无奈。在这种被动式行进的步伐中，谷村要想实现自身的发展、实现村庄的涅槃、实现宗族的蜕变，令人感觉很虚玄。

现实的情况是，群众思想很乱。

首先是意识的混乱，在宗族统治被颠覆、政治狂热已冷却、权力诱惑在加强、金钱引力正加大的背景下，谷村陷入了无法统一、难以凝聚的意识状态。其次是价值观的混乱，人生的价值是什么？在哪里？没弄明白，也没人去弄明白，或许在外创业有成的人弄明白了，却没有给村庄带来深层的思考。再次是功利目的的混乱，人生在世，什么才是最重要的？这个问题没有人提出，也没人思考，封建时代的科举考试，目的性与功利性十分鲜明，而今天的人们有追名逐利的愿望与需求，却不知道该追什么名、逐什么利，是该追求大名大利，还是小名小利，是该追求文化成就这个利，还是追求物质财富这个利，没人清楚。

于是，思想的混乱就把个原本在宗族统治下显得"大一统"的村庄，弄得支离破碎，哪怕一个小小的话题、一件鸡毛蒜皮的小事，都难以达成一致的意见。凝聚力弱了，向心力没了。

所以，村干部想开展公益性活动，或集体性行动，比如清理田地当中的沟圳、清理村前池塘的淤泥等等，村民都不理会，不管是命令和任务，还是倡议与号召。有的人不仅自己不参与，甚至鼓动他人别参与，极尽拖后腿、开倒车、拆烂屋之能事。

在各种发展机遇稍纵即逝的情况下，亟需村民们统一思想、凝聚力量，来推动全村事业向前发展。以上述混乱不堪的思想意识，如何能够实现村庄人心的凝聚与稳固、实现宗族的发达与和睦？古代有宗族观念统领族人的思想，靠族规家约规范族人的行为，后来有政治狂热吸引族人的思想，族人靠政治口号来说话行事，今后靠什么来统领村民的思想、规范村民的行为呢？

不可能只靠金钱！

上世纪 80 年代初期，农村的改革开放解放了农业生产力，家庭联产承包责任制极大地激发了每个家庭的劳动能量和致富热情。每家每户都是男女老少齐上阵，田野上一片喧哗热闹，热火朝天的劳动场面令人振奋，一副蒸蒸日上、欣欣向荣的兴旺景象。

然而，今天的田野上，没有那种喧哗与热闹，只有一种孤独和落寞，一种无法排遣的失落与无助。曾经人头攒动的田野，如今竟是这般冷清？曾经喧声如潮的田野，如今竟是这么寂寥？还是那些田地，还是那份劳作，却少了劳作的魅力，少了劳作的期盼。

如今在家种田的人，大都是六七十岁的人。当这些上了年纪的人不能再劳作，当外出打工的青壮劳力不再回村来劳作，田野上还有人劳动吗？一旦到了那天，谷村李氏的磨盘洲上，恐怕所有的稻田将会是杂草丛生、人迹罕至、野兽出没的景象吧。

学校的生源随着年级的递增而递减：盘谷中心小学一年级 178 人，二年级 112 人，三年级 118 人，四年级 102 人，五年级 155 人（部分村小、片小并入），六年级 251 人（全镇小学并入），在校寄宿的高年级学生 220 人。盘谷中学初一年级 247 人，初二年级 233 人，初三年级 210 人。

生源的流失，原因在于：农村学生的家长，为了让孩子有更好的求学环境、更强的求学竞争力，想方设法将孩子转学到县城。盘谷的中小学呈现萎缩局面，农村基层基础教育面临衰弱的尴尬。倘若农村生源都涌向县城，农村学校总有一天会没有存在的必要。

农村人打工赚了钱，便在县城购买房子，既供孩子在县城上学之用，也为自己今后定居县城、做个城里人奠定了基础。农村的孩子都进城了，孩子的父母、祖父母们都随着孩子进城了，农村也许有一天也会空了。到时候，空荡荡的农村还有存在的可能吗？

即便农村依然存在，但随着现代楼房的不断鼎起，老旧的传统房屋将一栋栋废弃、颓圮、坍塌、拆除。村庄依然保留，传统却没有了；楼房是增多了，风格却消失了；农民依然驻守，文化却断裂了。

届时，村庄里耸立的全是现代楼房，华丽而张扬，村落与城镇还有什么区别呢？从经济发展的角度看，农村富裕了，发展了，进步了，但从文化传承的角度看，农村却褪色了，异化了，退步了。农村缺少了自己的特征，就不再是农村，这样的农村，有比没有更缺价值。

既然是农村，就应该是鸡鸣、犬吠、鸭叫、牛哞、猪哼、鸟啼，就应该是老树、枯藤、小桥、流水、炊烟、池塘，就应该是红砖、碧瓦、宽门、窄户、飞檐、翘垛。缺少了这样的基本特征，代之而起的全是钢筋、水泥、瓷板、玻璃、釉面砖、琉璃瓦、大理石，缺少文化意义，只有商业价值。崭新的楼房，仅是一座容身的居所，找不到文化依附与价值寄托。

谷村已经改造的祠堂，如桂园、慕泉公祠、株山公祠、粹清公祠、兰桂堂、天官第、季立公祠等，牌坊式大门已经没有旧时青砖碧瓦的风韵，取而代之的是瓷板砖、大理石、琉璃瓦，丧失了富有传统韵味的文化意趣，充满了现代快餐味道的商业气息，返璞归真的寓意没有了，张扬矜夸的铜臭多了。荣德堂的整个大门及正面墙壁，还有大池左房祖祠门楼，都密不透气地贴满了猩红的瓷砖，看起来华丽奢侈，却让人感觉不到他们祖先所追求的淡泊从容、闲适恬静的气度。这样的改造，有不如无。或许是缺少文化气息的熏陶，或许是不懂文化特征的重要，谷村人在改造祖先留下来的祠堂时，只管往上面贴钱，却不知道去做一份"修旧如旧"的保护或保留。他们对祖先尽了孝心，却又拂背了祖先建祠时的真正意愿。虔诚恭敬却不明智的行为，正将谷村的文化特征毁弃在盲目的改造之中，传统正在逐渐消失。

谷村目前还有不少老旧民居，成排成行地屹立在原先的位置上，但已被现代楼房逐渐包围、蚕食。但只有它们，还保留着谷村原有的建筑风貌，保留了谷村传统的文化特征；传统村落的风采，也怕只有它们来展现了。

传统村落的保护，关乎农村传统文化的延续与传承，关乎农耕文明的保护与传承。

谷村目前所残留的老旧房屋，现存的祠堂建筑，已看不出多少当年的科举盛况、仕宦荣耀。其实保护谷村的古旧建筑，正是保护谷村历史上文化盛况的基本依据，保护谷村科举盛况的现实凭证，也是保护谷村未来发展的原始根基。

分属于各房各支、各家各户的老旧房屋，谁来统一规划它们的保护和本貌的维持？如果不能保护好，这个万人大村就再也寻不到一点历史的痕迹，闻不到一点传统的意蕴了。

历史深处的秘密，何从寻觅？

经济的发展、生活的富裕，是农民世世代代所期盼的，如今已经实现，并且在进一步变好。但农村里那些优良、美好的东西却渐渐地消失。难道经济的发展、生活的富裕，非得以牺牲优良的风气、美好的传统、绵延的文化为代价吗？

在生活快节奏、工作快节奏、消费快节奏、享受快节奏、一切都快节奏的今天，人们所追求的东西往往只图短时的快慰。比如过年，过去讲求的是一个完整的享受过程，前后长达一个多月。如今叫作春节，前后不过一周。一个多月里的各项活动、各种礼仪、各种人情，集中在一周履行、完成、兑现，节奏是加快了，时间是压缩了，但乐趣却没有了，给人一种紧追急赶的压抑，甚至是逼迫。

这只是风俗习惯上的改变，或许是历史进程中所必须经历的一种痛楚。但农村生活、农业生产、农民情趣的基本韵律，就是慢节奏，在慢的节奏中体味辛苦，享受快乐，感悟岁月。

这就是老牛的速度。我们的祖先使用牛的畜力为主，不仅仅是因为牛的体壮力大、吃苦耐劳，更主要的应该是牛的速度契合了农耕生产的速度，牛与农耕构成了完美的和谐图画。

但现代社会的一切都讲究一个"快"字，这是牛的速度难以适应的状态。快马加鞭，形容的是一种非常健康的快速度，这才是现代社会所需要的速度。而鞭打快牛，却是与牛的速度相违的非科学追求。在这样的快速度下，农村、农业无所适从。

现代农业也在追求快速度，许多实用新技术、新机械运用在农业上，如秧盘育秧、大田抛秧、除草剂、犁田机、收割机等等，提高了农业的劳动效率，减轻了农民的劳动强度，但却使农民降低了对农业生产、农村生活的享受程度，失去了享受农业的美好情趣。

这就是症结所在：传统农耕生产有着文化的韵味，所以它是一种享受，既享受生产的过程，也享受生产的结果。因此，在农村才有那么多与农耕生产密切相关的风俗习惯、喜庆节日。正是这些风俗习惯、喜庆节日，构成了农耕文化的基础与形式，成为展示农耕文化的载体与平台，并使得这种文化传统延续了几千年，成为中华文明的主流。

日益加速的现代化，尤其是城镇化进程的不断加快，广大农村将以什么样的姿态去适应这一形势？将以什么样的面貌去顺应这一潮流？如何在保留农村优秀传统文化的基础上，发展现代农业，创造新的农耕文明？现代与传统如何在农耕问题上构成新的统一？牛将退出农耕生产，谁将代替牛进入农耕生产呢？

图书在版编目 (CIP) 数据

谷村沧桑 / 啸鹏著 . –– 北京：生活·读书·新知
三联书店，2014.4
（走向田野）
ISBN 978–7–108–04302–3

Ⅰ.①谷… Ⅱ.①啸… Ⅲ.①村史 – 吉水县
Ⅳ.① K295.65

中国版本图书馆 CIP 数据核字 (2014) 第 017107 号

责任编辑　樊燕华
装帧设计　薛　宇　张　红
责任印制　卢　岳
出版发行　生活·讀書·新知 三联书店
　　　　　北京市东城区美术馆东街22号
邮　　编　100010
经　　销　新华书店
网　　址　www.sdxjpc.com
排版制作　北京红方众文科技咨询有限责任公司
印　　刷　北京市松源印刷有限公司
版　　次　2014年4月北京第1版
　　　　　2014年4月北京第1次印刷
开　　本　635毫米×965毫米　1/16　印张23.5
字　　数　220千字
定　　价　35.00 元

（印装查询：010-64002715；邮购查询：010-84010542）